KB071993

인간과 빅데이터의 상호작용

인간과 빅데이터의 상호작용

Human-Big Data Interaction : HBI

신동희 지음

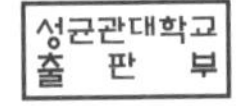

프·롤·로·그

빅데이터 이야기가 한창이다. 광속도로 빅데이터가 개발되고 있고, 그에 관한 이슈도 많다. 많은 사람들이 빅데이터를 얘기하지만 정작 빅데이터에 대한 정의도 불분명한 것이 현실이다. 어떤 이는 빅데이터가 보난자처럼 갑자기 생겨난 것처럼 말하기도 하고, 또 의식적으로 지난 것들과 다르다고 얘기하는 경향도 있는 것 같다. 빅데이터는 어디선가 갑자기 튀어나온, 지금까지 없었던 것이 아니다. 우리가 지금까지 그 가치를 알아차리지 못했을 뿐, 빅데이터란 새로운 이름으로 재정의를 하고 있는 것이다.

여러 폭증된 관심과 장밋빛 전망과 함께 빅데이터에 대한 과장과 오해도 많은 것 같다. 가장 큰 오해는 일반적으로 이 빅데이터가 갑자기 생겨난 현상이라고 생각하는 경향이다. 데이터는 우리 주위에 알게 모르게 늘 있어왔지만 활용이 가능할 정도로 충분한 데이터의 수집 자체를 포함해, 이를 다룰 수 있는 기술 자체가 충분히 발전하지 못했을 따름이다. 데이터를 분석하고자 하는 움직임과 그 기술이 시대에 따라 조금씩 변이를 이루었을 뿐 계속적 현상이었고, 스마트 기술로 그 중요성이 부각되며, 데이터 수집 기술과 분석 방법이 개발되었을 뿐이다. 빅데이터 자체도 계속 진화하고 있다.

또 다른 오해는 빅데이터가 데이터의 많음을 의미한다고 생각하는 경향이다. 자칫 빅(big)이라는 수식어로 양적인 측면의 많은 데이터를 의미한다고 보는 경향이 있지만 실제로는 질적인 의미로서의 데이터가 바로 빅데이터이다. 이러한 경향으로 최근 벌써 1세대 빅데이터와 차별화하자는 의미에서 빅데이터 2.0이 회자되고 있다. 단순한 데이터의 양적 증가가 빅데이터 1.0이라면, 초고속 망 인프라와 데이터 분석력에 기반해 정밀하게 여과되어 최적화된 양질의 데이터는 '빅데이터 2.0'이라고 할 수 있다. 스몰데이터라 불리는 이 양질의 데이터는 빅데이터의 단점을 보안해주며 휴리스틱을 제공해주는 핵심적 역할을 한다. 빅데이터 1.0에서는 단순히 고객의 니즈와 소리를 분석해 경영전략을 수립하는 데 그쳤다고 하면, 빅데이터 2.0은 고객이 기업의 경영 과정 전체에 적극적으로 참여할 수 있어야 한다. 또한 그 참여가 단발성 참여가 아닌 지속적인 과정이라는 것이다. 즉 빅데이터 1.0이 특정 문제를 위한 일회적 솔루션(Solution)이라면, 빅데이터 2.0은 그런 솔루션을 포함한 하나의 과정 그 자체라는 것이다.

가장 심각한 오해는 빅데이터가 모든 문제를 해결해줄 수 있다고 보는 맹신적 생각에서 나오는 만능적 경향이다. 빅데이터의 여러 획기적 장점에도 데이터의 본질적 한계 때문에 빅데이터를 물신화하는 경향은 지양되어야 한다. 여러 가지 단점에도 불구하고 빅데이터 시대는 오고 있고, 또 빅데이터 2.0도 어떤 형태로든 근자에 도래하며 중심적 모델이 될 수 있다. 그러나 중요한 것은 빅데이터가 만능이 아니고 빅데이터가 보편화되어도 문제는 계속적으로 존재한다는 것이다. 결국 빅데이터는 우리 사회와 동떨어져 기술 혼자만으로 발전되는 것이 아니다. 데이터 자체는 인간의 경험과 상호작용에서 나오고 빅데이터는 우리의 사회 속에서 사용자와 어울림 속에서 그 패턴이 형성되는 것이기 때문이다. 따라서 우리는 빅데이터를 사회-기술 접근방법을 통해 인간과 데이터의 상호작용 맥락(context)에서 파악하고 인간 중심적 빅데이터로 발전시키는 것이 중요하다. 더 이상 정치적 슬로건이나 경제적 수단으로서가 아니라 인간의 수요와 사용자 중심의 빅데이터를 형성해 나가야 한다.

이러한 오해와 과장의 재생산 속에 빅데이터는 대중과 사회에서 올바른 상을 정립하지 못하고, 언론과 정부, 관련된 단체의 이해관계에 따라 그 전망이 왜곡되거나 변질되고 있다. 그러한 왜곡 속에 빅데이터는 그전의 선배 격인 CRM(고객관리시스템), 데이터 마이닝의 실패의 전철을 밟을 가능성만 높아간다. 빅데이터를 하나의 정부 주도 사업이나 IT 프로젝트로 추진한다면 성공의 가능성은 적다. 빅데이터를 지나치게 산업적 도구의 관점이나 기술진화적 관점에서 보다 보면 정말 중요한 그 무엇을 간과하고 그럼으로써 많은 부작용이 양산된다. 빅데이터는 기술로서만의 창작물이 아닌 인간이 모여 사는 사회 속에서 생성되고, 인간에게 혜택을 주기 위한, 사회 속에서 그 의미를 찾는 사회기술적 가공물(socio-technical artificial)인 것이다. 빅데이터의 기술적 측면과 사회적 측면을 동시에 고려해야 한다는 것이다. 즉 인간 행위적 측면, 조직적 측면을 포함하는 사회적 과정과 기술적 과정을 개별적으로만이 아니라 둘의 상호작용에 중점을 두어야 빅데이터를 둘러싼 복잡한 현상을 이해할 수 있고, 빅데이터를 효과적으로 활용할 수 있다. 상호작용은 빅데이터의 사회적인 것에 대한 영향만이 아니라, 그 반대방향, 즉 사회적인 것이 기술에 미치는 영향도 동일하게 다루어져야 한다. 이것이 사회-기술 시스템 접근법(Socio-Technical

System Approach)이다. 사회-기술 시스템 접근법 관점에서 다음의 세 장을 구성하였다.

1장에서는 빅데이터의 이해라는 주제로 빅데이터의 개념, 정의, 역사, 관련법, 그리고 관련 기술과 함께 그 산업경영적 의미를 살펴보았다. 이러한 기반적 이해는 빅데이터를 사회기술적 관점(socio-technical system)으로 접근하는 데 도움을 주고 미래를 예측하는데 도움이 된다. 빅데이터는 사회와 분리될 수 없는 시스템으로 함께 공진화한다는 관점에서 문제를 정의하고 해결 방향을 모색하는 것이 필요하다. 사회 · 기술시스템의 관점에서 지속적으로 사회문제의 동향을 파악하고 해결 방안을 탐색하는 것이 중요하다.

2장에서는 빅데이터의 학술적 접근과 응용이라는 제목 아래 빅데이터를 어떻게 구체적으로 분석하는지에 대해 살펴보았다. 빅데이터의 분석방법, 텍스트 마이닝과 하둡을 비롯한 분석 기술, 사회과학적 측면의 분석 방법론을 정리했고, 아울러 빅데이터를 어떻게 HCI(인간-컴퓨터 상호작용) 시각에서 접근하여 사용자 경험을 통해 그 혜택을 극대화하는지 살펴보았다.

3장에서는 빅데이터가 실제 산업 현장에서 응용된 사례를 중심으로 엮어보았다. 빅데이터가 언론산업, 저널리즘 영역에 접목된 데이터 저널리즘에 관해 살펴보았다. 언론산업의 새로운 패러다임으로 떠오르는 데이터 저널리즘의 동향과 현황을 통해 향후 언론산업과 정보산업의 융합적 현상을 예측하고 빅데이터의 응용적 분야에 대해 알아본다.

차 · 례

2장 빅데이터탈러지(Big Datalogy: 빅데이터 방법론): 빅데이터의 접근과 방법론

3장 데이터 저널리즘

인간-빅데이터 상호작용

(Human Big Data Interaction)

With the big data in place, Human-Big Data Interaction(HBI) arises from the need, both ethical and practical, to engage users to a much greater degree with the collection, analysis, and trade of their personal data, in addition to providing them with an intuitive feedback mechanism. HDI is inherently trans-disciplinary, encapsulating elements not only of computer science ranging across data processing, systems design, visualization and interaction design, but also of law, psychology, behavioral communications, and sociology.

-Human Data Interaction-

빅데이터가 출현함에 따라 빅데이터와 인간의 상호작용을 다루는 분야가 주목을 받고 있다. 이전에 Human-Computer Interaction(인간과 컴퓨터의 상호작용)에서 Human-Robot Interaction(인간과 로봇의 상호작용) 등이 나오는 것처럼 이른바 Human-Big Data Interaction(인간-빅데이터 상호작용; HBI)이라는 분야가 연구되고 있다. HBI는 말 그대로 인간과 빅데이터 간의 상호작용을 연구하는 분야로 전산학, 심리학, 산업공학 등의 서로 다른 연구 분야가 공동으로 연구를 진행하는 경우가 많다. 여기서 말하는 상호작용은 사용자와 빅데이터 사이에 있는 사용자 인터페이스에 발현되는 작동을 의미하는데, 사용자 인터페이스는 빅데이터 하드웨어와 소프트웨어를 모두 포함하며, 최근 사물인터넷이나 웨어러블 컴퓨팅의 등장은 HBI의 영역과 외연을 확장시키고 있다.

HBI의 기본 목적은 빅데이터를 좀 더 인간에게 쉽고 쓸모 있게 함으로써 인간과 데이터 간의 상호작용을 개선하는 것이다. 보다 장기적인 HBI의 목표는 빅데이터의 도구로서의 잠재력을 극대화하여 인간의 의지를 보다 자유롭게 하고, 창의력을 증진시키고, 인간 사이의 의사소통과 협력을 증진시키는 데 있다. HBI 전문가는 대개 인간-데이터 상호작용 분야에서 개발된 기법들을 실제 현장의 문제에 적용하는 데 관심이 있는 데이터 마이너(Data miner) 혹은 데이터 사이언티스트(Data scientist)들이다. HBI 연구자는 대개 새로운 데이터 기법을 개발하거나, 새로운 하드웨어를 시험하고, 새로운 소프트웨어 시스템을 구현해보고, 새로운 패러다임을 찾거나, 모델이나 이론을 개발하는 연구를 하고 있다.

앞으로 HBI는 HCI의 한 분야로서 크게 발전할 것으로 전망된다. 빅데이터는 인간과 사회로부터 동떨어진 데이터의 집합이 아니라, 인간의 맥락 속에서 수집, 분석, 재생산되어야 하는 인간 경험의 축적이고 인간 지혜의 보고이며 그래서 인간의 미래 행위를 예측할 수 있는 근거이기 때문이다. 데이터 자체는 인간의 경험과 상호작용에서 나오고 빅데이터는 우리 사회 사용자들의 어울림 속에서 그 패턴이 형성되는 것이다. 따라서 빅데이터를 사회-기술적 접근방법(Socio-Technical approach)을 통해 인간과 데이터의 상호작용 맥락(context)에서 파악하고 인간 중심적 빅데이터로 발전시키는 것이 관건이다. 빅데이터와 인간을 구분 짓는 접근법에서 벗어나 하나의 사회기술체계의 앙상블(socio-technical ensenble)로서 인간 중심의 빅데이터를 형성해나가야 한다.

1장

빅데이터의 이해

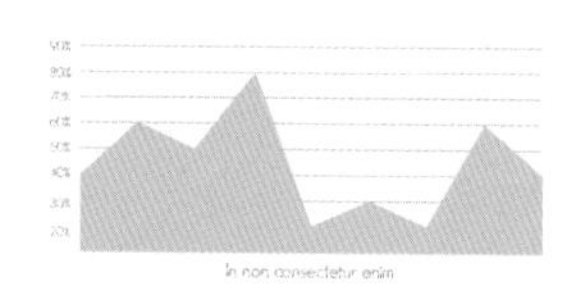

Lorem ipsum dolor sit amet, consectetur adipisicing elit, sed do eiusmod tempor incididunt ut labore et dolore magna aliqua.

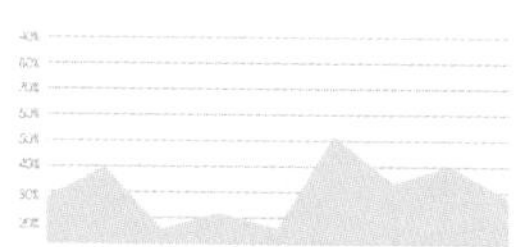

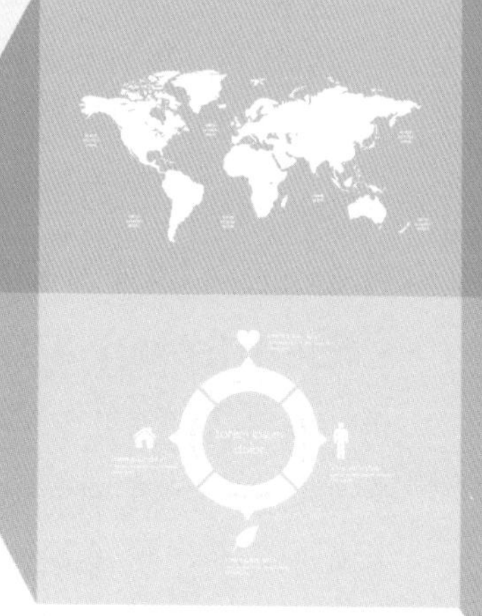

Lorem ipsum dolor sit amet, consectetur adipisicing elit, sed do eiusmod tempor incididunt ut labore et dolore magna aliqua.

Lorem ipsum dolor sit amet, consectetur adipisicing elit, sed do eiusmod tempor incididunt ut labore et dolore magna aliqua.

Lorem ipsum dolor sit amet, consectetur adipisicing elit, sed do eiusmod tempor incididunt ut labore et dolore magna aliqua.

Lorem ipsum dolor sit amet, consectetur adipisicing elit, sed do eiusmod tempor incididunt ut labore et dolore magna aliqua.

Lorem ipsum dolor sit amet, consectetur adipisicing elit, sed do eiusmod tempor incididunt ut labore et dolore magna aliqua.

Lorem ipsum dolor sit amet, consectetur adipisicing elit, sed do eiusmod tempor incididunt ut labore et dolore magna aliqua.

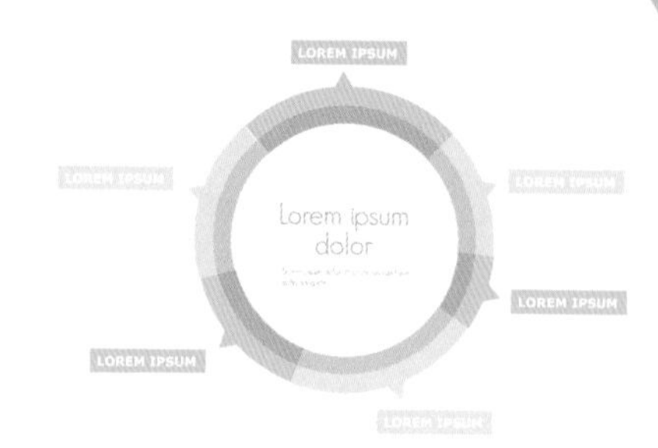

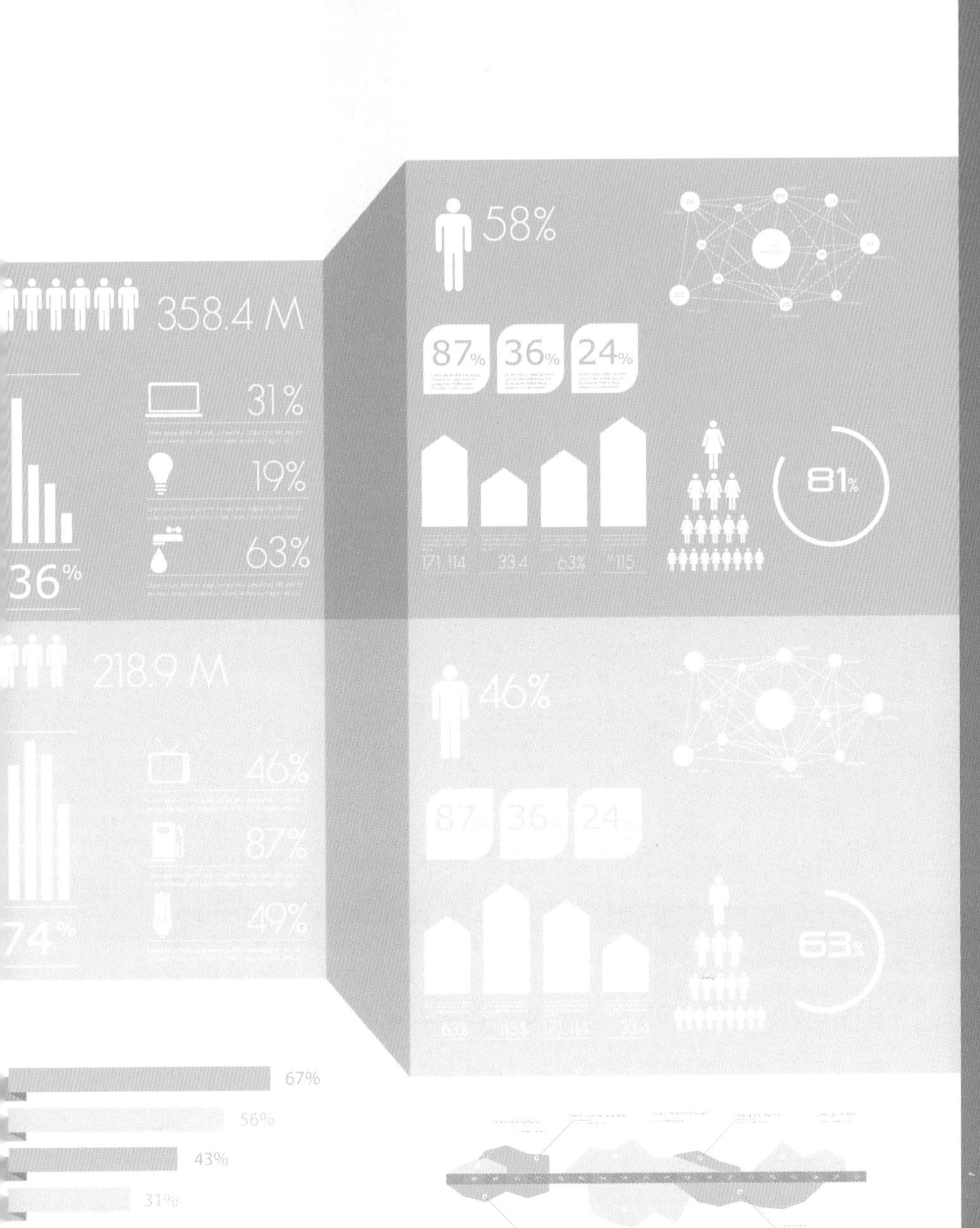
358.4 M
31%
19%
63%
36%
218.9 M
46%
87%
49%
74%
67%
56%
43%
31%
58%
87%
36%
24%
171,114
33.4
63%
115
81%
46%
87
36
24
63%
63%
115
171,114
33.4

1. 빅데이터의 개념

언제부터인가 빅데이터가 일상의 언어가 되었지만 그 개념은 여러 가지이고 합의된 정의는 없어 혼란을 야기하기도 한다. 즉 영역적으로 범위를 정하기도 어렵고, 이것이 정확히 빅데이터라고 할 수 있는 대상이 있는 것도 아니다. 사실은 모든 것이 빅데이터가 될 수 있기에 그 용어만큼 광범위하다고 할 수 있다.

1) 빅데이터의 정의

넘쳐나는 정보의 덩어리를 우리는 빅데이터(big data)라고 부른다. 기하급수적인 디지털 정보의 양적 증가에 따라 대규모의 데이터를 어떻게 처리하고 활용할 것인가 하는 것이 관심사가 되었다. 이 때 등장한 용어가 빅데이터이다. 빅데이터는 "보통 수십에서 수천 테라바이트 정도의 거대한 크기를 가지고, 여러 가지 다양한 정형·비정형 데이터를 포함하고 있으며, 생성-유통-소비가 몇 초에서 몇 시간 단위로 일어나 기존의 방식으로는 관리와 분석이 매우 어려운 데이터 집합"을 의미한다.[1] 학자나 기관에서 내린 빅데이터의 정의는 다음 표와 같다.

[표 1-1] 빅데이터의 정의

구분	정의
Mckinsey (2011)	- 일반적인 데이터베이스 소프트웨어가 저장, 관리, 분석할 수 있는 범위를 초과하는 규모의 데이터 - 수십 테라바이트에서 향후 페타(Peta:10^{15})바이트, 엑사(Exa:10^{18})바이트, 제타(Zeta:10^{21})바이트 크기의 대용량 데이터
TDWI Research (2011)	빅데이터는 단지 그 크기가 방대하다기보다는 종류와 형식이 다양하고, 데이터의 생성과 소비가 매우 빨라 기존의 데이터 처리 방식으로는 관리 및 분석이 어려운 데이터
O'Reilly (2012)	전통적인 데이터베이스 시스템 처리 용량을 넘어서는 데이터
채승병 (2012)	기존의 관리 및 분석 체계로는 감당할 수 없을 정도의 거대한 데이터의 집합
IDC (2012)	다양한 종류의 대규모 데이터로부터 저렴한 비용으로 가치를 추출하고, 데이터의 초고속 수집, 발굴, 분석을 지원하도록 고안된 차세대 기술 및 아키텍처
김형준 (2012)	빅데이터란 시스템, 서비스, 조직(회사) 등에서 주어진 비용, 시간 내에 처리 가능한 데이터 범위를 넘어서는 데이터

• 출처: 민금영, 「빅데이터 속성이 재난대응 의사결정에 미치는 영향에 관한 연구」, 동국대학교 박사학위논문, 2013, p. 21

전통적인 데이터와 빅데이터를 비교해보면 그 개념을 좀 더 명확히 알 수 있다. 전통적인 데이터는 업무의 효율성을 위해 정부나 기업

1 황유근, 채승병, 『빅데이터, 경영을 바꾸다』, 삼성경제연구소, 2012, p. 36.

에서 정형적인 데이터를 정보로 서비스하는 반면, 빅데이터는 개인이 사회적 소통이나 자기표현을 위해 일상화된 비정형 데이터를 정보로 서비스한다. 다음 표에서 좀 더 구체적으로 살펴본다.

[표 1-2] 전통적 데이터와 빅데이터 비교

구분	전통적 데이터	빅데이터
데이터 원천	전통적 정보 서비스	일상화된 정보 서비스
목적	업무 효율성	사회적 소통, 자기표현, 사회 기반 서비스
생성 주체	정부, 기업 등 조직	개인, 시스템 등
데이터 유형	정형 데이터	비정형 데이터
데이터 특징	· 데이터 증가량 관리 가능 · 신뢰성 높은 주요 데이터	· Garbage 데이터 비중 높음 · 기하급수적 양적 증가 · 문맥정보 등 다양한 데이터
데이터 보유	정부, 기업 등 대부분 조직	· 인터넷 서비스 기업(구글, 아마존 등) · 디바이스 생산회사(애플, 삼성전자 등)
데이터 플랫폼	정형 데이터를 생산, 저장, 분석, 처리할 수 있는 전통적 플랫폼	비정형의 대량 데이터를 생산, 저장, 분석, 처리할 수 있는 새로운 플랫폼

• 출처: 조성희, 「빅데이터의 효율적인 저장을 위한 SSD 기반 하이브리드 스토리지 시스템」, 목포대학교 박사학위논문, 2014, p. 7

과거 빅데이터는 천문 · 항공 · 우주 · 인간 게놈 등 특수 분야에 한정됐으나 정보통신기술의 발달에 따라 전 분야로 확산되고 있다. 2001년 이후 10년간 IT를 활용한 다양한 산업 분야의 전자화나 자동화가 크게 진전됨으로써 처리 및 분석에 활용할 수 있는 대량의 데이터가 축적되어왔기 때문에 데이터의 크기가 이전과는 그 범위 자체가 달라졌다. IDC(International Data Corporation)는 2011년 기준으로 지난 10년간 생성된 데이터보다 최근 2년간 생성된 데이터의 양이 훨씬

[그림 1-1] 전 세계 정보량 증가 추이

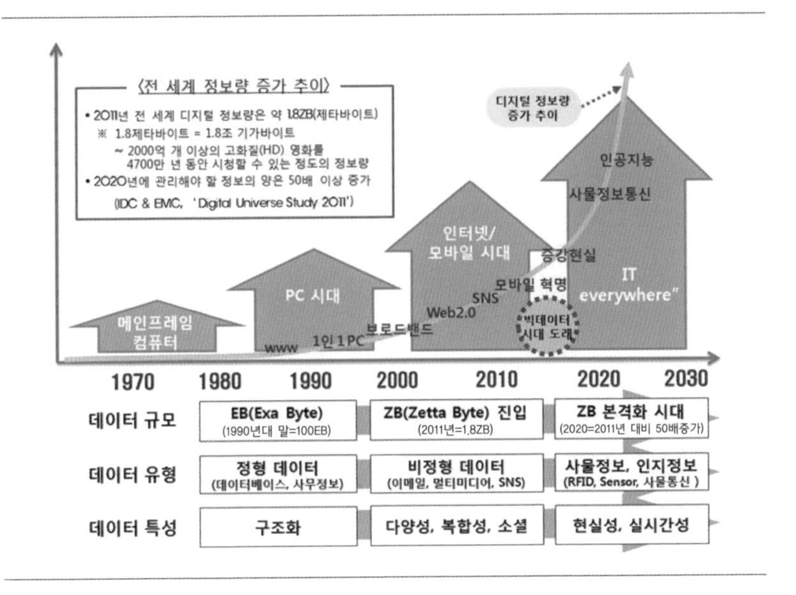

• 출처: 정지선, 新가치창출 엔진, 「빅데이터의 새로운 가능성과 대응 전략」, IT & Future Strategy 제18호, 한국정보화진흥원, 2011, p. 3

많으며, 전 세계 디지털 정보량이 매 2년마다 2배씩 증가하고 있다고 발표했다. 또한 데이터의 종류와 그 형태가 다양하게 변하였는데, 이는 최근 스마트폰 및 미디어 기기와 소셜 네트워크 사용의 증가로 텍스트 데이터, 위치 데이터, 미디어 데이터 등 비정형 데이터의 양이 기하급수적으로 증가하고 있기 때문이다.[2]

5년 이내로 스마트 기기의 확산, SNS 활성화, 사물인터넷(IoT) 등의 확산으로 인해 데이터는 점점 더 발생량이 증가할 것으로 예상되며,

2 John Gantz & David Reinsel, Extracting Value from Chaos, IDC IVEW June, 2011.

따라서 혼돈과 잠재적 가능성이 공존하는 빅데이터 시대가 가속화될 것으로 보인다.

2) 빅데이터의 조건

빅데이터의 출발은 데이터의 규모와 기술 측면에서 고려되었으나, 현재는 그 가치와 활용, 그리고 효과 측면으로 의미가 확대되는 추세이다. 그러나 다양한 생산주체가 여러 목적으로 방대한 양의 데이터를 수집하기 때문에 일관된 관점의 분석이나 검색이 이루어지기 어려운 환경이 되었다. 이른바 사람과 사회 현상을 이해할 수 있는 비정형 데이터 시대가 도래한 것이다.[3] 따라서 빅데이터는 3V, 매우 큰 크기(volume)의 데이터, 매우 빠른 속도(velocity)의 데이터, 매우 다양한 유형(variety)의 데이터 특징을 그 조건으로 한다. 최근에는 데이터의 폭발적 증가에 대비해야 한다는 복잡성(complexity), 빅데이터의 모호성에서 진실성(veracity)을 찾아야 한다는 것과 마지막으로 빅데이터의 종결은 시각화(visualization)여야 한다는 세 가지 특징이 더해져 6대 조건으로 보기도 한다.[4] 첫째, 크기(volume)는 데이터 크기로서 인터넷, 모바일폰 및 센싱 장치 등의 활용 확산으로 데이터 생성 속도가 가속화되면서 더욱 커지고 있다는 것을 의미한다. 웹 로드 데이터

3 정보통신정책연구원, 『사람 중심 소통과 정보화 촉진을 위한 공공정보 플랫폼화 전략 연구』, 2012, pp. 88~90, 재구성.

4 이경은, 「수용자 개인적 특성에 따른 정보격차와 인포그래픽 이해도에 관한 연구 - 공공 인포그래픽을 중심으로」, 홍익대학교 석사학위논문, 2013, p. 50, 재구성.

나 이메일 등의 데이터는 수테라바이트(TB) 이상이 되지만 트위터 네트워크 데이터는 수십 기가바이트(GB) 미만이다. 두 데이터가 직면한 해결 과제는 다른데 전자는 안정적인 저장이, 후자는 분석 및 처리가 가장 큰 문제이다. 그러므로 데이터의 속성에 따른 처리가 중요하다. 2009년 약 800엑사바이트(EB)의 데이터가 생성 및 복제되었고, 연평균 40% 성장률로 데이터가 늘어나 2020년에는 2009년 대비 44배가 증가한 35제타바이트(ZB)에 달할 것으로 예측하고 있다.[5]

둘째, 속도(velocity)는 데이터 처리 속도를 말하는 것으로 수많은 사용자 요청을 실시간으로 처리한 후 처리 결과를 보내주어야 한다는 것을 의미한다. ICT 시스템의 고도화로 자동적으로 데이터를 생성하는 센싱 장치나 스마트폰 등과 같이 데이터 생성 및 유통 채널의 급격한 변화로 인해 지속적으로 발생되는 데이터가 계속 증가하면서 동시에 데이터 생성 속도도 빨라지고 있어 이를 활용하기 위한 처리 속도의 가속화가 필요해지고 있다.

셋째, 다양성(variety)은 특히 비정형 데이터 시대에 야기되는 조건으로 잘 정제되고 의미도 명확한 RDBMS 기반의 정형 데이터와 달리 최근에는 각종 개인 블로그, SNS, 게시판, RFID 태그 등 비정형 데이터들의 생성이 많아지고 있음을 의미한다.

넷째, 복잡성(complexity)은 비구조화 데이터, 데이터 저장 방식의 차이, 중복성의 문제 등 데이터 종류에 따라 적용되는 표준, 도메인별 규칙, 저장 형식 등이 서로 달라서 생기는 문제를 말한다. 따라서 데이터 종류의 확대, 외부 데이터의 활용으로 관리 대상이 증가하고 데

5 Mckinsey, "Big data: The next Frontier for Innovation, competition&productivity", 2011.

[그림 1-2] 페이스북 인포그래픽

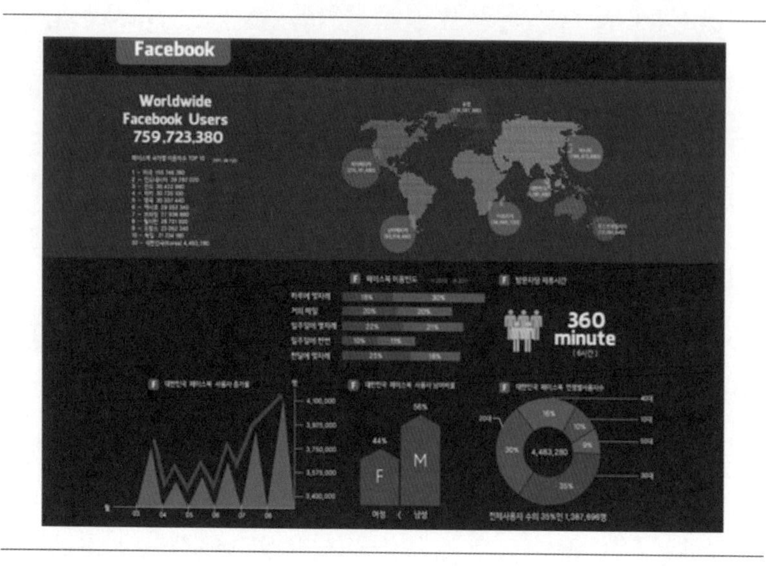

이터 관리 및 처리의 복잡성이 심화되는 가운데 데이터 내부에 숨겨진 가치 있는 정보를 얻기 위해서는 복잡 다양한 데이터를 통합하여 활용할 필요성이 있다.

다섯째, 진실성(veracity)은 앞 네 가지의 요건인 크고, 속도도 빠르고, 다양하고, 복잡하기 때문에 데이터가 분명하지 않고 모호하므로 옥석을 가릴 수 있어야 한다는 의미이다. 이 요건 때문에 빅데이터를 마이닝하는 데이터 마이닝 기법이 필수적이다.

여섯째, 시각화(visualization)는 빅데이터는 결국 시각화를 통해 사건이나 사안의 현상을 드러내고, 그 결과 전체적인 맥락과 앞으로의 전망과 방안을 세울 수 있어야 함을 의미한다. 최근 데이터 마이닝을 통해 빅데이터를 보여주는 방법으로 데이터 시각화와 인포그래픽(info graphics)이 널리 활용되고 있다.

3) 빅데이터의 역할

이러한 조건을 가진 빅데이터가 이슈가 되는 이유는 미래 경쟁력과 가치 창출의 원천일 뿐만 아니라 공간, 시간, 관계, 그리고 세상을 담는 역할을 하기 때문이다. 미래 사회의 특성을 불확실성, 리스크, 스마트, 융합이라는 키워드로 볼 때 불확실한 미래를 빅데이터를 통해 통찰력을 발휘하여 유연하게 대처할 수 있다는 점, 어떤 리스크가 발생했을 때 빠른 의사결정으로 대응할 수 있다는 점, 스마트 시대에 트렌드 변화에 따른 경쟁력을 확보할 수 있다는 점, 그리고 융합의 경우 타 분야와의 결합으로 창조적인 가치를 창출할 수 있다는 것이다.

[표 1-3] 미래 사회의 특성과 빅데이터의 역할

미래 사회 특성	빅데이터의 역할	
불확실성	통찰력	• 사회 현상, 현실 세계의 데이터를 기반으로 한 패턴 분석과 미래 전망 • 여러 가지 가능성에 대한 시나리오 시뮬레이션 • 다각적인 상황이 고려된 통찰력 제시 • 다수의 시나리오로 상황 변화에 유연하게 대처
리스크	대응력	• 환경, 소셜, 모니터링 정보의 패턴 분석 후 위험 징후, 이상 신호 포착 • 이슈를 사전에 인지·분석하고, 빠른 의사결정과 실시간 대응 지원 • 기업과 국가 경영의 투명성 제고 및 낭비 요소 절감
스마트	경쟁력	• 대규모 데이터 분석을 통한 상황 인지, 인공지능 서비스 등 가능 • 개인화, 지능화 서비스 제공 확대 • 소셜(니즈) 분석, 평가, 신용, 평판 분석을 통해 최적의 선택 지원 • 트렌드 변화 분석을 통한 제품 경쟁력 확보

융합	창조력	• 타 분야와의 결합을 통한 새로운 가치 창출(의료정보, 자동차정보, 건물정보, 환경정보 등) • 인과관계, 상관관계가 복잡한 컨버전스 분야의 데이터 분석으로 안전성 향상, 시행착오 최소화 • 방대한 데이터 활용을 통한 새로운 융합시장 창출

• 출처: 정지선, 앞의 글, p. 4

2. 빅데이터의 역사

빅데이터의 시대적 흐름을 살펴보면, 1990년대 중반부터 2000년대 중반까지는 'Data Warehousing Era'로, 사용자의 의사결정을 지원하기 위하여 축적한 데이터를 사용자 관점에서 고객정보, 교통정보, 서비스정보 등 주제별로 관리함으로써 중요한 정보를 적절할 시점에 제공할 수 있도록 하였다. 2000년대 중반부터 2010년대 중반까지는 'Data Convergence Era'로, 데이터의 통합 관리를 통해 분석하고자 하는 소비자 등 대상자에 관한 입체적인 이해를 가능하게 하였다. 2010년대 중반 이후는 'Big Data Era'로, 통합된 고객정보, 모바일, SNS의 결합을 통해 기존의 정형 데이터로는 파악하기 어려운 변화를 감지하며 소비자의 욕구를 즉시 확인하고 활용할 수 있게 되었다.[6]

10여 년 전 야후나 구글 같은 인터넷 검색 엔진 서비스를 제공하는 기업과 대용량 데이터 인프라를 제공하는 IT 기업에서 기존 데이터

6 오미애, 「정부 3.0과 빅데이터: 보건복지 분야 사례를 중심으로」, 한국보건사회연구원 제230호, 2014, p. 2.

양과 비교할 수 없는 양의 데이터를 보관, 처리, 분석하는 방식을 고민하면서 빅데이터는 출발하였다.

국내의 경우 2007년 제1회 플랫폼데이(PlatformDay)를 통해 하둡(Hadoop)이 국내에 처음 소개되었다. 이때만 해도 빅데이터뿐만 아니라 하둡을 알고 있는 사람도 거의 없었다. 2006년 구글 플랫폼(GFT, MapReduce, BigTable)과 같은 대규모 대용량의 데이터 플랫폼을 개발하자는 국책 과제를 기획하면서 NHN이 참여하게 되었다. 플랫폼데이에서 빅데이터와 하둡을 소개하면서 빅데이터 1세대(2007~2011년)가 시작되었는데, 이때 각종 포털사이트와 통신사 중심으로 하둡 플랫폼을 구축하게 되었다. 그러나 빅데이터와 하둡에 관한 인지 부족과 각 팀이 보유한 자체 분산 시스템으로 인해 그것들에 대한 저항감이 컸다.

2011년 이후 빅데이터에 관한 관심이 폭증하면서 2세대(2012년~현재)를 맞이하게 되는데, 포털과 통신사는 저항에서 벗어나 빅데이터 처리 기술에 관심을 가졌다. 게다가 일반 기업들도 빅데이터의 활용이 미치는 영향력을 간파하고 빅데이터 기술들을 검토하기 시작하였다. 정리하면 1세대는 빅데이터와 하둡에 관한 개념 이해와 플랫폼 구축에 관심을 기울였다면, 2세대는 어떻게 그것을 활용하고 응용할 것인가에 초점이 맞춰져 있다.

인류의 탄생에서부터 2003년까지 쌓아놓은 데이터의 양은 약 5엑사바이트였다. 그런데 2003년 이후 이 규모의 데이터를 생성하는 데 걸린 시간은 단 이틀에 불과했다. 데이터의 생성량과 쌓이는 규모는 이제 과거와 비교가 되지 않는다. 그 이유는 지난 10년간 IT와 인터넷의 발달로 데이터 생성량은 폭증했고, 특히 스마트폰의 대중화와 SNS의 사용 증가는 데이터 생성에서 새로운 차원을 열고 있다. 데이터가 생성되더라도 저장 공간의 기술적 한계, 경제적 이슈는 전문 기업뿐만 아니라 데이터의 생성과 분석을 연구하는 학자들에게도 관심거리였다. 그러다 보니 '데이터 사이언티스트(data scientist)'라는 새로운 직종이 탄생하게 되었다.

데이터 사이언티스트들은 처음에 데이터의 양과 처리 기술에만 고민을 하다가, 하드웨어 가격이 하락하고 분석 기술이 발달함에 따라 다양한 기업에서 그것의 활용 범위가 점차 확대되면서 경영과 마케팅 분야에도 빅데이터가 이용될 수 있다는 것에 초점을 맞추게 되었다. 그러나 기술의 발달과 활용 분야의 확대가 결코 장점만 있는 것은 아니었다. 어제는 처리하지 못하던 데이터가 새로운 기술 개발과 이용 범위의 확산으로 내일은 처리가 가능하게 된다면, 어제의 빅데이터가 오늘은 일반 데이터가 되는 모순이 생긴다는 것이었다.

따라서 빅데이터 문제는 단순한 이슈가 아니라 새로운 패러다임이어야 한다는 주장이 설득력을 얻고 있다. 데이터에 기반한 객관적이고 과학적인 접근 방식을 통해 국가와 사회, 조직의 현안 해결과 미래 사회 변화에 대응할 수 있으며, 데이터 분석을 기반으로 하는 창조적 접근 방식으로 더 나은 미래 사회로의 방향을 모색할 수 있기 때문이다.

3. 빅데이터와 경제

1) 주요 국가와 빅데이터

주요 국가의 정부에서 추진하는 빅데이터 관련 프로젝트는 국방, 세금, 보건의료, 범죄, 온라인 포털, 노동, 금융, 재난관리, 국가안보 등 다양한 분야에서 범정부적으로 적극 추진하고 있다. 이것은 각국이 국가 주도 정책의 여러 분야에서 빅데이터를 통해 지금과는 다른 혁신이 나타나기를 기대한다고 볼 수 있다.

미국은 국방부에서 의사결정 시스템 도입, 국세청은 탈세 방지 시스템 도입, 국립보건원은 게놈 프로젝트 활용 연구 지원, FBI는 유전자 색인 시스템을 이용한 범인 검거 체계 마련 등을 추진하고 있다. 영국은 주요 공공분야의 정보를 공유하고 활용할 수 있도록 국가 데이터를 개방하고 있고, 국립보건원의 경우 전국 병원과 약국의 정보를 개방하여 특정 지역이나 질병에 대한 연구를 지원하고 있다. 프랑스의 경우 공공정보 공개 사이트를 운영해 향후 10년간 빅데이터 산업을 육성할 것이며, 독일은 노동과 실업에 관한 혜택을 위해 계획을 수립하는 데 빅데이터를 활용하고 있다. 유럽연합(EU)은 금융위기 극복과 사회복잡성 이해를 위해 빅데이터를 활용하며, 일본은 지진과 해일 등 국가 재난관리 시스템 강화를 위해, 싱가포르는 조류독감 대응 방안 및 해상 안전 확립을 위해 빅데이터 프로젝트를 추진하고 있다.

[표 1-4] 주요 국가의 빅데이터 기반 정부 추진 프로젝트 현황

각국	주요 내용
미국	• 국방부: 데이터 기반 의사결정 시스템 도입 프로젝트에 연간 2억 5,000만 달러 투자 • 국세청: 재정건전성 향상을 위해 탈세 방지 시스템 도입 • 국립보건원: 아마존 클라우드에 게놈 프로젝트 데이터를 공개하여 이를 활용한 연구 지원 • FBI: 유전자 색인 시스템을 활용한 범인 검거 체계 마련
영국	• 국가 데이터 개방: 2015년까지 의료, 교육, 세금, 고용, 기상 및 지리 데이터 등 공공데이터를 순차적으로 국가 데이터 공유 플랫폼에 공개하여 공공부문의 정보 공유와 활용 가능 • 국립보건원: 전국 병원과 약국의 처방 정보를 개방하여 특정 지역이나 질병에 대한 연구를 지원하고 비만 대책을 중요한 사회문제로 파악하여 대책 수립
프랑스	공공정보 공개 포털사이트를 운영하고 있고 향후 10년간 집중적으로 빅데이터 산업을 육성할 계획
독일	연방노동청은 실업자의 이력, 고용주 요구, 실업수당 신청자 데이터 등을 분석하여 실업자 구직 기간을 단축하고 3년간 100억 유로의 실업수당 지출을 절감하려고 계획
EU	futurICT[7]와 iKnow[8] 프로젝트는 금융위기를 극복하고 사회복잡성 이해를 목적으로 추진
일본	Active Data 정책은 국가 재난관리 시스템 강화를 목적으로 2013년 89억 3,000만 엔의 예산을 투자함
싱가포르	국가안보조정사무국은 국가 위험관리 시스템을 구축하여 조류독감 유입 시나리오 연구 및 대응방안을 마련하고 해상 안전을 확립하기 위해 해상 상황 인식 프로젝트 추진

• 출처: 윤미영, 「주요국의 빅데이터 추진 전략 분석 및 시사점」, 과학기술정책 통권 192호 제23권 제3호, 2013, pp. 32~41, 재구성

2) 기업과 빅데이터

정부뿐만 아니라 세계 주요 기업의 빅데이터 활용 사례는 매우 많고 광범위하다. 그 중 대표적인 몇 가지를 살펴보면 다음과 같다.

제조업 분야에서 코카콜라는 코카콜라를 좋아하지 않는 지역을 대상으로 홍보를 강화하는 등 고객 반응에 실시간으로 대응하는 마케팅 전략을 펼쳤다.

GM, 벤츠, 현대 및 기아자동차는 자동차를 판매한 후, 차에 장착되어 있는 센서를 통해 실시간으로 차의 이상을 파악하는 조기경보체계를 도입하였다. 포스코는 빅데이터 분석을 통해 철광석 구매를 위한 최적의 구매 시스템을 마련하였다.

소매유통업 분야에서 월마트는 월마트랩을 이용한 소비자의 구매 행태와 지역별 반응을 분석하여 제품을 매장에 공급함으로써 유통 비용을 절감하고 매출을 증대시켰다. 월마트랩은 Social Genome을 연구 테마로 하여 소셜 미디어를 통해 대규모 데이터를 수집하고 실시간으로 해석하여 추출된 정보를 이용해 상품 판매를 촉진하는 기법을 사용하였다. 예를 들면 트위터의 트윗, 페이스북의 feed 등을 해석하

---

7 http://www.futurICT.eu 정보통신기술을 이용한 지구적 신경망을 갖추어 여기서 얻어진 데이터를 실시간으로 분석하여 각종 사회경제 생태문제에 대처하겠다는 프로젝트를 추진하고 있다. 이 프로젝트는 30여 개국 수백 개의 연구기관과 EMC, SAS, Yahoo 등을 포함한 수십여 개의 기업, 정부기관들이 참여하고 있는 거대한 프로젝트로서, 개별적이고 분산되어 있는 현재의 데이터를 넘어 통합적이고 거시적으로 데이터를 다루는 방식의 필요성을 제시하며 금융위기, 재난 방지, 교육 등 다양한 분야에 대한 연구를 진행하고 있다.

8 전 세계의 약 신호(weak signal)와 와일드카드(wild cards)를 포착함으로써 미래를 형성하는 지식과 전략적 이슈를 발굴하는 프로젝트. 약 신호는 사회 변화의 시작을 가리키는 신호로서 미래에 발생할 가능성이 있는 사건을 말하고, 와일드카드는 발생 가능성이 매우 낮으나 발생했을 경우 엄청난 사회적 영향을 미칠 수 있는 사건을 말한다.

[그림 1-3] 코카콜라 페이스북

• 출처: https://www.facebook.com/cocacola

[그림 1-4] 월마트랩의 Social Genome을 트위터에 응용한 사례

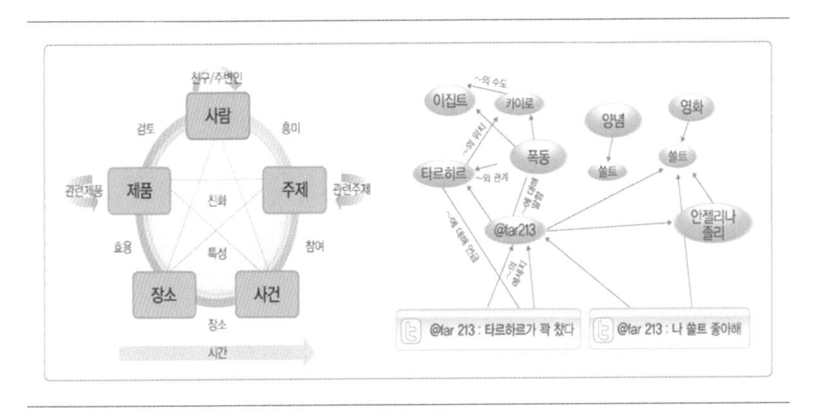

• 출처: http://www.walmartlabs.com/social-genome

[그림 1-5] 빅데이터 분석을 통한 자라의 적정 재고 산출 알고리즘 예시

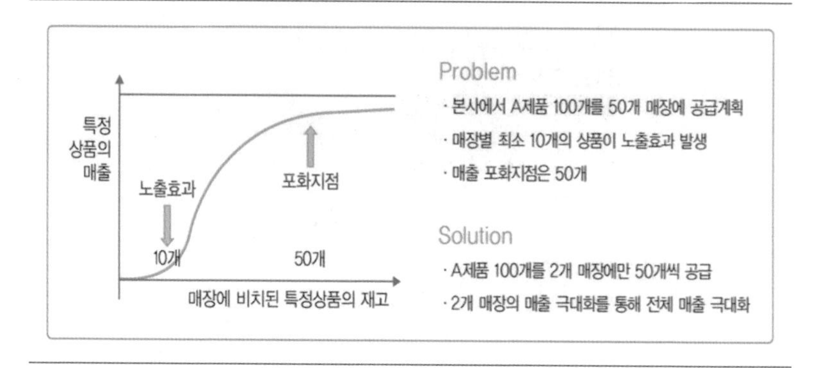

• 출처: 김철원 외, 「불확실한 경영환경 속 빛나는 글로벌 기업의 분석 기반 혁신사례」, KT경제경영연구소, 2011

여 인물, 사건, 장소, 제품, 조직 등의 관계를 분석하였다.[9]

패션회사 자라(ZARA)는 빅데이터를 영업과 생산 현장에 적용하여 재고를 최소화하고 소량 생산 적기 판매를 달성하기 위한 최적 재고 분배 시스템을 구축함으로써 2012년 당시 약 3조 3,630억 원의 수익을 달성하였다.

아마존의 경우 업계 최초로 고객의 행동 패턴 데이터를 분석할 수 있는 상품 추천 시스템을 도입하였다.

서비스업 분야에서 리츠칼튼 호텔은 100만 명의 투숙 고객 데이터베이스를 바탕으로 지능형 친절 시스템을 구축하고, 호텔에서 문제가 발생했을 경우 데이터베이스(DB)의 유사 사례를 분석하여 해결 방안을 제시하기도 하였다.

9 윤미영, 권정은, 「빅데이터로 진화하는 세상: Big Data 글로벌 선진 사례」, 한국정보화진흥원, 2012, p. 25.

[그림 1-6] 리츠칼튼 호텔의 지능형 친절 시스템

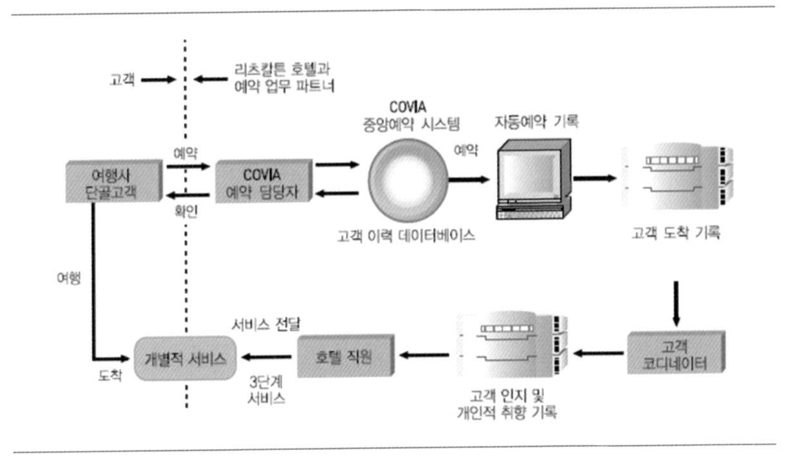

• 출처: J. D. Barsky, World-Class Customer Satisfaction, p. 143, Irwin, 1995

구글의 경우 독감환자의 분포와 확산 정보를 제공하는 예보 시스템을 구축하여 독감에 대비하고 의료비를 절감하는 효과를 거두었다.

SK텔레콤은 소셜 네트워크에서 여론 분석을 위한 스마트 인사이트 시스템을 도입하였다. 스마트 인사이트 시스템은 기업들이 원하는 키워드를 중심으로 온라인 여론을 분석하여 실시간으로 분석 결과와 관련된 기사, 블로그 댓글, 트윗 내용 등을 전송하는 것이다. 이를 통해 기업의 평판을 실시간으로 모니터링하여 기업의 대응전략을 마련하였다. 그 결과 효율적인 기업 홍보 및 마케팅 방법을 펼칠 수 있고, 마케팅 효과에 대한 정량적인 측정 기준을 세울 수 있었다.

[표 1-5]에서 본 바와 같이 기업들은 빅데이터 기법을 도입하여 의사를 결정하고 업무 방식, 조직 체계, 매출 증대 등 경영 활동의 효율성을 높이고 있다. 또한 빅데이터 기술을 기반으로 새로운 비즈니스 모델을 개발하여 기존 사업 영역을 확장시키거나 새로운 영역을 개척

[그림 1-7] 구글 독감 동향

• 출처: http://www.google.org/flutrends

[그림 1-8] SK텔레콤 스마트 인사이트 시스템 활용 분야와 기대 효과

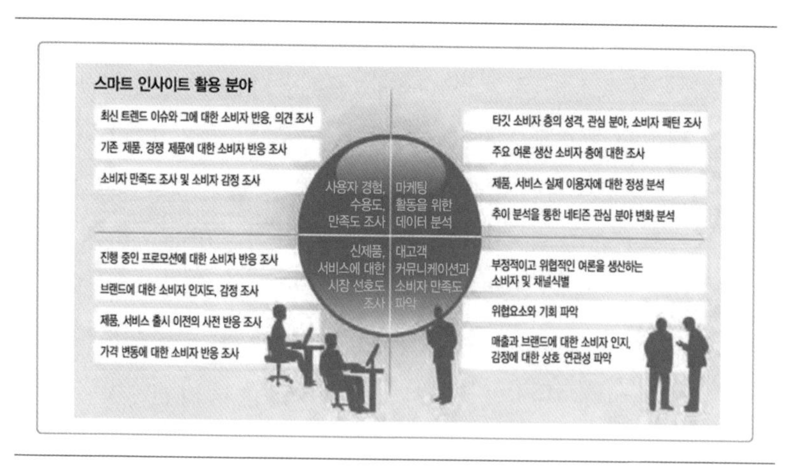

• 출처: 임원기, 한국경제, 2011

하기도 한다.

[표 1-5] 세계 주요 기업의 빅데이터 활용 사례

분야	기업	적용 사례	기대 효과
제조업	코카콜라	• 비우호적 정보가 증가하는 지역을 대상으로 홍보를 강화하는 등 고객 반응에 실시간으로 대응하는 마케팅 전략	• 고객 니즈 파악을 위한 데이터 수집, 제품의 개발 및 설계 지원 • 판매 후 지속적인 서비스 제공, 고객 만족도 증대
	GM, 벤츠, 현대, 기아자동차[10]	• 판매 후 차에 장착되어 있는 센서를 통해 실시간으로 차의 이상을 파악하는 조기경보체계 도입	
	포스코	• 데이터 분석을 통한 철광석 등의 원자재 구매 시스템으로의 변화	• 철광석 가격 예측을 위한 다양한 변수를 고려하여 최적의 구매 시스템 마련 • 생산 공정에 영향을 미치는 데이터 분석을 통해 불량률 감소 • 국내 물가 안정에 기여
소매유통업	월마트 (Walmart)	• 월마트랩을 이용해 소비자의 구매행태와 지역별 반응을 분석하여 제품을 매장에 공급함으로써 유통 비용 절감 및 매출 증대	• 실시간 관리가 가능한 유동적 유통 시스템 구축 • 지역별 수요에 맞춤화된 공급으로 유통 비용 절감, 가격 경쟁력 제공 • 비슷한 유형의 소비 패턴을 가진 고객들을 유형화하여 마케팅에 활용, 매출 증대
	자라 (ZARA)	• 빅데이터를 영업과 생산 현장에 적용시켜 재고 최소화와 소량 생산 적기 판매를 달성하기 위하여 최적 재고 분배 시스템 구축 • 낮은 가격, 속도, 고품질, 신뢰성을 고추 갖춰 제품의 수명주기가 짧은 패션 산업에 적합한 비즈니스 모델로 2012년 전 세계적 경제 불황과 스페인 경제 위기 속에서 약 3조 3,630억 원의 수익 달성	
	아마존 (Amazon)[11]	• 업계 최초로 고객의 행동 패턴 데이터를 분석하여 상품 추천 시스템 도입	

<table>
<tr><td rowspan="3">서
비
스
업</td><td>리츠칼튼</td><td>• 100만 명의 투숙 고객 데이터베이스를 바탕으로 지능형 친절 시스템 구축
• 문제 발생 시 데이터베이스의 유사 사례를 분석하여 해결 방안 제시</td><td rowspan="2">• 빅데이터에 기반을 둔 의사결정 지원 시스템을 통해 주관적, 지능적 판단에 도움을 줌으로써 업무효율성 증대
• 의료 서비스의 경우, 만성질환의 효율적 관리로 의료비 절감 효과 발생</td></tr>
<tr><td>구글</td><td>• 사람이 번역한 문서를 데이터베이스화하여 58개 언어를 교차 번역하는 서비스 제공
• 독감환자의 분포 및 확산 정보를 제공하는 예보 시스템 구축</td></tr>
<tr><td>SK텔레콤</td><td>• 스마트 인사이트 시스템 도입
• 기업들이 원하는 키워드를 중심으로 온라인 여론을 분석, 실시간으로 그 결과와 관련된 기사, 블로그 댓글, 트윗 내용 등을 전송</td><td>• 효율적인 기업 홍보 및 마케팅 방법 전개
• 마케팅 효과에 대한 정량적인 측정 기준 수립</td></tr>
</table>

• 출처: 한국정보화진흥원, 「빅데이터로 진화하는 세상: Big Data 글로벌 선진 사례」, 2013, pp. 24, 33, 34, 36, 88, 재구성

3) 공공부문과 빅데이터

한국도로공사는 고객 목소리 분석 시스템을 통한 서비스 혁신을 시도하였는데, 이는 고객 불만 및 니즈 등의 주요 이슈를 추출하여 상품, 서비스, 프로세스 측면의 연관 정보를 분석하고 지속적으로 모니터링해주는 서비스를 말한다. 콜 상담 서비스, 민원 관리 시스템, 채팅 상담 시스템을 고도화된 언어처리 기법으로 분석하여 고객만족 활용

10 http://car.donga.com/economyMaim/3/all/20130827/57241386/2

11 http://news.kbiz.or.kr/news/articleView.html?idxno=32057

도에 도움이 될 수 있는 지표와 이슈를 도출하였다. 그 결과 주요 이슈 사항이나 불만을 사전에 파악하여 대응할 수 있는 기반을 마련하고, 서비스 전략 수립이나 정책 수립을 위한 의사결정을 지원할 수 있었다.

통계청의 경우 정확하고 세분화된 일자리 통계 분석을 통한 의사결정 시스템을 도입하여 성별, 지역별, 나이별 등 임금 분석으로 세분화된 일자리 현황을 파악할 수 있었고, 청장년층의 취업난과 실업, 비정규직 고용불안 등 일자리 지표를 마련할 수 있었다. 그 효과로는 성별, 연령별 소득분포를 파악할 수 있었고, 신규 일자리와 줄어든 일자리를 즉각 파악하여 일자리의 안정성과 변동성을 쉽게 측정할 수 있었다.

한국수자원공사는 스마트 워터 그리드를 기반으로 한 물 관리 시스템을 도입하였다. 이는 IT와 수자원 관리 시스템을 결합한 것으로 물 관련 정보를 이용해 기존의 수자원 생산 및 분배시설의 효율성을 높이는 기술을 말한다. 수도관 수천 개를 하나의 네트워크 개념으로 통합하고 전체 네트워크가 효율적으로 운영되도록 관리한다.

근로복지공단은 고객의 요구사항을 종합 분석, 산재 근로자 요양 서비스를 개선하여 '찾아가는 서비스'를 통한 맞춤형 고객관계관리(CRM, Customer Relation Management)를 시도하였다. 산재환자의 특성에 맞는 일대일 맞춤형 서비스를 제공하고, 전화 콜센터와 통합 전산 시스템을 구축하며, 서비스 품질 향상을 통해 고객 만족도 향상 및 공공서비스의 품질을 높였다. 그 결과 업무상 산업재해로 인한 환자의 사회 복귀 시간이 19.3일에서 10.3일로 감소하였을 뿐만 아니라 재해 발생부터 요양, 재활 및 직장 복귀까지 단계별, 전문적 산재보상 서비스 제공이 가능한 환경을 마련하게 되었다.

[그림 1-9] 물 관리? 물로 보지 마!… '스마트 워터 그리드' 떴다

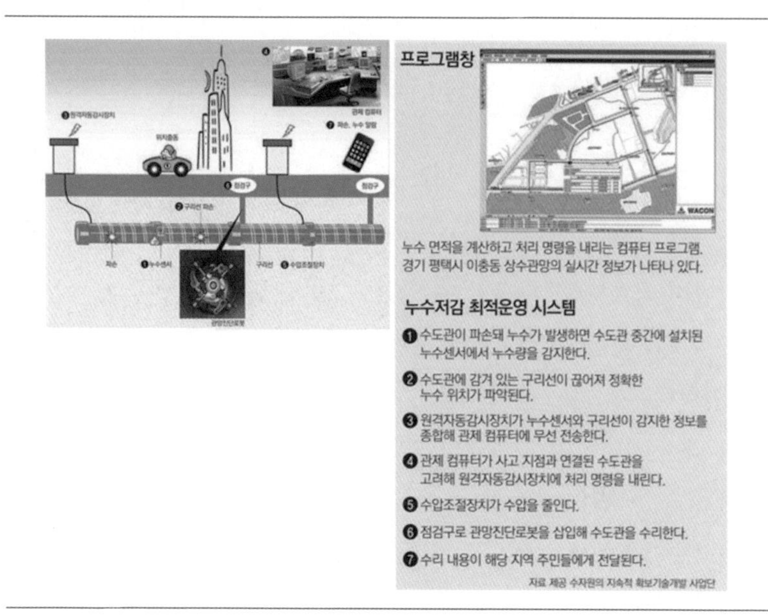

• 출처: http://news.donga.com/3/all/20110218/34922126/1

샌프란시스코는 범죄 발생 지역 및 시각을 예측하여 범죄를 미연에 방지하기 위한 시스템을 도입하였다. 과거 범죄에 대한 통계정보를 제공하는 것과 달리 새로운 범죄 가능성 정보를 제공하는 것에 초점을 맞추었다. 6개월간의 테스트 결과, 효율적인 경찰 인력을 배치하여 획기적으로 범죄를 예방하고 감소시킬 수 있었다.

4) 콘텐츠와 빅데이터

게임, 영상, 음악 등의 콘텐츠 분야에서도 빅데이터를 개인의 취향과 성향에 맞춤화된 콘텐츠를 제공하거나 유저에게 더 인기를 얻을 수 있는 매력적인 콘텐츠 기획 및 개발에 활용하는 추세이다. 콘텐츠의 소비 단계뿐만 아니라 기획 및 제작 단계에서도 빅데이터를 이용해 소비자가 선호하는 콘텐츠의 매력 포인트를 미리 예측 가능하며, 이를 활용해 더욱 재미있고 성공 가능성이 높은 콘텐츠를 제작할 수 있다.

(1) 영화 및 영상

① 제작 단계에서의 빅데이터 활용

영화 및 영상 분야에서 빅데이터는 투자자 유치, 마케팅 및 배급, 출연진 캐스팅 등 다양한 영역에서 활용될 수 있다. 예를 들면 투자자 유치를 통한 제작비 조달 과정에서 출연진과 그들이 전작에서 거둔 성과 등에 관한 데이터 분석 활용 사례가 증가하고 있다. 대표적인 사례로는 영국 세계 최대의 영화 및 영상 스트리밍 업체인 넷플릭스(Netflix)가 BBC TV의 동명 드라마를 원작으로 하여 만든 미국 드라마 〈하우스 오브 카드(House of Cards)〉가 있다. 넷플릭스는 지상파나 케이블 방송사가 아닌 만큼 따로 방영시간을 정해두지 않았고 온라인상에서 스트리밍으로 이용할 수 있도록 에피소드를 한 편씩 차례대로 공개했다. 이 과정에서 전문적인 데이터 마이닝 과정을 통해 데이비드 핀처(David Fincher) 감독을 제작에 참여시키고 케빈 스페이시(Kevin Spacey) 등의 배우들을 캐스팅하여 큰 성공을 거두었다.

[그림 1-10] 하우스 오브 카드

• 출처: http://www.netflix.com

② 추천 서비스 분야에서의 빅데이터 활용

넷플릭스는 제작뿐만 아니라 영화를 추천하는 서비스 분야에서도 빅데이터를 활용하고 있다. 2,500만 명 이용자들의 일시 정지, 되감기 등의 이용 행태를 포함한 하루 평균 3,000만 건의 동영상 재생 기록, 최근 3개월 기간에 해당하는 20억 시간 이상의 동영상 시청 시간, 하루 평균 400만 건의 이용자 평가 및 300만 건의 검색 정보, 위치 정보, 단말정보, 주중 및 주말의 시청 행태, 그리고 SNS 서비스인 페이스북과 트위터로부터 수집한 소셜 데이터 등을 추적해 분석하는 것으로 알려졌다. 이것을 '시네마치 알고리즘'이라고 부르는데, 전 세계 넷플릭스 가입자 4,400만 명의 시청 이력 데이터를 분석해 자동으로 가입자가 좋아할 만한 영화를 추천해주는 방식이다. 가입자의 DVD 클릭 패턴, 검색어, 대여 목록, 평점을 분석해 회원 개개인의 취향을 알아내는 게 이 알고리즘의 핵심이다.

[그림 1-11] 넷플릭스의 2013년 분기별 순이익

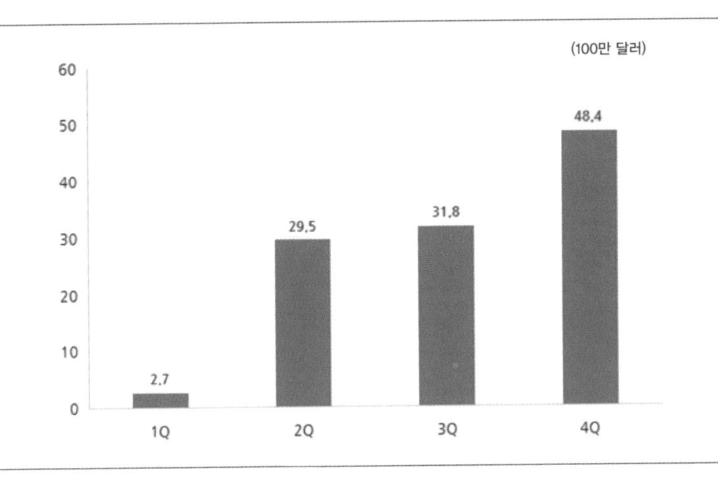

• 출처: http://investing.businessweek.com/research/stocks/financials/financials.asp?ticker=NFLX&dataset=incomeStatement&period=A¤cy=native

[그림 1-12] 북미 시장의 비디오 스트리밍 서비스 점유율

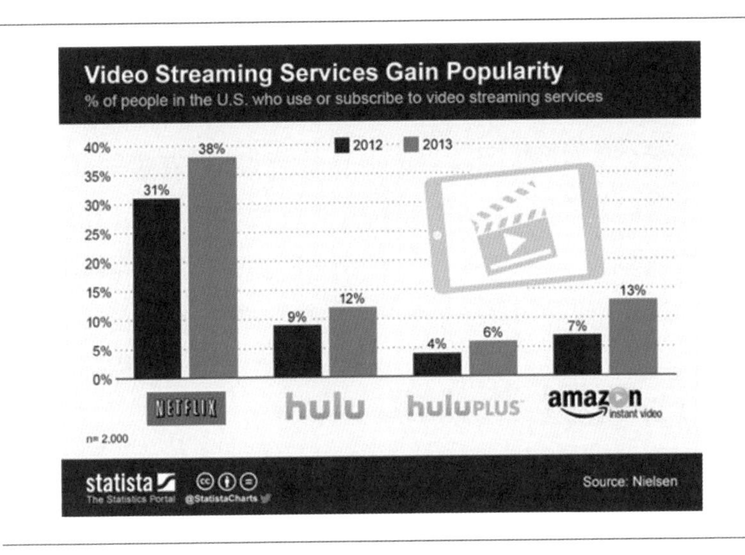

• 출처: http://www.statista.com/chart/1477/adoption-of-video-streaming-services/

보통 방송사들은 신규 프로그램을 방영할 때 시청자 확보를 위해 초기에 막대한 광고비를 투자하는 데 비해, 넷플릭스는 빅데이터 기법을 이용하여 잠재 시청자들에게 자사 콘텐츠를 추천함으로써 광고비를 줄이는 대신 그만큼의 효과를 얻고 있다고 볼 수 있다. 실제로 넷플릭스는 제작 단계와 추천 단계에서 빅데이터를 효율적으로 활용하여 2013년 4분기 4,840만달러(약 515억 원)의 순이익을 기록했다. 북미 시장에서 비디오 스트리밍 서비스 역시 전년 대비 7%포인트 상승하며 압도적인 1위를 차지하였다.[12]

(2) 게임

게이머들은 다양한 방식으로 수많은 데이터를 남기기 때문에 데이터 확보가 일단 용이하다. 이것들을 통해 게임을 하는 시간대, 지속시간, 함께 게임을 하는 사람, 게임 내 아이템에 지출하는 금액에 이르기까지 게임 내에서 일어나는 모든 행동을 파악할 수 있다. 이러한 분석을 통해 게임의 난이도 조절, 개선점 추출, 나아가 게임 콘텐츠의 질적 향상을 꾀하는 것도 가능하다. 실제로 게임 개발회사인 징가(Zynga)는 일간, 월간 접속 유저, 1회 접속 시 플레이 시간, 1인당 아이템 구매 횟수 및 금액, 아이템 구매 성향과 같은 수많은 데이터를 분석하여 유료 아이템 판매를 높이고, 더 재미있는 게임 설계에 활용하고 있다.

12 http://analyticsstory.com/99

[그림 1-13] 징가의 인프라, 엔지니어, 소셜 커넥션, 빅데이터 관련 수치, 모바일 접속 횟수를 나타내는 인포그래픽

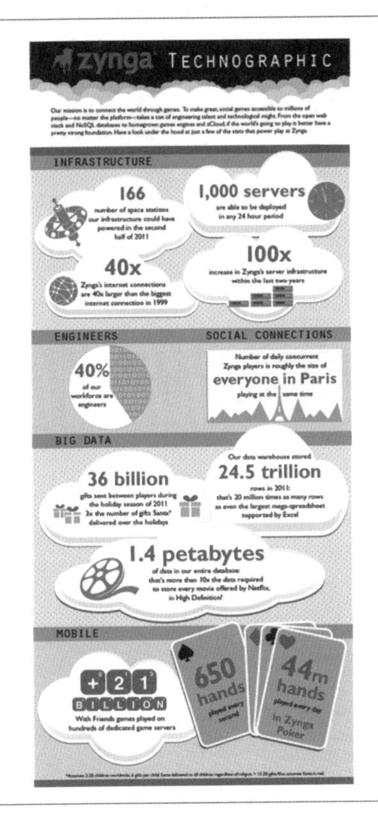

• 출처: http://www.bigdata-startups.com/BigData-startup/zynga-is-a-big-data-company-masqueraded-as-a-gaming-company

(3) 음악

인터넷 라디오 스트리밍 서비스인 판도라(Pandora)는 청취자의 취향에 맞는 음악 추천에 빅데이터 분석을 활용하고 있는데, 지난 8년 동안 2억 명 이상 이용자들의 프로필과 음악 청취 행태를 수집하여

[그림 1-14] 인터넷 스트리밍 라디오 판도라

• 출처: https://play.google.com/store/apps/details?id=com.pandora.android

빅데이터 분석 기법을 도입할 수 있는 인프라를 구축해놓고 있다. 유저가 특정 음악에 대해 '좋아요(Like)', '싫어요(Dislike)'를 클릭한 데이터를 수집해 어떤 음악을 선호하고 싫어하는지를 분석했으며, 음악을 청취한 장소와 시간, 음악 청취에 이용한 단말과 같은 데이터도 수집했다. 그 결과 판도라는 월평균 7,000만 회 이상의 청취 횟수를 확보한 세계 최대의 인터넷 라디오 방송 서비스로 성장했으며, 이 수치는 미국 전체 라디오 방송 청취량의 7% 정도를 점유하고 있다.

(4) 전자책 및 서적

아마존에서는 2012년을 기점으로 전자책 다운로드가 종이책 판매량을 추월하고 있음을 확인하였다. 전자책은 종이책보다 소비자의 독

[그림 1-15] 아마존의 서적 추천 서비스

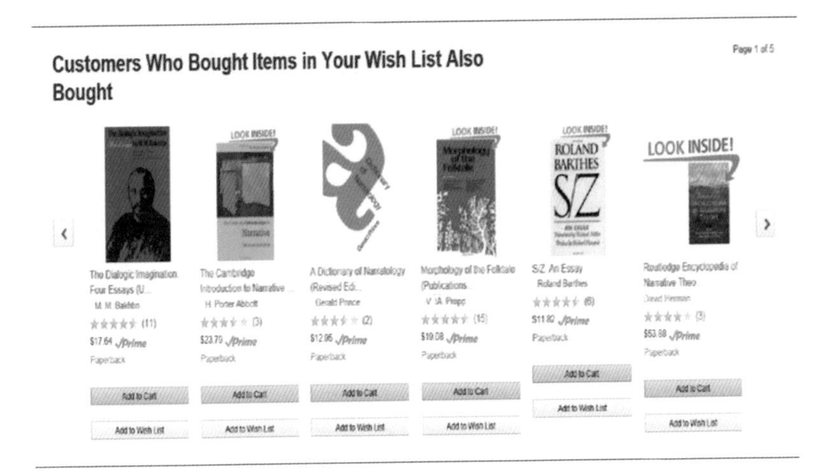

• 출처: http://www.amazon.com

서 습관(전자책 열람 횟수, 한 번에 읽는 페이지 분량, 한 권을 읽는 데 소요되는 시간), 특정 도서에 대한 전반적인 반응 등을 보다 상세하고 체계적으로 수집할 수 있기 때문에, 출판사가 전자책과 관련된 빅데이터 분석을 시행할 경우 마케팅 전략에 필요한 유용한 통찰을 얻을 수 있다.[13]

13 한국콘텐츠진흥원, 「콘텐츠 분야에서의 빅데이터 기법 활용 사례」, CT 문화와 기술의 만남 통권 34호, 2014, pp. 51~60, 재구성.

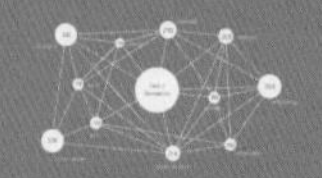

4. 빅데이터 관련 기술

빅데이터 관련 기술은 그 영역에 따른 요구사항이 있다. 빅데이터 기술을 활용한 과정을 살펴보면 데이터 수집 → 저장 → 처리 → 분석 → 표현 및 활용 → 관리로 구분할 수 있다. 수집은 빅데이터의 첫 번째 과정으로 대용량의 데이터를 수집해야 한다는 점, 그만큼 적재 시간이 길다는 점, 데이터가 지속적으로 증가한다는 점이 현실적인 문제점이다.

저장의 경우 데이터 저장과 관리에 고비용이 소요되고, 저장된 데이터를 어떻게 효율적으로 관리할 것인가의 문제, 그리고 용량이 다 찼을 때 기술을 이용하고 비용을 들여 확장해야 한다는 문제가 있다.

처리에서는 데이터를 처리하고 연산하는 데 고비용이 소요되고, 장시간의 처리로 데이터의 적시성이 부족하다는 문제가 발생한다.

분석의 경우 데이터 분석에 많은 연산 시간과 고비용이 소요되고, 분석에 관한 검증 문제가 발생하며, 통계 및 분석 전문가가 부족하다는 점이 있다.

표현 및 활용에서는 분석된 빅데이터의 해석과 의미가 제대로 파악되는지, 다차원 빅데이터를 효율적으로 비교 분석하는 방법이 없다는 점이 문제점이다.

관리의 경우 각각 영역별로 특화된 기술이 사용되고 있어 통합적 관리가 어렵고, 따라서 처리 및 분석 비즈니스 로직이 분산되어 관리가 곤란하다는 점이 있다. 이러한 문제들을 해결하기 위한 기술적 요구사항은 [표 1-6]과 같다.

[표 1-6] 빅데이터 주요 기술 영역과 기술 요건

각국	주요 내용	기술 요구사항
수집	• 대용량의 수집 대상 데이터	• 대용량 데이터 수집
	• 적재 시간이 전체 시간의 상당 부분 차지	• 실시간 수집, 적재 시간 단축
	• 데이터의 지속적인 증가	• 수평적 확장 용이성
저장	• 데이터 저장과 관리에 고비용 소요	• 대용량 데이터 저장
	• 저장된 데이터의 효율적 관리 곤란	• 수평적 확장 용이성
	• 용량 한계 봉착 시 확장 곤란	• 데이터 저장에 낮은 TOC 실현
처리	• 데이터 처리, 연산에 고비용 소요	• 다차원 데이터의 고속 연산
	• 장시간의 처리로 데이터의 적시성 부족	• 다중 노드로 분산/병렬 처리
분석	• 데이터 분석에 많은 연산 시간과 고비용 소요	• 검증된 통계적 기법 기반의 고급 분석
	• 통계적 분석 기법의 프로그램 구현과 검증 문제	• 실시간 또는 준 실시간 분석
	• IT에 능통한 통계 및 분석 전문가의 부족 또는 부재	• 사용자와 상호작용하는 탐색적 데이터 분석
표현 및 활용	• 분석된 빅데이터의 해석과 의미 파악 곤란	• 대용량 데이터의 요약적, 직관적 표현
	• 다차원 빅데이터의 효율적인 비교 분석 방법 부재	• 다차원 데이터의 비교, 분석적 표현, 실시간 인지 및 실시간 대응

<table>
<tr><td rowspan="4">관리</td><td>• 다수 장비로 구성된 인프라의 관리 곤란</td><td>• 오픈 소스를 보완하는 관리 도구 제공</td></tr>
<tr><td>• 각각 영역별로 특화된 다양한 기술 요소들이 사용</td><td>• 통합 인프라 관리 체계(설치, 설정, 모니터링/관제 등)</td></tr>
<tr><td>• 오픈 소스 기반인 경우 관리도구가 부족 또는 부재</td><td rowspan="2">• 수집부터 활용까지 각 영역을 통합하는 비즈니스 로직 관리 체계 제공</td></tr>
<tr><td>• 처리, 분석 관련 비즈니스 로직이 분산되어 관리 곤란</td></tr>
</table>

• 출처: 한국데이터베이스진흥원, 2013 데이터베이스 백서, 2013

빅데이터 기술은 크게 분석 기술과 분석 인프라 기술로 나눌 수 있다. 분석 기술에는 우리가 흔히 마이닝 기법이라고 부르는 텍스트 마이닝(text mining), 오피니언 마이닝(opinion mining), 소셜 네트워크 분석(social network analytics), 군집 분석(cluster analysis)이 있다. 텍스트 마이닝은 반정형 혹은 비정형 텍스트 데이터에서 유용하고 의미 있는 정보를 추출, 가공하거나 다른 정보와의 연계성을 파악하여 단순 정보 검색 이상의 결과를 얻어내는 기법을 말한다. 오피니언 마이닝은 소셜 미디어의 긍정, 부정, 중립의 선호도를 판별해내는 기술이다. 소셜 네트워크 분석은 소셜 네트워크 연결구조 및 연결강도 등을 바탕으로 소셜 네트워크상에서 입소문의 중심이나 허브 역할을 하는 사용자를 찾는 데 주로 활용된다. 군집 분석은 각 대상의 유사성을 측정하여 높은 대상 집단을 분류하고, 군집에 속한 객체들의 유사성과 서로 다른 군집에 속한 객체 간의 상이성을 규명하는 데 사용한다.

[표 1-7] 빅데이터 분석 기술

구분	주요 내용	기술 요구사항
관리	텍스트 마이닝	• 비정형 및 반정형 텍스트 데이터에서 자연어 처리 기술에 기반하여 유용한 정보를 추출, 각오하는 것을 목적으로 하는 기술 • 방대한 텍스트 뭉치에서 의미 있는 정보를 추출해 내고, 다른 정보와의 연계성을 파악하여 단순한 정보 검색 그 이상의 결과를 얻어낼 수 있음[14]
	오피니언 마이닝	• 텍스트 마이닝의 관련 분야로서 소셜 미디어 등의 정형 및 비정형 텍스트의 긍정, 부정, 중립의 선호도를 판별해내는 기술[15]
	소셜 네트워크 분석	• 소셜 네트워크 연결구조 및 연결강도 등을 바탕으로 사용자의 명성 및 영향력을 측정하여 소셜 네트워크상에서 입소문의 중심이나 허브 역할을 하는 사용자를 찾는 데 주로 활용[16]
	군집 분석	• 각 대상(객체)의 유사성을 측정하여 높은 대상 집단을 분류하고, 군집에 속한 객체들의 유사성과 서로 다른 군집에 속한 객체 간의 상이성을 규명[17]

• 출처: 김종업, 임상규, 「빅데이터의 활용과 개인정보 보호」, 한국지방정부학회 2013 하계학술대회 발표논문집, 2013, p. 234

분석 인프라 기술로는 디스크 기반 기술, 인메모리(In-Memory) 기반 기술, In-DB 기반 기술 등이 있다. 디스크 기반 기술은 주로 오픈 소스 기술들로서 저가 디스크를 저장소로 하여 대용량 데이터를 저장,

14 조성우, 「Big Data 시대의 기술」, 『KT종합기술원 내부자료』, 2011, pp. 1~8.

15 김정숙, 「Big Data 활용과 관련 기술 고찰」, 한국콘텐츠학회보 제10권 제1호, 2012, 34~40.

16 조성우, 앞의 글, pp. 1~8.

17 조성우, 앞의 글, pp. 1~8.

관리하고 분산·병렬 처리 메커니즘으로 연산 성능을 향상시키고 있다. 인메모리 기반 기술은 메모리 내 고속 연산 성능을 이용하여 대용량 데이터를 신속히 처리해 사용자의 탐색적 데이터 분석이 용이하도록 한다. In-DB 기반 기술은 RDBMS 또는 분산·병렬 DBMS 내부에 분석 기능을 탑재해 데이터 적재와 처리 시간을 단축하고 분석의 효율을 강화시킨다. 각 구현 방식별 관련 SW와 솔루션은 [표 1-8]과 같다.

[표 1-8] 구현 방식에 따른 빅데이터 분석 인프라 기술 분류

구분	주요 내용	설명	기술 요구사항
분석 인프라 기술	디스크 기반	· 다수의 서버들을 네트워크로 연결, 분산, 저장하여 저장소를 확장하고, 병렬 처리를 통해 연산 성능을 향상시키는 빅데이터 처리 기술	· Hadoop[18], DISCO, Hbase[19], Cassandra[20], MongoDB, Sybase IQ, GreenPlumn, Vertica Endeca 등
	인메모리	· 디스크보다 읽기 및 쓰기 속도가 빠른 메모리의 특성을 이용한 메모리 기반 빅데이터 처리 기술 · 단일 노드의 메모리 제약을 극복하기 위해 압축 기술과 그리드 컴퓨팅 형태로 확장성을 확보 · R언어는 의미 분석 기능도 함	· R[21], Revolution R, VoltDB, SAP HANA, SAS inmemory, GridGain, Tableau, Sporfire, QlickView 등
	In-DB	· 분석 기능 자체를 DB에 embedded 시켜 DB-Application 서버 간 데이터 이동, 적재의 부하와 시간을 단축시키는 빅데이터 처리 DB	· 각 대상(객체)의 유사성을 측정하여 높은 대상 집단을 분류하고, 군집에 속한 객체들의 유사성과 서로 다른 군집에 속한 객체 간의 상이성을 규명

• 출처: 한국데이터베이스진흥원, 2013 데이터베이스 백서, 2013

그 밖에도 비정형 데이터를 저장 처리하기 위한 NoSQL[22] 기술인 CouchDB, 구글의 BigTable, 아마존 다이나모(Dynamo) DB, IBM Lotus Domino 등이 있고, 빅데이터 처리 능력을 위한 분선 처리 기술인 MapReduce, 분석 기술인 자연어 처리(NLP) 등이 있다.

구글의 경우 대규모 데이터를 효과적으로 처리하기 위한 전략으로 컴퓨터 장비 H/W는 가능한 저가의 것을 사용하고, 그 성능을 최대한 끌어낼 수 있는 S/W는 자신들이 직접 개발하는 전략을 펼쳤다. 저가의 H/W를 사용하기 때문에 고장 발생을 전제로 시스템을 설계한다. 즉 데이터를 분산하는 분산파일 시스템(GFS, Google File System)을 사용하여 항상 파일을 여러 개 복사해 저장한다. 뿐만 아니라 파일의 내용과 위치에 대한 정보까지 여러 개의 복사본을 만들어 저장한다. 이렇게 하면 데이터를 잃어버릴 염려도 없고, 검색 시간도 단축된다는 장점이 있다. 이러한 검색 시스템뿐만 아니라 저장의 경우에도 빅 테이블(Big Table)을 사용하여 구조화된 데이터(structured data) 처리를 위한 분산스토리지 시스템(Distributed Storage System)을 활용함으로써 효

---

18 오픈 소스 분산 처리 기술 프로젝트. 정형 및 비정형 빅데이터 분석에 가장 선호되는 솔루션으로 야후, 페이스북 등에 사용됨.

19 구글의 빅 테이블을 참고로 개발된 오픈 소스 분산 비관계형 데이터베이스로 파워셋에서 개발했으며, 현재는 아파치 소프트웨어 재단에서 하둡의 일환인 프로젝트로 관리되고 있음.

20 분산 시스템에서 방대한 분량의 데이터를 처리할 수 있도록 디자인된 오픈 소스 데이터베이스 관리 시스템으로 원래 페이스북에서 개발했으며, 지금은 아파치 소프트웨어 재단의 한 프로젝트로 관리되고 있음.

21 오픈 소스 프로젝트로서 통계 계산 및 시각화를 위한 언어 및 개발 환경을 제공함. R 언어와 개발 환경을 통해 기본적인 통계 기법부터 모델링, 최신 데이터 마이닝 기법까지 구현 가능함.

22 Not-only SQL 혹은 No SQL을 의미하며, 전통적인 관계형 데이터베이스(RDBMS)와 다르게 설계된 비관계형 데이터베이스를 말하는 것으로 대규모 데이터 처리에 유연함.

율적으로 처리하고 있다. 기존에 가장 많이 사용하는 RDBMS의 구조가 테이블(table), 로(row), 컬럼(column)의 단일한 구조로 구성된 반면, 구글의 빅 테이블은 컬럼 대신에 로 키(row key)와 컬럼 패밀리(column family), 타임 스탬프(time stamp)와 같은 복잡한 구조로 되어 있어 수많은 데이터가 들어와도 테이블을 종과 횡으로 무한정 늘려갈 수 있다는 장점이 있다.

데이터 처리에서 구글은 분산데이터 처리 프로그램을 쉽게 사용할 수 있도록 소젤(Sawzall)이라는 프로그램 언어를 자체 개발하였다. 이 언어는 RDBMS에서 간단한 문장으로 데이터 처리를 위한 프로그램을 작성할 목적으로 사용되고 있는 SQL과 유사한데, 데이터 통계와 로그 분석 등 반복 사용하는 프로그램 업무를 간단한 명령어로 처리할 수 있다.[23]

따라서 구글은 저가의 하드웨어에 자체 소프트웨어를 갖추고, 구조화되고 복잡한 데이터베이스 테이블로 빅데이터를 처리하고 있어 효율적인 빅데이터 기법이 무엇인지 보여주고 있다.

23 정용찬, 『빅데이터 기술』, 커뮤니케이션북스, 2012, pp. 30~35.

5. 빅데이터의 사회기술적 시스템 (Socio-Technical System)적 관점

최근 빅데이터 논의와 이슈는 연산/처리 알고리즘에 집중된 공학적 접근 방법이 주를 이룬다. 빅데이터가 기술적 인프라위에서 데이터가 수집되고 정교한 소프트웨어에 의해 분석되기에 기술적 중요성을 간과할 수 없다. 그러나 사회 속에서 그리고 사람들의 다양한 데이터를 분석 대상에 포함시키는 빅데이터 분석은 사회기술적, 인문학적 시각도 반드시 중요하다. 빅데이터는 어차피 사회 속에서 컨텍스트 안에서 수집되고, 그 안에서 의미를 가지는 것이기에 사회기술적 논의가 중요하다. 빅데이터는 단순한 기술적 접근을 넘어 우리 삶과 맞닿아 있는 것이기 때문이다.

1) 사회기술적 시스템

기술 혁신과 사회문제 해결이 빅데이터 혁신정책의 중요한 의제로 부상하면서 기술 발전과 경제 성장을 핵심 의제로 설정했던 기존의 관점과는 다른 새로운 접근이 요구되고 있다. 사회기술적 시스템(socio-technical system)은 기술 디자인에서 인간적, 사회적 욕구의 중요성을 인식함으로써 기술 개발과 설계를 하는 접근법이다. 이 용어는 영국의 타비스톡 인간관계연구소(Tavistock Institute of Human Relations)가 조직내의 기술을 둘러싼 자율작업 메커니즘을 발견하며 널리 알려지게 되었다. 타비스톡 인간관계연구소는 동일한 기술적 조건하에서도 테일러적인 작업조직을 설계할 수도 있는 반면, 팀의 자율성에 입각한 노동도 가능하다는 것을 발견하였다. 그 후 사회기술 시스템은 혁신적이고, 학습을 고취하며, 다양성을 제공해주고, 사회적인 지원과 인정, 전체 과업의 성취감과 자기 자신에 의한 통제를 허용하고 성과에 관한 피드백을 제공해줄 수 있는 작업의 창조를 기초로 하는 조직설계이론으로 많이 논의되었다. 1950-1960년대 노르웨이, 스웨덴 등 산업화가 급속히 진전된 북유럽 국가에서 기술 발전에 따라가지 못하는 인간문제 사회 이슈에 대한 관심에서 이론으로 정립되었다.

사회기술 시스템은 생산의 효율을 위해서 인간의 영혼을 희생한 테일러적 작업조직 원칙에 대한 반론으로 제기되었고, 이후 테일러적 작업 시스템에 대한 대안으로서 지금까지 수많은 실험을 낳았다. 사회기술 시스템은 생산에 있어서 기술 시스템의 최적화만으로는 준최적(suboptimal)의 결과를 낳을 수 있기 때문에 기술 시스템과 사회 시스템의 공동 최적화(joint optimization)를 달성해야 하고, 경우에 따라서는 기술 시스템 자체를 개편해서 노동의 인간화를 달성하는 것이 더 효율적일 수 있다고 보고 있다. 예를 들어 사회 시스템을 고려하지 않는 대량생산 조립 라인의 경우, 단순 반복적인 노동이 노동 소외를 낳고 이에 대한 작업자들의 저항이 발생할 수 있다. 작업자들의 저항은 적극적으로는 파업 등의 집단행동으로 표출되지만, 소극적으로는 작업으로부터의 이탈(exit) 행위, 즉 태업이나 이직 또는 결근으로 나타날 수 있다. 이직이나 결근율이 증가하면 대량생산 라인 전체가 치명적인 손실을 입게 된다. 즉 기술적 효율성을 극대화하기 위해서 노동의 인간적 측면을 소홀히 한 결과, 기술적 효율성도 달성하지 못하게 되는 것이다. 볼보의 칼마르(Kalmar) 공장에서 컨베이어 라인을 폐지한 노동의 인간화 실험은 이러한 맥락에서 이해할 수 있다. 사회기술 시스템은 작업자의 자율성을 증진시키는 것을 조직설계의 핵심 원칙으로 두고 있고, 이에 따라서 자율작업팀을 대표적인 작업조직 형태로 제시하고 있다.

빅데이터도 이 사회기술적 시스템의 관점에서 충분히 논의가 가능하다. 빅데이터를 사회기술적 시스템의 관점에서 지속적으로 사회문제의 동향을 파악하고 해결 방안을 탐색하는 것이 중요하다. 사회와 빅데이터는 분리될 수 없는 시스템으로 함께 공진화한다는 관점에서 문제를 정의하고 해결 방향을 모색하는 데 필요한 것이다. 기존 인문·사회과학과는 차별화된 접근으로 기술에 대한 논의 없이 인문학적 관점만 강조하는 것이 아니다. 사회문제를 기술연계지도와 연계해 빅데이터가 사회문제에 대해 구체적 대응기술 파악 및 개발 방향을 설정할 수 있도록 해야 한다. 이를 위해 소비자 관련 기관, 사회 서비스 제공 기관, 인문·사회과학 출연연구소 등 과학기술계 외부 전문가의 적극적인 참여를 촉진해야 한다.

사회기술 시스템론은 기술사회학, 기술사, 혁신연구, 조직이론에 바탕하여 과학기술과 사회의 상호작용, 시스템적 관점을 통합한 연구를 지칭한다. 사회기술 시스템론의 특성은 사회와 기술이 상대를 전제로 하는 통합된 시스템으로 존재한다고 파악, 강한 가치 지향·정책 지향성, 다층적 접근을 통한 거시·미시적 측면 동시 고려, 전략적 니치 관리를 통한 시스템 전환 등이 있다. 또한 현재 빅데이터 논의가 안고 있는 문제점으로 사회와 기술 요소 간의 상호작용에 대한 폭넓은 인식 없이 요소기술을 제시하는 방식의 장기 비전, 특정 기술에 자원을 집중 배분하여 관련 기술을 획득하는 전략을 취한 국가연구개발사업, 시민사회의 참여를 수용할 수 있는 공간 부족, 계몽주의에 바탕을 둔 기술대중화론의 한계 등을 지적할 수 있다. 이러한 문제의 해결을 위해 사회기술 시스템론의 빅데이터는 다음과 같은 방안을 제시할 수 있다.

[방안 1] 시스템 전환론에 바탕한 장기 비전의 형성
[방안 2] 중단기 연구개발사업 기획 시 사회기술 시스템론의 활용: 사회-기술 기획
[방안 3] 사회기술 시스템론과 시민사회의 참여
[방안 4] 사회기술 시스템론과 참여형 과학문화 활동의 활성화

2) 빅데이터, 풍요 속의 빈곤

빅데이터란 IT 분야의 전문용어가 이제는 지하철에서 들을 수 있는 대중적인 용어로 일반화된 것 같다. 그만큼 최근 창조경제의 최대 화두는 빅데이터라고 할 수 있다. 이를 반영하듯 올해 10대 IT 이슈 가운데 '빅데이터 도입 및 활용'이 1위로 선정됐다. 한국정보화진흥원 빅데이터전략연구센터는 앞으로 5년간 빅데이터와 관련된 새로운 일자리가 52만 개 정도 창출될 것으로 전망했다. 또한 미래창조과학부는 2014년 9월부터 빅데이터 분석 및 활용센터를 구축하겠다고 발표

했다. 정부가 구상하는 빅데이터센터의 목적은 공공과 민간에서 대용량 자료를 분석하여 신규 서비스를 개발할 수 있도록 인프라와 교육 프로그램을 제공하는 것이다. 특히 빅데이터에 접근하기 어려운 대학과 중소기업을 위해 기술을 지원한다고 한다. 빅데이터 활성을 위한 여러 시도가 긍정적이지만 아쉬운 점은 빅데이터 도입과 구축 등의 하드웨어적 측면에만 치우치고, 빅데이터의 활용이나 사용 등의 소프트적 이슈는 간과되고 있다는 것이다.

빅데이터가 진정으로 활성화되기 위해서는 접근성(access)을 높일 수 있는 데이터센터나 데이터베이스 등의 인프라와 기술 구축도 중요하겠지만, 더욱 중요한 것은 사용자들에 의한 이용(skill)과 활용(capacity), 그리고 그로 인한 새로운 가치의 창출이라 할 수 있다. 데이터의 생산-활용-가치 창출의 선순환구조를 활성화하여 데이터-정보-인텔리전스의 사슬구조를 초연결생태계(Hyper-connected ecology) 안에서 형성하는 것이 중요하다. 초연결사회에서 데이터가 계속적으로 생성되고, 축적된 빅데이터는 초연결사회를 가속화한다. 이런 공진화의 관계에서 빅데이터의 궁극적 성공 여부는 바로 그 데이터를 사용하는 인간에 의한 활용과 이용에 있다고 할 수 있다.

활용과 이용의 문제가 중요한 것은 빅데이터 시대에 정보 엘리트 계층만이 그 가치를 알고 혜택을 독점할 수 있기 때문이다. 빅데이터가 활성화될수록 여전히 빅데이터를 이용/활용하지 못하는 계층이 존재하고 빅데이터의 혜택에서 소외되는 계층이 생겨난다. 예를 들어 빅데이터 환경의 도래는 역설적으로 중소기업에는 위기가 될 수도 있다. 중소기업이 시장의 흐름을 정확히 파악해 적절하고 신속한 의사결정을 하기 위해서는 대기업과 마찬가지로 빅데이터 분석의 도움이 필요하지만, 인프라 구축에 대한 비용 부담과 데이터 수집, 확보, 축적의 어려움 등으로 대기업에 비해 매우 불리한 입장에 처해지고, 결국 빅데이터 때문에 오히려 대기업과 중소기업의 정보 격차는 더 커질 가능성이 있다. 빅데이터를 기술 인프라의 보급이나 확산 등 하드웨어적 측면에 치중한다면 이런 소외계층이나 부작용이 심화될 것이다. 물론 빅데이터에 기술적 인프라나 하드웨어적 측면이 중요하지만 빅데이터가 결국 사회적 맥락 속에서 존재하고, 사람과의 관계 속에서 데이터가 생성된다는 측면에서 본다면 사람이 그 데이터를 어떻게 사용하고 어떤 부문에 활용하느냐가 더 중요한 문제인 것이다. 종래의 정보 격차는 디지털 정보와 정보기술에 접근이 가능한 사람들과 가능하지 않은 사람들 사이의 격차를 의미했으나 빅데이터 시대에는 이용역량(competence), 활용성(literacy), 효능감(self-efficacy) 등의 상위 개념으로 승격 확장될 것이다.

이렇게 격차의 범위와 개념이 다양해지므로 빅데이터 시대에는 데이터의 보급을 넘어선, 빅데이터를 통한 사회적 통합(Social Inclusion)으로 보편적이고 평등한 민주적 가치를 창출해나가는 것이 관건이다. 그것이 최근 창조경제에서 논의되는 경제민주화일 것이다. 정부는 양적 활용 수준과 함께 창의적 정보 활용 등으로 질적 정보화 수준을 높이는 활용가치 창출 중심의 정책을 지향해야 한다. 산업적인 측면에서는 '빅데이터 생태계의 균형 발전'이라는 과제 속에서 빅데이터가 대기업의 전유물로 전락하지 않도록, 중소기업 그리고 소비자가 동반자로서 협력과 경쟁을 통해 공진화하는 빅데이터 생태계를 형성하는 상생적 정책을 추구해야 한다. 이제는 데이터를 수집하거나 데이터센터를 구축하는 것보다 축적한 데이터를 얼마나 잘 분석하고 관리·활용하는지가 기업/국가의 경쟁력이 되고 있다. 시시각각 급증하는 데이터의 재생산과 활용 방법에 대해 진지하게 고민해야 할 시점이다.

빅데이터의 활용이 향후 기업과 사회 성장의 핵심이자 새로운 창조경제의 기회가 될 수 있기 때문이다.

3) 빅데이터와 지구온난화

빅데이터와 지구온난화의 공통점은 무엇일까? 언뜻 전혀 관련이 없어 보이는 이 두 현상에서 분명한 공통점이 있고 그 공통점을 통해 중요한 암시점을 도출할 수 있다. 지구가 온난화되고 있다는 것은 초등학생들도 알고 있는 잘 알려진 것이나, 그 정도가 과장되거나 특정 단체나 정치가의 이해관계에 따라 정쟁화되었다는 점은 잘 알려지지 않았다. 지구온난화에 대해 수많은 연구가 진행되고 온난화되고 있다는 주장은 많지만, 실제로 지구온난화의 과학적 직접적 증거는 많지 않다. 오히려 반대로 온난화 추세가 과거에도 있었던 자연적인 온난화의 흐름을 반복하고 있고, 태양 활동의 변화로 온난화가 일어나며, 이산화탄소 증가 속도가 지구 온도의 증가 속도보다 느리다는 것이 과학적으로 증명되고 있다. 온난화 문제가 과도하게 과장되어 결과적으로 세계인들이 필요 이상의 불안과 공포로 떨었다는 것은 부인할 수 없다. 지구가 온난화되는 것은 분명히 인류에게 불행한 것이고, 막아야 할 현상이다. 그러나 온난화를 정치적 수단이나 경제적 축적의 대상으로 삼고 있는 단체도 있고, 그런 단체에 의해 온난화가 이용되어온 측면을 부정할 수 없다. 미국이나 유럽의 학계도 온난화에 관한 주제로 연구 펀딩을 따내기 위해서 온난화에 대해 과장한 측면이 있다고 인정한 바 있다. 중요한 점은 온난화가 사실인가 과장되었는가 하는 판단의 문제가 아니라, 그동안 온난화라는 이슈를 물신

숭배적으로 받아들여 다른 의견이나 목소리들은 묵살이 되어왔다는 것이다.

최근 빅데이터가 화두이고, 마치 모든 세상이 빅데이터를 얘기하며 빅데이터에 매몰된 느낌이다. 분명히 빅데이터가 중요한 전략이고, 미래의 궁극적 발전 방향이며, 따라서 국가적으로 추진해야 할 사항임에는 이견이 없을 것이다. 그러나 한 가지 의문이 드는 사항은 빅데이터 현상이나 이름이 갑자기 주목을 받은 이유는 무엇일까 하는 점이다. 많은 사람들은 빅데이터가 그간에 없었다가 갑자기 하늘에서 쏟아진 것처럼 생각하는 경향이 있다. 실제로는 빅데이터는 이전의 데이터 마이닝과 크게 다르지 않다. 데이터 마이닝 또한 이전의 고객관계관리(CRM)와 다르지 않고, CRM도 이전의 실시간 데이터 분석 방법인 OLAP(Online Analytical Processing)나 POS 시스템과 크게 다르지 않다. 결국 빅데이터는 최근에 갑자기 생긴 것이 아니라 지금까지 있어왔던 현상에 이름을 다르게 붙인 것에 지나지 않다. 데이터의 양이 많아지고, 그 수집/분석 방법이 더 새롭게 개발되었을 뿐이다. 약 10년 전 IT 열풍과 함께 등장한 CRM에 큰 기대와 많은 예산을 쏟아부은 때가 있었다.

톰 크루즈가 출연했던 영화 〈마이너리티 리포트〉에서처럼 우리는 범죄가 발생하기도 전에 범죄를 예측하고 범죄자를 체포해 범죄 없는 사회를 만드는, 이상적인 사회를 빅데이터를 통해 꿈꾸고 있다. 그러나 이러한 미래 시나리오는 10년 전 유비쿼터스 컴퓨팅 때부터 언급되었던 것이고, 디지털 미디어시티, u-시티, 스마트 시티를 통해 똑같이 얘기가 되어왔던 것이다. 1984년 IBM의 연구원이었던 마크 와이저에 의해 처음으로 제안된 이래 계속적으로 연구가 되어오고 있는 진행형이다. 다시 말하면 빅데이터는 갑자기 생겨난 혁신적

(revolution) 현상이 아닌, 지금까지 계속적으로 연구되어오던 틀에서 진화한(evolution) 성격이라는 것이다. 빅데이터가 조지 오웰의 빅브라더적 사회를 파라다이스적으로 갑작스럽게 현실화시키는 마술이 아니라는 점을 유의해야 한다. 중요한 점은 빅데이터의 중요성이나 잠재성을 축소하자는 것이 아니라, 이 빅데이터가 진정 중요한 패러다임이라면 올바르게 대응하고, 효과적인 거버넌스(governance)를 통해 우리 사회와 인간에게 진정으로 이로운 것으로 잘 발전시키는 것이다. 환상적, 낭만적 낙관주의는 혼란과 사회적 갈등 그리고 비싼 사회적 비용을 초래할 것이기 때문이다.

빅데이터는 우리 사회와 동떨어져 기술 혼자만으로 발전되는 것이 아니다. 데이터 자체는 인간의 경험과 상호작용에서 나오고, 빅데이터는 우리의 사회 속에서 사용자와의 어울림 속에서 그 패턴이 형성되는 것이기 때문이다. 따라서 우리는 빅데이터를 사회-기술적 접근방법(Socio-Technical approach)을 통해 인간과 데이터의 상호작용 맥락(context)에서 파악하고 인간 중심적 빅데이터로 발전시키는 것이 중요하다. 빅데이터 자체가 목적이 아닌, 빅데이터라는 수단을 통해 인간 복지와 인간 경험을 향상시켜나가는 과정이라는 점을 유의해야 한다. 더 이상 정치적 슬로건이나 경제적 수단으로서가 아니라 인간의 수요와 사용자 중심의 빅데이터를 형성해나가야 한다. 왜냐하면 우리는 지난 10년 동안 Y2K, 닷컴버블, DMB, 와이브로 등을 통해 기술에 대한 물신적 숭배와 과장, 그로 인한 허무의 파노라마를 목도해왔기 때문이다.

4) 빅데이터 2.0과 정부 3.0

최근 빅데이터가 화두로 등장하며 우리 사회 전체가 빅데이터에 매몰된 느낌이다. 빅데이터 현상이 갑자기 생겨난 것 같으나, 실제로는 빅데이터는 계속 있어왔던 현상이다. 스마트 기술로 그 중요성이 부각되고, 데이터 수집 기술과 분석 방법이 새롭게 개발되었을 뿐이다. 빅데이터 자체도 계속 진화하고 있는 것이다.

전문가들은 머지않아 빅데이터 1.0이 가고 빅데이터 2.0이 도래할 것이라고 전망하고 있다. 단순한 데이터의 양적 폭증이 빅데이터 1.0이라면, 초고속 망 인프라와 데이터 분석력에 기반해 정밀하게 여과되어 최적화된 양질의 데이터는 '빅데이터 2.0'이라고 할 수 있다. 보통 사람들은 빅(Big)이라는 말을 양(量)의 개념으로 받아들여 SNS 등의 수많은 데이터들을 빅데이터와 연관 지어 생각하는 경향이 있다. 본질적으로 빅데이터란 양적인 문제보다 선별된 데이터의 질에 관한 문제이다. 예를 들어 기업이 중요한 의사결정에 있어 양적 데이터에 의존하기보다 양질의 고급 데이터들을 분석하여 통찰력을 끌어내는 정보 최적화(Information Optimization) 방법을 구사하고 있는 것이다. 이 정보 최적화는 빅데이터 2.0을 특징짓는 핵심적 특징인데, 그 과정 자체가 빅데이터 1.0의 일방향성이 아닌 쌍방향적 성격을 지니고 있다. 예를 들어 고객과 기업의 관계가 종속적, 일방적인 것이 아니라 상호작용적 관계라는 점이다. 빅데이터 1.0에서는 단순히 고객의 니즈와 소리를 분석해 경영전략을 수립하는 데 그쳤다고 하면, 빅데이터 2.0에서는 고객이 기업의 경영 과정 전체에 적극적으로 참여할 수 있어야 한다. 또한 그 참여가 단발성 참여가 아닌 지속적인 과정이라는 것이다. 즉 빅데이터 1.0이 특정 문제를 위한 일회적 솔루션(Solution)이라면, 빅데이터 2.0은 그런 솔루션을 포함한 하나의 과정 그 자체라는 것이다. 또한 빅데이터 2.0에는 스몰데이터의 의미도 함축되어 있다. 즉 양적 측면의 빅데이터가 아닌 양질의 고급 데이터만을 의미하는 스몰데이터로서의 빅데이터가 중요하다. 많은 데이터를 가지고 있고 다양한 데이터를 가지고 있다 하더라도 한 번에 모두 사용해야만 하는 것은 아니다. 분석의 깊이나 질, 그 결과와 시사점이 더 중요한 경우가 많다. 분석이라고 불리는 것의 내용과 용도는 천차만별이기 때문이다. 즉 빅데이터의 세 가지 요소, 데이터 크기, 다양성, 속도라는 3V 중 스몰데이터는 Value(가치)로서의 의미를 지닌다. 양적인 측면에서는 빅데이터보다 작지만 이전에 경험해보지 못했던 새로운, 고급스러운 또는 무언가 새로운 사실을 인도해주는 휴리스틱(heuristic)한 것을 제공해주는 것이 스몰데이터이다. 어차피 데이터란 전체 세상의 일부이거나 단편적 모습만을 보여주는 요약편인 것이다. 아무리 빅데이터라 할지라도 그 빅데이터는 결코 전체 집단(population 또는 universe)이 될 수 없고, 모집단을 추정하는 샘플 데이터일 뿐이다. 예를 든다면 통계청이 제공하는 국가통계는 수많은 기초자료를 요약한 것이라 그 크기가 크지 않으며, 트위터가 축적하는 데이터 역시 일부 사람들이 일부 상황에서만 제공하는 데이터라는 점에서 완전하거나 전체인 데이터가 아닐 수밖에 없는 것이다. 우리는 빅데이터의 잠재력과 함께 스몰데이터의 중요성도 간과해서는 안 되겠다. 그러한 빅데이터와 스몰데이터의 적절한 접합이 빅데이터 2.0이라 할 수 있다.

빅데이터 2.0의 출현은 공공데이터 개방과 활용을 강조한 정부 3.0 모델에도 영향을 끼치고 있다. 정부가 일방향적으로 정보를 제공하던 것에서 인터넷을 통한 양방향 정보 교환으로 바뀐 것이 정부 2.0의 변화이고, 정부 3.0은 이를 넘어서 모바일과 빅데이터를 활용함으로써 개인에게 차별화된 맞춤형 행정 서비스를 제공하는 것이다. 정부 3.0에서 국민은 집단적 전체로서의 대상이 아니라 개별적으로 수준 높은 고급 서비스를 합당히 받아야 하는 개개인으로서의 시민이다. 정부 3.0은 국민 개인의 목소리를 듣고 개인의 각기 다른 요구사항을 충족시키는 스마트 정부를 지향한다. 스마트 정부의 핵심은 투명성이고 그것은 공공데이터를 어떻게 활용하느냐에 달려 있다. 공공데이터는 보다 많은 이들에게 영향을 끼치고, 사회 각 부문과 개인의 삶에 도움을 줄수록 가치가 증가한다. 정부가 아무리 좋은 툴과 애플리케이션을 선보여도 대중이 이해하고 데이터 활용에 어려움이나 제한이 있다면 소용없다. 어떤 데이터를 어떻게 대중에게 보일 것인지에 대한 문제가 바로 공공데이터와 저널리즘이 만나는 지점에서 생기는 질문이다.

전 세계적으로 공공데이터를 개방 공유하자는 움직임은 미국과 유럽 등 선진국을 중심으로 시작되었다. 2009년을 시작으로 미국과 영국 정부는 '공공데이터 개방 정책'을 국정 운영의 주요 어젠다로 추진하고 있다. 이러한 공공데이터 개방 흐름은 유럽 각국, 일본, 호주, 캐나다 등 전 세계로 확산되는 추세이다. 나아가 공공데이터 개방의 주체는 중앙정부를 넘어 자치구 단위까지 확대되고 있다. 예를 들어 최근 미국의 뉴욕 시는 부동산 관련 정보를 데이터베이스화하여 모든 시민에게 무료로 제공하고 있다. 이전까지 부동산업자들이 독점적으로 이용했던 부동산 데이터베이스를 모든 시민에게 공유케 함으로써 부동산 거래의 공정성, 행정의 투명성, 그리고 부동산 시장의 신뢰 형성이라는 중요한 사회적 자본(Social Capital)이 되고 있다. 형성된 신뢰는 부동산 시장을 활성화하는 데 크게 기여하고 있다.

박근혜 정부도 '정부 3.0: 개방, 공유, 소통, 협력'이란 목표 아래 대대적인 공공데이터 개방을 추진하고 있다. 교통정보, 날씨정보, 토지정보부터 행정정보, 교통사고정보, 재난정보, 교육정보에 이르기까지 공공기관이 생산하는 값진 공공데이터가 산업계, 학계, 언론계, 시민사회에 개방될 때 기대되는 경제 가치와 시민 가치는 무한한 확장성을 가지고 있다. 정부는 정부 3.0을 통해 단순 공공데이터의 개방을 넘어 공공기관과 시민이 새롭게 만나고 사회문제를 함께 해결하는 새로운 행정문화를 확립해야 한다. 이를 통해 공공기관과 시민의 갈등 비용, 시민의 정보탐색 비용 등 사회적 비용이 크게 축소될 수 있다. 교통 데이터, 날씨 데이터, 토지 데이터 등은 소중한 정보가 되고, 그 정보들이 모여서 인텔리전스(intelligence)를 형성하여 산업계에 직접적인 경제효용으로 이어질 수 있다.

미국의 Open Government Initiative, 영국의 Power of Information 전략, 유럽연합(EU)의 Open Data Strategy 등이 모두 '투명한 정보 공개'를 그 취지로 하고 있다. 정부 부문의 투명성을 높여서 국민들이 스스로 원하는 정보를 얻어 자신들의 개별적 요구를 정부 정책에 반영시킬 수 있도록 돕는 것이 바로 이런 일련의 정책기조가 의도하는 방향이다. 공공데이터 개방을 위한 정책은 장기적으로 '공공정보 개방을 위한 플랫폼' 구축을 목표로 신중하게 추진하는 것이 중요하다. 프라이버시 보호 등 예민한 문제는 물론이거니와 예산, 인력, 법제도적 근거, 개방 인식의 확산 등이 모두 상당한 자금과 시간을 요하는 부분이기 때문이다.

5) 빅데이터에 대한 환상적 오해

최근 빅데이터가 새로운 성장동력으로 이야기되며 여러 폭증된 관심과 함께 빅데이터에 대한 오해도 많은 것 같다. 가장 큰 오해는 일반적으로 이 빅데이터가 갑자기 생겨난 현상이라고 생각하는 경향이다. 데이터는 우리 주위에 알게 모르게 늘 있어왔지만 활용이 가능할 정도로 충분한 데이터의 수집 자체를 포함해 이를 다룰 수 있는 기술 자체가 충분히 발전하지 못했을 따름이다. 데이터를 분석하고자 하는 움직임과 그 기술이 시대에 따라 조금씩 변이를 이루었을 뿐 계속된 현상이었고, 스마트 기술로 그 중요성이 부각되며 데이터 수집 기술과 분석 방법이 개발되었을 뿐이다. 빅데이터 자체도 계속 진화하고 있는 것이다.

두 번째 오해는 빅데이터가 데이터의 많음을 의미한다고 생각하는 경향이다. 자칫 빅(big)이라는 수식어로 양적인 측면의 많은 데이터를 의미한다고 보는 경향이 있지만 실제로는 질적인 의미로서의 데이터가 바로 빅데이터이다. 이러한 경향으로 최근 벌써 1세대 빅데이터와 차별화하자는 의미에서 빅데이터 2.0이 회자되고 있다. 단순한 데이터의 양적 증가가 빅데이터 1.0이라면, 초고속 망 인프라와 데이터 분석력에 기반해 정밀하게 여과되어 최적화된 양질의 데이터는 '빅데이터 2.0'이라고 할 수 있다. 빅데이터 1.0에서는 단순히 고객의 니즈와 소리를 분석해 경영전략을 수립하는 데 그쳤다고 하면, 빅데이터 2.0은 고객이 기업의 경영 과정 전체에 적극적으로 참여할 수 있어야 한다. 또한 그 참여가 단발성 참여가 아닌 지속적인 과정이라는 것이다. 즉 빅데이터 1.0이 특정 문제를 위한 일회적 솔루션이라면, 빅데이터 2.0은 그런 솔루션을 포함한 하나의 과정 그 자체라는 것이다.

이러한 양적 측면을 넘어서 질적인 측면의 강조는 다른 영역에서도 나타나고 있다. 예를 들어 사용자 경험(User Experience, UX)이 그간 많이 회자되어왔지만 많은 사용자 경험 중 정작 중요한 것은 핵심적 가치를 이루는 질적인 경험(Quality of Experience, QX)으로, 이것이 중요한 화두로 떠오르고 있다. 최근에는 언제 어디서나 콘텐츠에 접근할 수 있는 스마트1.0이라는 수적 연결성을 넘어 스마트 기기의 지능이 더해져 새로운 가치를 만들어내는 스마트 2.0이 대두되는 것도 같은 맥락이다. 또한 최근 SNS의 증가세가 둔화되고 핵심 사용자층의 이탈 현상이 가속화되는 것도 수많은 의미 없고 가식적인 응답 메시지에 대한 피로도 때문일 것이다. 처음에는 참신해 보였던 SNS 사용자 경험들이 이제는 상투적인 경험이 되어 SNS 피로도 현상을 가속화하고 있는 것이다. 이러한 부작용들은 양적인 측면 혹은 피상적 측면에 초점을 맞춘 결과라고 볼 수 있다. 핵심적 데이터에서 나오는 의미 있는 패턴이나, 핵심적 사용자 가치에서 나오는 고급 질적 경험이 중요한 것이다. 양적인 측면에 초점을 맞추다 보면 자칫 예외 데이터(outlier)를 무리하게 포함하여 왜곡된 결과를 나오게 하기도 한다. 너무 특이한 사용자 경험을 포함시키면 일반적, 보편적 디자인에서 멀어지는 우를 범할 수 있다.

세 번째 오해는 빅데이터가 모든 문제를 해결해줄 수 있다고 보는 맹신적 생각에서 나오는 만능적 경향이다. 빅데이터의 여러 획기적 장점에도 데이터의 본질적 한계 때문에 빅데이터를 물신화하는 경향은 지양되어야 한다. 예를 들어 빅데이터 분석은 인과관계가 아닌 상관관계를 나타낸 것이며, 정확한 예측보다 유용한 패턴을 확인할 때 유용한 것이다. 여러 가지 단점에도 불구하고 빅데이터 시대는 오고 있고, 또 빅데이터 2.0도 어떤 형태로든 근자에 도래하며 중심적 모델이 될 수 있다. 그러나 중요한 것은 빅데이터가 만능은 아니며 빅데이터가 보편화되어도 문제는 계속적으로 존재한다는 것이다. 결국 빅데이터는 우리 사회와 동떨어져 기술 혼자만으로 발전되는 것이 아니다. 데이터 자체는 인간의 경험과 상호작용에서 나오고, 빅데이터는 우리의 사회 속에서 사용자와의 어울림 속에서 그 패턴이 형성되는 것이기 때문이다. 따라서 우리는 빅데이터를 사회-기술적 접근 방법을 통해 인간과 데이터의 상호작용 맥락에서 파악하고 인간 중심적 빅데이터로 발전시키는 것이 중요하다. 더 이상 정치적 슬로건이나 경제적 수단으로서가 아니라 인간의 수요와 사용자 중심의 빅데이터를 형성해나가야 한다.

6) 빅데이터와 개인정보: 빅데이터의 양면성

스마트 사회에서는 매일 데이터가 수집되고 재생산된다. 빅데이터는 우리 주위 어디에나 존재한다. 인터넷에 이용할 때 입력하는 검색어, 인터넷 콘텐츠를 읽는 것, 음성 인식 시스템 시리에 질문하는 것, 아마존에서 구입 목록을 기반으로 새로운 책을 추천해주는 시스템 등이 모두 빅데이터를 이룬다. 수집된 데이터를 통해 보건·의료, 공공부문, 유통, 마케팅, 제조업 등 다양한 분야에 활용하여 더 나은 서비스를 제공하기 위해 노력하고 있다. 그러나 빅데이터를 활용할 때 간과할 수 없는 부분은 바로 개인정보와 프라이버시 문제이다. 빅데이터 분석 과정에서 이용될 수 있는 개인정보는 합법적, 합목적적으로 이용되어야 한다. 빅데이터를 활용하여 다양한 분석을 하게 되면 기존에 알 수 없었던 사용자 개개인의 취향, 성향이 분석되고, 이러한 정보는 곧 개인정보이자 개인의 프라이버시가 될 수 있기 때문이다. 이러한 정보를 활용하여 서비스 제공자는 기존에 제공할 수 없었던 개개인에 특화된 맞춤형 서비스를 제공할 수 있지만, 한편으로는 이러한 정보가 오·남용될 경우 서비스 사용자의 프라이버시를 침해하는 양면성을 가지고 있다.

국내의 현행 빅데이터 관련 개인정보법은 방송통신위원회의 '빅데이터 개인정보 보호 가이드라인'이 유일하다. 그마저도 빅데이터 육성이라는 전략적 목표 아래 개인정보나 이용자 권리의 문제는 뒤로 처져 있다. 현행 가이드라인에 따르면, 공개된 정보라면 당사자들의 의사와 상관없이 이를 수집해 제3자에게 판매할 수 있다. 사용자들은 인터넷에서 다양한 의사소통을 하면서 때때로 이름, 휴대전화번호, 사는 곳, 위치, 직업, 취향과 기호 등 개인정보를 남긴다. 이는 사람들이 자신을 표현하기 위한 수단일 뿐, 특정 기업이 그 개인정보를 동의 없이 수집, 분석해 가공 판매하는 것을 허락하는 것은 아니다. 현행 국내 빅데이터 가이드라인은 이러한 개인정보들을 '공개된 개인정보'라고 하여 개인의 의사를 묻지 않고 수집하고 분석해 제3자에게 판매하는 것을 허용하고 있다. 즉 일반적으로 인정되는 개인정보에 관한 자기결정권에 정면으로 대치해 있는 것이다. 예를 들어 EU의 경우, 데이터 수집과 관련해 개인정보의 자기결정권 보호를 위한 명시적 동의, 프로파일에 대한 접근권, 수정 · 삭제권, 프로파일에 대한 조치나 결정을 거부할 권리 등을 담고 있다. 유럽은 한국과 달리 익명에 기반을 둔 인터넷 환경임에도 불구하고 새로운 규제를 제시하고 있는 점은 시사하는 바가 크다.

비슷하게 2014년 5월 EU 최고 법원인 유럽사법재판소(ECJ)는 '잊혀질 권리'를 인정하는 역사적인 판결을 내렸고, 이에 따라 구글은 삭제 요청을 받은 정보를 검색 결과에서 삭제하게 되었다. 어떤 정보를 수집함으로써 얻을 수 있는 공익보다는 개인이 프라이버시를 존중받을 권리가 더 중요하게 고려되고 있다. 표현의 자유를 옹호하는 단체와 구글 등의 빅데이터를 이용하는 업계는 사람들의 알 권리나 수정 헌법 1조에 명시된 표현의 자유를 침해한다고 주장한다. 그러나 삭제를 요청한 정보가 구글 전체 검색 결과에서 사라지는 것이 아니라 개인의 이름을 검색하는 페이지에서만 없어지기 때문에 이들 단체의 주장은 설득력이 떨어지고 있다.

국내의 인터넷 사용자들은 실명 본인 확인이라는 명목으로 주민등록번호를 수집하는 등 익명성이 존중받지 못하고 있다. 더군다나 최근 성인 인증제 강화 움직임으로 더더욱 개인정보가 유출될 환경에 처해 있다. 참고로 국내에서 인터넷이 소개된 이후로 주민번호 유출 건수는 약 4억 건이 넘으며 그 정보는 현재에도 피싱, 스미싱, 파밍 등 각종 사기 사건에 이용되고 있는 현실이다. 이러한 유출에 대해 빅데이터 기술이 수반하는 프로파일링에 대한 적절한 통제가 필요하다고 할 수 있다.

빅데이터를 산업 발전과 사회 전반에 유익하게 사용하려면 개인정보 침해에 대한 강화된 대책이 필수적이다. 이를 위해서는 정보 보안 기술 자체의 개발도 중요하지만, 체계적인 정보 보안전략과 정책의 수립이 필요하다. 지금까지는 개인정보 유출 사고가 발생하고 나서야 기존 정책을 수정하거나 새 방안을 강구해왔다. 빅데이터 시대에는 사후적 처방에서 벗어나 사전에 철저한 보안전략을 수립하고 기술적, 사회적, 문화적 이슈를 포괄하는 전략적 프레임이 필요하다. 효과적 '빅데이터'와 사생활을 침해하는 '빅브라더'는 동전의 양면이다. 빅데이터의 성공적인 활용은 개인정보 침해에 대한 대책이 얼마나 잘 수립되어 있는가에 달려 있다.

7) 빅데이터와 적정 데이터

용수 부족에 시달리는 아프리카 한 나라의 마을에 국제 구호단체에서 대형 정수기를 설치해주었다고 한다. 정수기가 마을에 설치되고 처음 얼마간은 주민들이 깨끗한 물을 마실 수 있었지만, 시간이 흐르며 정수기는 쓸모없는 쓰레기가 되었다고 한다. 정수기 운영을 위한 필터도 없고, 기술 지원도 없고, 전기도 제대로 공급되지 않아 결국 쓸모없는 상자로 전락한 것이다. 이런 문제에서 나온 대안적 개념이 적정 기술(Appropriate Technology)이다. 아무리 좋은 기술이라도 한 공동체의 문화적, 정치적, 환경적인 면들을 고려하지 않는 것이라면 아무 쓸모없다는 것이다. 특정 맥락에 맞고, 사용자의 니즈에 맞는 적절한 기술이 가장 훌륭한 기술일 수 있다. 아프리카의 특정 공동체에 필요한 것은 비싼 정수기가 아니라 물을 즉석에서 소독할 수 있는 1~2달러짜리 키트(kit) 또는 우물에서 물을 길어 안전하고 빠르게 옮길 수 있는 운반 기구였을 것이다.

빅데이터가 신성장동력으로 주목받고 많은 장밋빛 전망을 쏟아내지만 동시에 적지 않은 부작용도 양산되고 있다. 빅데이터의 새로운 대안으로 적정 기술의 개념에서 도출된 적정 데이터(Appropriate Data)가 거론되고 있다. 더욱이 양적 측면의 빅데이터 1.0이 질적인 데이터를 강조하는 빅데이터 2.0으로 옮겨감에 따라 적정 데이터는 더더욱 설득력을 얻고 있다. 일반적으로 알려진 바와는 달리 빅데이터가 모든 문제를 만능적으로 해결해줄 것 같지만 데이터란 현실이나 현상에 대한 제한적인 그림을 부분적으로 암시할 뿐이다. 제한된 데이터를 통해 현실을 유추해내는 일은 연구자에게 달려 있고, 연구자는 적절한 틀을 통해 최선의 분석을 해내는 것이다. 데이터 자체는 아무 의미 없는 숫자들의 모임일 뿐이며, 패턴을 찾아내어 의미를 부여하고 가치를 도출하는 것은 인간의 몫이다. 그러나 데이터의 본질적 한계와 근본적 단점으로 100% 이상적인 분석은 현실적으로 불가능하다. 그렇기 때문에 양질의 적정 데이터로 최적의 분석을 하는 것이다.

빅데이터에 대한 과도한 기대로 그 자체를 완벽한 데이터라고 생각하는 경향이 있는 듯하다. 이해가 관련된 정부기관에서 의제를 띄우고, 언론에서 앞다투어 의제를 증폭하는 과정에서 사람들은 빅데이터가 인류의 제반 문제를 해결해줄 것 같은 막연한 기대를 하고 있다. 데이터를 이용한 통계분석에서 가장 기본적 전제가 되는 것은 모수의 추정이다. 즉 분석하고자 하는 대상의 전체 크기와 속성이 어떠하다는 추정이 있어야 기본적 분석과 제한적이나마 예측이 가능하다. 빅데이터는 그 전반적 크기와 속성에 대한 추측이 쉽지 않다. 모든 데이터를 무작위로 포함하다 보면 전체 흐름과 패턴을 왜곡하는 극단치(outlier)가 포함되며 전체적 평균과 그림을 완전 왜곡시키게 된다. 빅데이터 시대라 해서 마구잡이식 의미 없는 데이터를 포함하다 보면 전체 데이터의 질을 저하시키고 왜곡된 분석이 나올 수도 있다. 반드시 빅데이터란 틀에 집착할 필요는 없으며, 충분한 분석을 통해 가장 적절한 사이즈의 데이터를 양적 또는 질적 방법론을 이용해 수집 분석하는 것이 중요하다.

빅데이터란 그 자체가 일정한 결과물이 아닌 하나의 과정이다. 빅데이터를 통해 최대의 효과를 얻으려면 구체적인 목표가 있어야 한다. 즉 빅데이터를 통해 무엇을 하려는지가 명확해야 어떤 데이터를 수집 분석해야 하는지 전술적 문제들이 확실해진다. 빅데이터 분석은 프로젝트가 아닌 프로세스이다. 빅데이터에 대한 잘못된 오해와 부푼 기대가 팽배한 상황에서 시급한 것은 빅데이터에 대한 현실적 개념을 도출하는 것이다. 10여 년 전 엄청난 관심과 예산을 투자했다가 결국 시들해진 고객관계관리(CRM)의 기억이 생생하다. CRM이 실패한 이유는 데이터 분석이 아닌 단순 수집에 불과했다는 것이다. 데이터 분석은 데이터로부터 비즈니스 의미와 가치를 도출해야 한다. 데이터가 분석되지 않고 집계된 단순 망라 수준의 빅데이터는 실망을 가져올 것이기 때문이다.

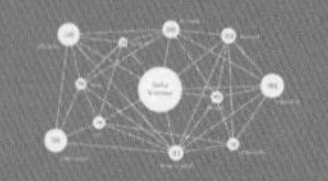

6. 빅데이터에 관한 법제

1) 빅데이터의 데이터 수집 정책

빅데이터의 핵심적 데이터는 고객의 위치 기반 정보이다. 사용자의 다양한 이용 행태 및 위치 기반 정보를 활용하여 새로운 서비스를 만들어내고 있다. 그런데 위치정보는 민감한 개인정보라서 수집할 수 있느냐에서부터 어떤 용도로 활용할 수 있느냐, 혹은 어느 정도의 기간까지 저장할 수 있느냐의 여러 정책적이며 현실적인 문제들에 직면해 있다. 사용자들의 다양한 정보에 대해 노출은 민감한 문제이다. 처음에는 개인들이 자신의 다양한 정보에 대한 노출을 꺼리던 경향이 높았지만, SNS상에 자신의 위치를 공개적으로 밝히거나 다양한 서비스를 사용할 때 위치 기반 정보를 제공하는 데 거의 자동적으로 동의하게 되어 있어 위치 기반 정보가 공개되는 추세이다. 문제는 이런 데이터가 사업자를 통해 유출된다면 심각한 문제를 초래할 수 있다.

개인정보의 스스럼없는 노출과 이의 유출이 반복된다면 인터넷상에서 뜨겁게 논란이 되고 빅데이터의 정보 노출 이슈까지 영향을 받을 수 있다. 통신업계 및 미디어업체들이 소비자의 데이터를 바탕으로 생산하는 자료의 지적재산권 통제가 규제 범위를 벗어나고 이를 활용하여 축적되는 고객들의 정보들 역시 유출된다면 재앙으로 이어질 수 있다. 이미 일부 서비스업체는 고객 위치/행태 분석 등의 데이터를 상업적으로 재판매하기 시작하였다. 다른 이슈의 파장을 예고하고 있지만 고객들은 아직 인지를 하지 못한 상황이다. 고객의 이용 행태에 기초한 빅데이터를 광고주 및 마케터 등에 판매 가능하도록 프라이버시 정책을 업데이트한 사안을 모르고 있는 것이다. 통신 네트워크를 보유한 이통사들이 보유한 방대한 가입자정보와 GPS의 발달로 모든 실시간 위치정보가 합쳐져서 빅데이터로 될 수 있지만, 한편으로 빅브라더라는 부작용을 만들어낼 수도 있다.

이러한 개인정보 수집에 대해 미국의 경우 친기업적 측면에서 사업자의 개인정보 수집과 재활용을 허용하는 분위기이다. 미국의 개인정보 수집에 관한 법률은 1998년에 제정된 디지털 밀레니엄 저작권법(Digital Millennium Copyright Act, DMCA)을 포괄적으로 따르고 있다. 밀레니엄 법안에 따르면 온라인 사업자는 저작권에 저촉되지 않는 한 정보나 데이터를 자유롭게 수집 활용할 수 있다. 비록 법안은 데이터 이용을 비상업적인 용도로 한정하고 있지만 비상업적 용도와 상업적 용도와의 구분이 명확치 않고, 사업자의 데이터 권리를 광범위하게 독려하고 있다. 인터넷 종주국이라는 자부심과 개방적 혁신을 강조하는 인터넷상에서 사업자의 혁신을 보장해주자는 것이 미국의 입장이다. 미국은 인터넷 거래가 전 세계에서 활성화될수록 자국 기업이 경제적 수혜를 더 많이 받을 수 있도록 관련 정책과 전략을 수립 시행하고 있다. 예를 들어 고객정보를 수집하되 애초부터 투명하게 공개해 기본 서비스로 제공하는 것을 들 수 있다. 프라이버시라는 경계선 내에서 빅데이터를 마케팅에 적극 활용하게끔 하고 있다. 또한 이동통신사들의 무선 및 유선 네트워크에 대하여 트래픽 스니핑(Sniffing)을 암묵적으로 허용하고 있다. 스니프(sniff)는 '냄새를 맡다, 코를 킁킁거리다'라는 의미인데, 네트워크 스니핑은 컴퓨터 네트워크상에 흘러다니는 트래픽을 엿듣는 도청장치이다. 전 세계 이동통신사들은 네트워크상에 떠다니는 데이터를 모아 빅데이터로 만들고 이를 마케팅에 활용할 수 있는 방안을 적극적으로 구가하고 있으며, 정부는 불법적인 경우를 제외하고는 이를 인정하고 있다.

국내 상황도 미국과 같이 빅데이터 확산을 장려하는 차원에서 사업자의 데이터 수집을 광범위하게 인정하고 있다. 국내의 현행 빅데이터 관련 개인정보법은 방송통신위원회의 '빅데이터 개인정보 보호 가이드라인'이 유일하다. 현행 가이드라인에 따르면, 공개된 정보라면 당사자들의 의사와 상관없이 이를 수집해 제3자에게 판매할 수 있다. 사용자들은 인터넷에서 다양한 의사소통을 하면서 때때로 이름, 휴대전화번호, 사는 곳, 위치, 직업, 취향과 기호 등 개인정보를 남긴다. 이는 사람들이 자신을 표현하기 위한 수단일 뿐, 특정 기업이 그 개인정보를 동의 없이 수집하고 분석해 가공 판매하는 것을 허락하는 것은 아니다. 현행 국내 빅데이터 가이드라인은 이러한 개인정보들을 '공개된 개인정보'라고 하여 개인의 의사를 묻지 않고 수집, 분석해 제3자에게 판매하는 것을 허용하고 있다.

2) 빅데이터에 관한 현행 국내 정책

해외 주요 국가보다는 다소 늦었지만 우리나라도 2011년 말부터 정부 차원에서 빅데이터에 관한 논의가 시작되었다. 이후 관련 정부 부처에서 정책과제로 빅데이터를 채택하였으며, 연구소 및 포럼 등이 활발히 설립되었다. 그러던 중 2012년 11월 28일, 국가정보화전략위원회가 관계부처 합동으로 '빅데이터 마스터플랜' 안을 발표하였다. 연혁을 보면 다음과 같다.

[표 1-9] 빅데이터 관련 정책 추진 연혁

구분	정책	주무부서
2011년 11월	빅데이터를 활용한 스마트 정부 구현	정보화전략위원회
2011년 12월	2012년 방송통신 핵심 과제로 빅데이터 포함	방송통신위원회
2012년 1월	빅데이터 관련 과제 선정(신융합 원천기술 개발 신규 과제)	지식경제부
	빅데이터 소프트웨어 연구소 개설	ETRI
2012년 2월	방송통신 연구 개발 시행 계획에 빅데이터 포함	방송통신위원회
2012년 4월	빅데이터 국가 전략 포럼 설립	방송통신위원회
2012년 7월	빅데이터 마스터플랜 추진 현황 및 향후 계획	행정안전부
2012년 11월	빅데이터 마스터플랜	관계부처 합동

• 출처: 배동민·박현수·오기환,「빅데이터 동향 및 정책 시사점」, 방송통신정책 제25권 10호 통권 555호, 2013, p. 64

2012년 11월에 추진한 빅데이터 마스트플랜 안의 비전은 데이터의 창조적 활용을 통한 스마트 강국 실현이며 목표는 다음 네 가지이다. 첫째 선제적 사회 현안 해결, 둘째 맞춤형 대국민 서비스, 셋째 데이터 기반 정책 수립 지원, 넷째 빅데이터 기반 신성장동력 창출을 목표로 2017년까지 기반 조성을 위해 4개 영역 12개 세부 과제를 선정하고 정부와 민간이 총 5,000억 원의 투입을 계획하고 있다. 기반 조성 과제는 4개 영역 12개 세부 과제를 선정하였다.

[표 1-10] 빅데이터 마스터플랜 주요 내용

영역(개수)	세부 과제
빅데이터 공유 활용 인프라 구축(3)	· 행정·공공기관 활용 플랫폼 구축 · 공공데이터 개방 · 민간 대상 빅데이터 테스트베드 구축 및 운영
기술 연구개발(3)	· 빅데이터 기술 연구개발 로드맵 마련 · 빅데이터 기반 기술 연구개발 · 빅데이터 응용 서비스 지원
전문인력 양성(2)	· 빅데이터 기반 기술 연구개발 인력 양성 · 빅데이터 응용 서비스 인력 양성
법제도 정비(4)	· 데이터 관리와 기본 법령 제정 추진 · 개인정보 보호 대책 마련 · 공공분야 빅데이터 활용 추진 · 빅데이터 역기능 방지 대책 및 활용문화 확산

• 출처: 관계부처 합동, 「스마트 국가 구현을 위한 빅데이터 마스터플랜」, 2012

한국의 빅데이터 종합 정책은 정부가 빅데이터의 중요성을 인식하고 범부처가 참여하여 해외 선진국의 빅데이터 관련 정책을 벤치마킹한 뒤 다양한 정책 방안을 제시하였다. 또한 현 계획안이 공공데이터 개방, 기술 연구개발, 전문인력 양성, 법제도 정비 등 공공 및 민간 활성화 방안을 종합적으로 제시하고 있다는 점에서 의미가 있다. 즉 상대적으로 미성숙한 시장을 직접적으로 진흥하면서도 정부기관의 데이터 개방 및 활용을 동시에 지향하고 있어 일본의 정책과 유사한 측면이 있다.

국내 빅데이터 정책이 해외의 그것과 다른 점은 첫째, 한국은 종합적인 청사진을 담고 있어 공공정보 공개, 공공서비스 품질 개선 기반

형성에 주력하는 해외와는 차이가 있다. 우리 정부의 정책은 공공과 더불어 민간 활성화를 위한 방안도 동시에 담고 있다는 점에서 보다 큰 미래 비전을 제시하고 있다. 둘째, 시장 활성화를 위한 법제도 개선을 계획안에 포함시키고 있다. 그동안 개인정보 보호를 비교적 강하게 추진해왔고, 상대적으로 빅데이터 활성화를 위한 관련 법제도 개선 논의가 부족한 현실을 고려할 때 시의적절하다고 할 수 있다. 다만 현재는 계획 단계라 구체적인 제도 개선까지는 상당한 논의 과정이 필요할 것이다. 셋째, 아직 해외와 비교해 서비스 초기라 계획 수립 단계로서 세부 정책 방안을 조기에 구체화할 필요성이 있다. 특히, 해외는 정부의 빅데이터 활용을 위해 기초 기술 투자 및 관련 기술 개발과 투자 계획이 시행되고 있으나, 국내는 아직 방향성만 제시되어 있다.[24]

3) 퍼스널 빅데이터

퍼스널 빅데이터를 이야기할 때 라이프로그와 비교하게 된다. 라이프로그가 주로 내가 수집한 정보, 내가 움직이는 기록 등 개인의 실생활과 관련한 데이터에 초점을 맞춘 것이라면, 퍼스널 빅데이터는 나와 관련된 주변 데이터까지 모두 수집하는 것을 말한다. 내가 어디에서 어디로 이동하였고, 무엇을 샀으며, 어떤 것을 먹었는가 하는 평범한 일상의 패턴뿐만 아니라 어떤 웹사이트에 들어갔고, 어떤 SNS를

24 배동민·박현수·오기환, 「빅데이터 동향 및 정책 시사점」, 방송통신정책 제25권 10호 통권 555호, 2013, pp. 63~65.

어떻게 이용하는지 하는 온라인 활동도 포함한다. 심지어 책이나 TV를 볼 때 눈동자의 시선이 어떻게 움직이는지와 같은 생체 데이터 등 한 개인에게서 나올 수 있는 모든 데이터를 수집하는 것을 퍼스널 빅데이터라고 한다.

퍼스널 빅데이터를 분석해보면 한 개인의 행동 패턴을 파악하는 것뿐만 아니라 앞으로 며칠 후에 어떤 행동(어떤 점심을 어디서 먹을지)을 할 것인지도 대략 파악할 수 있게 된다. 기업 입장에서는 퍼스널 빅데이터야말로 사용자 맞춤형 상품과 서비스를 제공할 절호의 기회일 수 있다. 그러나 퍼스널 빅데이터를 수집하는 것은 개인정보 수집으로 인한 사생활 침해의 우려가 있고, 패턴 알고리즘을 찾아내는 것도 쉬운 일이 아니다. 통신사로부터 연구 목적이라고 할지라도 쉽게 통화기록 데이터를 제공받을 수 없고, 생체 데이터의 경우 병원이나 의료연구기관으로부터 협조를 받아야 하는데 그것도 쉽지만은 않다. 현재 ETRI의 경우, 자사 연구원이나 동의를 얻은 실험자에 한해서만 개인데이터를 수집하고 있다. 위치정보를 얻을 수 있는 스마트폰 앱을 통해서 시간별 위치정보를 통한 이동 경로, 웹 크롤링을 통한 인터넷 사용 패턴을 읽어낸다. 몇 가지 서비스를 살펴보면 다음과 같다.

구글 나우(Google Now)는 개인화된 빅데이터를 다양한 경로를 통해 확보한 다음 사용자의 성향 및 행태를 분석할 수 있다. 사용자가 인터넷을 통해 어떤 콘텐츠, 서비스를 주로 이용하고, 시간대별 주로 활동하는 지역이 어디인지 파악한다. 그리고, 구글 검색 엔진에서 어떤 키워드를 주로 입력하며, 어떤 내용의 G메일을 주로 받고 보내는지도 알아낸다.

구글 플러스를 통해서는 누구와 친하게 지내는지, 그리고 관심 있는 장소는 어디인지 정보를 확보하고, 구글 캘린더에서는 향후 일정

[그림 1-16] 구글 나우

• 출처: http://www.google.com/landing/now/#gnow-tabset- manage&tab=activity-summary

도 속속들이 파악해낸다. 그 외에도 구글 TV, 유튜브, 구글 맵, 구글 파이낸스, 구글 쇼핑 등 다양한 서비스에서 사용자가 어떤 것을 좋아하고 관심이 있는지도 알아낼 수 있는 구조이다.

오토그래퍼(Autographer)는 영국 OMG(Oxford Metrics Group, 세계 최대의 영화, TV, 컴퓨터 게임용 동작 추천 시스템 제공 업체)에서 2012년 11월 출시한 카메라로, 목에 걸고 다니면서 개인의 일상을 자동으로 촬영해준다. 말 그대로 사람이 셔터를 누르는 것이 아니라 자동으로 촬영한다는 것이 특징이며 일반 카메라처럼 미리 셔터가 눌러질 시간을 설정하는 방식이 아니라 센서를 통해 주변 환경이 변화될 경우에 자동으로 촬영하는 방식이다. 5개의 센서와 GPS 모듈이 내장되어 있기 때

[그림 1-17] 오토그래퍼

• 출처: http://www.bhphotovideo.com/explora/photography/hands- review/autographer-new-take-concept-photography

문에 오토그래퍼는 방향, 속도, 온도, 색상, 빛의 변화를 파악할 수 있고 이에 따라 셔터를 누를 적절한 순간을 결정한다. 예를 들면 주변의 온도와 색상이 변화된 것으로 카메라가 감지한다면 종전과 다른 새로운 공간으로 이동한 것으로 인식하고 자동으로 촬영을 시작한다. 따라서 한 공간에서 불필요하게 수십 장의 스냅사진이 찍히는 것이 아니며 새로운 공간에 도착하는 시점과 동일한 공간 안에서 변화가 있을 경우에만 사진이 찍힌다. 뷰파인더나 모니터가 없기 때문에 그 자체가 이미지 데이터를 수집하는 센서 디바이스이다. 그 밖에 블루투스 모듈을 갖추고 있어 사진을 소셜 네트워크로 공유할 수 있다.

퍼스널 빅데이터는 의료 분야에서도 활발하게 응용되고 있다. 현대인의 질병은 개인의 기질이나 습관에 따라 발병 양상이 다르므로 모바일 헬스케어가 떠오르고 있다. GE와 인텔은 최근 노인들이 침대에

[그림 1-18] 매직 카펫

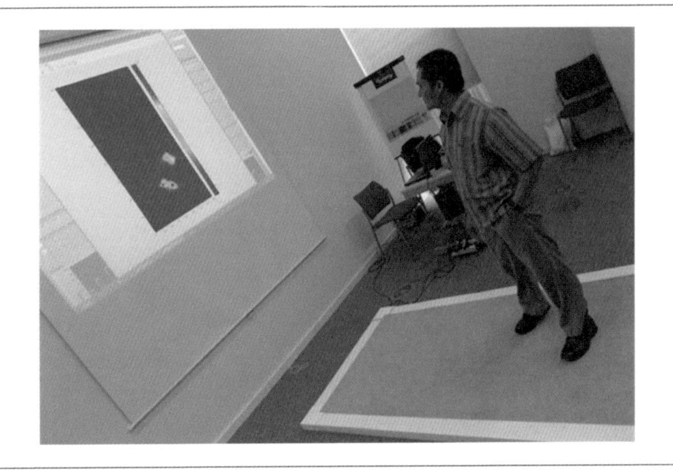

• 출처: http://www.medgadget.com/2012/09/magic- carpet –could-predict-and-detect-falls.html

서 일어나 집 안을 돌아다니는 보행 패턴을 카펫에 임베딩된 압력 센서로 기록하고 분석하는 '매직 카펫' 모니터링 시스템을 개발하였다. 이것은 미묘한 보행 패턴 변화로 건강 이상 유무를 판정하여 평소와 다른 보행 패턴이 감지되거나 바닥에 쓰러졌다고 판단될 경우, 본인과 보호자에게 모바일로 긴급 메시지를 전달하는 응급 대응 프로세스를 가동한다.

교육 분야에서도 퍼스널 빅데이터는 앞으로 활발하게 이용될 수 있다. MIT 미디어랩의 인지과학자 뎁 로이는 인간의 언어학습 원리를 연구하기 위해 자신의 아들을 대상으로 생후부터 3년간 매일 10시간씩 데이터를 기록하여 총 200테라바이터의 데이터를 수집하였다. 데이터는 아기가 성장하며 움직이는 동선, 주로 시선을 주는 관심 대상, 발성하는 소리의 변화 등 상세한 행태 정보를 추출하였으며, 이를 활용하면 아기의 반응 행동이 의미하는 바를 부모에게 알려주는 서비스가 가능하게 된다. 이처럼 장기간 자녀의 행동을 추적, 분석할 수 있는 기술이 이미 활발히 연구되고 있으며, 자녀 행동 분석 결과를 제공하여 맞춤형 자녀 지도를 수행하도록 지원하는 서비스가 유망 사업 아이템으로 주목받고 있다.

이러한 퍼스널 빅데이터는 사람의 생활을 추적한다고 해서 라이프 트래킹(Life-Tracking)으로도 불린다. 개인의 데이터를 수집, 분석하는 것은 ICT 기술이 담당하지만 어떤 데이터를 수집하고 데이터를 어떤 틀에서 분석하고 해석할 것인가 하는 것은 인문사회과학의 역할이므로 라이프 트래킹은 심리학, 사회행동학, 생리학, 소비자학이 컨버전스하는 계기를 마련하기도 한다.[25]

[그림 1-19] 라이프 트래킹의 개념적 아키텍처

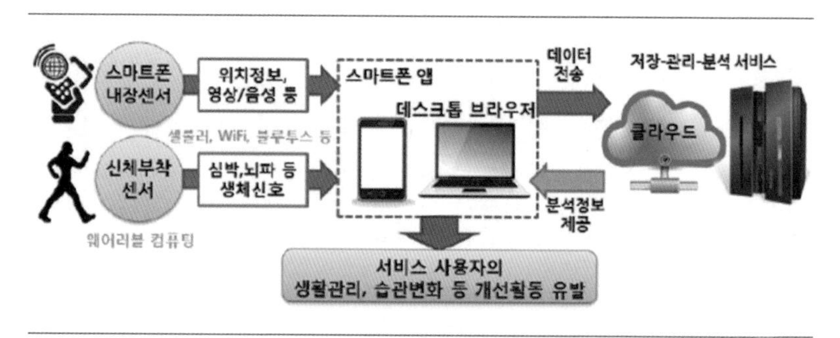

• 출처: 채승병, 「일상의 기록이 만드는 새로운 기회, 라이프 트래킹(Life-Tracking)」, SERI 경영노트 제167호, 2012, p. 1

25 정보통신산업진흥원, 「개인의 일상을 기록하는 퍼스널 빅데이터의 새로운 사업 기회」, 주간기술동향, 2012, pp. 27~28, 33~36, 재구성.

4) 빅데이터와 정보 보호 문제, 프라이버시

2013년 3개 신용카드사의 고객 약 1,500만 명의 1억 400만 건의 개인정보가 유출되는 대형 금융사고 피해가 있었다. 이는 우리나라 경제활동인구의 약 58%에 해당하는 개인정보가 유출된 것이고 앞으로도 강력한 개인정보 보호 대책이 마련되지 않으면 가속화될 전망이다. 따라서 정부에서는 빅데이터 개인정보 보호와 모바일 결제 사기에 대응하기 위해 2014년부터 5년간 총 142억 5,000만 원을 투자하기로 하였다.

개인정보 보호의 문제는 빅데이터와 상충하는 문제로, 이 문제가 해결되지 않으면 빅데이터가 미치는 긍정적인 영향력을 발휘할 수 없게 된다. 따라서 정부는 향후 개인정보 유출 사고를 방지하기 위해 개인정보를 유출한 금융회사에 과징금을 부과하고, 개인 신용정보의 보유 기간을 단축하며, 마케팅 목적의 정보 수집과 활용을 원칙적으로 제한하는 조치를 발표하였다.

개인정보 침해의 유형은 부적절한 접근과 수집, 부적절한 모니터링, 부적절한 분석, 부적절한 개인정보의 유통, 원하지 않는 영업 행위, 그리고 부적절한 저장 등의 여섯 가지이다. 첫째, 부적절한 접근과 수집은 정보 주체의 동의가 없는 개인정보 수집, 개인정보를 수집할 때 고지 또는 명시 의무를 이행하지 않는 행위, 과도한 개인정보 수집 등을 말한다. 나아가 정보 주체의 동의 철회 및 열람 또는 정정 요구에 불응하거나 동의 철회 및 열람 또는 정정을 수집보다 쉽게 해야 할 조치를 이행하지 않는 행위도 여기에 포함된다. 둘째, 부적절한 모니터링은 인터넷 마케팅업체들이 쿠키나 접속한 개인의 클릭스트림 조사 등의 방법을 통해 이용자들이 어느 웹사이트에 접속해 얼마나 머무르고 어떤 거래를 하는지 알아내는 것이다. 정보 주체인 개인의 동의 없이 개인의 인터넷 활동을 모니터링하거나, 공장이나 백화점 같은 일터에 CCTV를 설치하여 근로자의 행동을 감시하는 행위 등도 이에 속한다. 셋째, 부적절한 분석은 이용자 등 정보 주체에게 알려주지 않고 그들의 사적인 정보를 분석하는 행위를 말한다. 부절적하게 접근되고 수집된 정보와 모니터링 정보가 분석되면 그것은 당연히 부적절한 분석이 된다. 넷째, 부적절한 개인정보의 유통은 고객에게 알리지 않고 수집한 개인정보를 다른 기업이나 사람에게 넘겨주는 행위를 말한다. 다섯째, 원하지 않는 영업 행위는 주로 인터넷 사용자의 동의나 허가 없이 상품광고 메일을 보내는 행위를 말한다. 여섯째, 부적절한 저장은 개인정보를 안전하지 못한 방식으로 보관하여 저장된 정보의 신뢰성을 떨어뜨리고 정보 접근에 대한 인증을 수행하지 못하는 행위를 말한다.[26]

이런 문제에 대처하는 해외의 경우를 살펴보면, EU는 최신의 기술적 발전 동향에 발맞추어 지속적으로 관련 규제를 발전시키고 있다. 최근에 발의된 〈2012년 정보 보호 규칙 제정안(European Commission, Proposal for a Data Protection Regulation of 2012)〉의 주요 내용으로는 동의권과 관련한 사전 동의 원칙의 채택, 개인정보처리자의 서비스 설계 및 초기 설정 단계에서의 프라이버시 보호 조치 의무, 이용자의 프로파일링에 대한 거부권, 사업자의 다이렉트 마케팅 구분 고지 의무, 잊혀질 권리, 통계목적 등을 위한 개인정보처리의 동의권 예외 등이 있다. 전반적으로는 정보의 활용보다는 정보 주체의 개인정보 보호의

26 김용빈, 「빅데이터 활용에 있어서 개인정보 보호 문제 및 개선 방안」, 강원대학교 석사학위논문, 2013, pp. 43~44.

측변을 강화하고 있다.

미국은 의료·통신·신용정보 등을 제외하고는 동의권 문제와 관련하여 일반적으로 사후 선택권 부여(Opt-Out, 사전에 동의를 원칙적으로 요구하는 것이 아니라 개인정보의 제3자 제공 및 목적 외 사용에 대해서 정보 주체가 사후적으로 거부할 수 있는 선택권을 부여하는 방식을 의미한다) 방식의 개인정보 처리를 허용하고 있기 때문에, EU 등 다른 나라에 비하여 상대적으로 빅데이터 활용에 유리한 법적 환경을 가지고 있다. 최근 미국의 개인정보 보호에 관한 움직임을 보여주는 사례로는 2012년 1월 23일 오바마 정부가 발표한 '온라인 프라이버시 프레임워크(Consumer Data Privacy in a Networked World: A Framework for Protecting Privacy and Promoting Innovation in the Global Digital Economy)', 2012년 3월 26일 미국 연방거래위원회(FTC)가 발표한 프라이버시 보호 권고로서의 성격을 가지는 '급변하는 시대의 소비자 프라이버시 보호(Protecting Consumer Privacy in an Era of Rapid Change: Recommendations for Business and Policymarkers)'가 있다. 미국의 개인정보 관련 규제에 있어 온라인 추적 차단(Do Not Track) 정책은 2010년부터 미국 FTC가 온라인 기업 등에 권고하고 입법화를 추진해왔다. 이 정책은 디지털 단말기 이용자들이 자신의 개인정보 추적 수준을 직접 제한할 수 있도록 브라우저 사업자들이 자신의 서비스에 추적 차단 옵션을 제공해야 한다는 내용을 담고 있다.[27]

우리나라의 경우 2013년부터 '빅데이터 개인정보 보호 가이드라인' 제정을 추진하고 있다. 기업이나 증권, 은행 등의 금융기관 등은

27 심우민, 「빅데이터의 활용과 개인정보 보호」, 국회입법조사처 이슈와 논점, 제724호, 2013, pp. 3~4.

많은 양의 개인정보를 수집하고 분석하여 마케팅이나 광고 전략 수립에 활용하고 있지만, 문제는 정보 주체가 어떤 동의도 하지 않은 상태에서 정보가 수집되고 이용되어 개인정보가 오남용될 위험성이 높아지므로 정부에서는 어느 한쪽이 침체되기보다는 빅데이터 서비스 활성화와 정보 주체의 개인정보 보호를 균형 있게 규율하기 위해서이다. 가이드라인의 목표는 투명한 개인정보의 수집 및 이용으로 안전한 개인정보를 활용하고, 사전 동의 획득이 곤란한 정보의 수집 및 이용은 옵트아웃(Opt-Out)[28] 방식을 적용하며 수집 사실을 정보 주체가 확인할 수 있도록 공개한다는 방침이다.

그러나 이 가이드라인 제정에 대하여 우려의 목소리도 많다. 개인정보의 보호보다는 서비스 활성화와 기업의 마케팅에 무게중심이 쏠려 있다는 것이다. 다시 말하면 개인정보는 제대로 보호되지 않아 많은 피해가 발생할 것이라는 주장도 많다. 그러나 KT와 서울시가 협력하여 수행한 서울시 심야버스 노선 선정 과제의 경우, 서울시가 보유한 교통 관련 데이터와 KT가 보유한 기지국 통계 데이터를 융합 분석하여 최적의 노선을 성공적으로 설정할 수 있었는데, 이 과정에서 누군가의 개인정보 침해 피해가 발생하지는 않았다. 이렇듯 빅데이터를 제대로 활용하면 우리 생활에 편리함과 경제적 가치를 줄 수 있다.

따라서 '빅데이터 개인정보 보호 가이드라인'을 성급하게 제정할 것이 아니라 다각도로 검증하고 예상 시나리오를 설계하여 문제가 발

28 옵트아웃은 정보 주체의 동의를 받지 않고 개인정보를 처리하는 방식이다. 단, 정보 주체가 거부 의사를 밝힌 경우에는 개인정보 처리를 바로 중지해야 한다. 옵트아웃 방식의 대표적인 예로는 광고를 위한 메일을 보낼 때, 수신자가 발송자에게 수신거부 의사를 밝혀야만 메일 발송을 금지하고 수신거부 의사를 밝히기 전에는 모든 수신자에게 메일을 보내는 경우가 있다. 반대로 옵트인은 정보 주체가 동의를 해야만 개인정보를 처리할 수 있는 방식이다.

생하지 않도록 자세히 검토한 후 제정해야 할 것이다.

5) 빅데이터와 보안

다양한 경로를 통해 공개된 대부분의 선의적인 정보는 개인이나 기업에 피해를 주지 않지만, 악의적인 목적으로 수집한 각종 정보를 가지고 빅데이터 분석을 통해 의미 있는 것으로 재해석하여 보안 시스템을 공격하는 사례가 등장하고 있다. 대표적인 사례가 APT(Advanced Persistent Threat, 지능형 지속 위협)와 BYOD(Bring Your Own Device)를 결합한 방식인데, APT 공격은 SNS에서 수집된 정보를 빅데이터 분석을 이용하여 악의적인 목적으로 사용하는 방식이다. APT 방식 공격에서 많이 활용되는 것이 개인화된 기기인 BYOD와의 결합이다. 개인화된 기기는 기업의 생산성 증가에 기여하고 있지만 APT와 결합되어 외부 침입 경로로 활용되고 있다. 다른 측면에서는 보안 관리를 통해 생성된 정보를 빅데이터 분석으로 침입을 감시하는 방패 역할로 활용할 수 있다. 이처럼 빅데이터 분석은 보안 환경에서 사용자의 의도에 따라 공격하는 창과 이를 방어하는 방패의 중요한 요소로 작용하고 있다.

빅데이터 환경은 클라우드, 가상화 등을 통한 다양한 정보의 집적화를 기반으로 하고 있으므로 침해 사고가 발생하면 국가적 위기를 초래할 수 있고, 개인정보의 집적화된 정보 시스템이 외부로부터 해킹되거나 정보에 관한 관리 부주의 등으로 유출될 경우, 지금까지 발생했던 침해 사고보다 더 큰 피해를 가져올 수 있다. 그리고 외부에 개방된 정보가 소셜 네트워크 등에 공개됨으로써 개인정보가 특정 집단에 의해 악의적인 목적으로 수집된 후, 빅데이터 분석을 통해 의미 있고 민감한 정보로 전환되어 활용될 경우 심각한 사회문제로 등장할 수 있다.

이러한 것에 대응하기 위한 새로운 방어 패러다임으로 지능형 보안이 최대 이슈로 등장하고 있다. 지능형 보안은 APT 공격과 같은 알려지지 않은 치명적인 공격에 대응하기 위해 주요 IT 기반 시설의 네트워크, 시스템, 응용 서비스 등으로부터 발생하는 데이터 및 보안 이벤트 간의 연관성을 분석하여 보안 지능을 향상시키는 차세대 보안 정보 분석 패러다임이다. 이것은 다양한 보안 기술의 상호작용을 가능하게 하는 개념과 방법론으로서 다양한 소스로부터 정보를 통합하고 상호 연관성을 갖는 콘텍스트 기반의 분석 기술로 해석되고 있으며, 향후 5년에서 10년간 지속될 보안 기술로 평가받고 있다.

지능형 보안의 핵심으로 SIEM(Security Information & Event Management, 보안정보/이벤트 관리)이 있다. SIEM이라는 용어는 2005년 시장조사기관 가트너(Gartner)에 의해 처음 만들어졌다. SIEM은 표적 공격 방어를 위해 네트워크 및 시스템 보안 제품군을 통합한 보안 이벤트 정보 관리기술을 제공하는 것이다. SIEM의 기능은 첫째, 데이터 통합으로 네트워크, 보안, 서버, 데이터베이스, 응용 프로그램 등의 다양한 장비에서 발생한 데이터를 수집하며, 중요한 이벤트가 누락되지 않도록 도와주어 모니터링 데이터를 통합할 수 있는 기능을 제공한다. 둘째, 상관관계로 보안 이벤트 관리 부분의 기능을 말하며 의미 있는 이벤트끼리 묶어 연결한다. 데이터를 유용한 정보로 만들기 위해 다양한 상관관계분석 기능을 제공한다. 셋째, 알림 기능은 상관 이벤트 분석 및 알림 이벤트를 즉시 관리자에게 자동으로 알릴 수 있다. 알림은 대시보드(Dashboard)나 이메일과 같은 외부 채널을 통해 전송 가능하다. 넷째, 대시보드 기능으로 이벤트 데이터를 가지고 패턴을 표시하여 정보를 제공하거나 표준 패턴을 형성하지 않는 활동을 파악할 수 있다.

따라서 SIEM은 빅데이터 분석 기술과 통합되어 보다 지능화된 보안 분석이 가능하게 발전함으로써 차세대 보안 솔루션의 핵심 기술로 자리할 것으로 예상된다.[29] SIEM의 핵심은 얼마나 많은 로그 데이터를 얼마나 빨리 분석하여 보안의 위기 상황을 관리자에게 정확하게 알려주느냐, 그리고 보안 솔루션이 쏟아내는 로그를 분석하여 사고를 미연에 방지하느냐에 달려 있기 때문이다.

6) 빅데이터와 저작권

빅데이터는 기존의 데이터를 수집, 가공해 새로운 데이터 정보를 창출한다는 점에서 저작권과 필연적으로 맞물리고 있다. 저작권법 제2조 19항과 20항에서 데이터베이스에 대해 저작권법 적용을 인정하고 있다. 19항은 '데이터베이스'는 소재를 체계적으로 배열 또는 구성한 편집물로서 개별적으로 그 소재에 접근하거나 그 소재를 검색할 수 있도록 한 것을 말한다고 정의하고 있다. 아울러 20항은 '데이터베이스 제작자'는 데이터베이스의 제작 또는 그 소재의 갱신·검증 또는 보충에 인적 또는 물적으로 상당한 투자를 한 자를 말한다고 명시하고 있다. 저작권은 크게 저작인격권과 저작재산권으로 분류되는데, 데이터의 경우 저작재산권으로 볼 때 복제권, 공연권, 공중 송신권, 전

29 김동한, 「빅데이터 환경에서 지능형 로그 관리 플랫폼으로 진화하는 보안 정보/이벤트 관리(SIEM) 동향」, 정보통신산업진흥원 주간기술동향, 2013, pp. 2, 6~7.

시권, 배포권, 대여권, 2차적 저작물 작성권 등에 대한 권리가 원저작자에게 있다. 이러한 저작권 이용은 제35조 3에 의해서 저작자의 정당한 이익을 부당하게 해치지 않는 보도·비평·교육·연구 등을 위하여 저작물을 무료로 이용할 수 있다. 하지만 그렇지 않을 경우 영리성 또는 비영리성 등 이용의 목적 및 성격에 따라서, 저작물의 종류 및 용도에 따라서, 이용된 부분이 저작물 전체에서 차지하는 비중과 그 중요성에 따라서, 저작물의 이용이 그 저작물의 현재 시장가치나 잠재적인 시장 또는 가치에 미치는 영향에 따라서 저작권자의 경제적 권리를 인정해야 한다.

미국, 독일 등을 중심으로 온라인 데이터베이스(DB) 저작권 침해 논쟁이 활발하게 전개되고 있는 가운데 국내에서도 PC통신, 인터넷 등 온라인 서비스를 통해 제공되는 데이터를 저작권 대상에 포함시켜야 한다는 주장이 제기되고 있다. 저작권심의조정위원회는 온라인 서비스상의 데이터도 저작권 보호를 받아야 하며, 이를 위해서 입법화한다는 방침이다. 이에 따라 2014년 처음 PC통신 사업자와 관련된 저작권 침해 소송이 발생한 국내에서도 온라인 데이터의 저작권에 대한 논의가 본격화될 것이다.

빅데이터는 저작권법 적용 대상이 될 수밖에 없으며, 현재 방송이나 책은 물론 모든 창작물은 저작권이나 특허권에서 자유롭지 않다. 빅데이터 역시 최초 데이터 생산자, 유통사, 2차 정보 생산자 등과 관련해 저작권 논란에 휩싸일 수 있다. 최초 데이터 생산자는 고유의 데이터를 비상업적으로 제공하였지만, 데이터를 분석하여 시각적인 정보를 제공하는 2차 데이터 생산자가 상업적으로 판매할 경우 저작권 분쟁이 발생할 수 있다. 따라서 학술적 용도나 개인적 용도가 아니라 상업적 목적을 갖고 데이터를 이용할 경우에 대비하여 저작권 문제를 해결해야 한다. 빅데이터와 관련된 저작권 문제는 사업의 활성화, 빅데이터 공유, 글로벌 경제력 확보, 사회 기여도 등을 명분으로 저작권 집중 관리 시스템을 고려해볼 필요가 있다. 저작권 집중 관리 시스템의 사례로 음원을 들 수 있다. 음원의 경우 한국음악저작권협회, 한국음악실연자연합회 등에서 저작권을 집중 관리하여 저작권료를 징수하고 분배한다. 음원 사례에서 보듯이 데이터 집중 관리기구를 만들어 유통되는 데이터의 저작권을 관리하고, 계약에 의해서 수익의 일부를 사회에 환원할 수 있는 공익적 성격의 기구를 설립해야 한다. 따라서 데이터 활용과 이용에 관한 자율 규정 및 동의서를 작성하고, 2차 저작물에 따른 저작권 침해에 대한 예외 사항을 최대한 보장해야 한다. 아울러 기업이 모든 정보를 저장할 수 없기 때문에 필요한 정보에 대해서 상호 교환이나 이용에 대한 협조가 필요하다. 특정 기업이나 집단이 정보 폐쇄(Information Silo) 방침을 갖고 있을 경우, 빅데이터의 활용 영역은 매우 위축될 수밖에 없다. 이러한 경우 역시 교류의 조건은 저작권료나 이용에 따른 비용을 지출해야 한다.

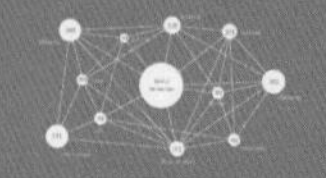

7. 빅데이터의 미래

초창기 빅데이터 기술은 의사결정을 전략적으로 하기 위한 기술혁신으로 주목을 받았으나, 최근에는 부가가치 창출 및 사회적 혁신이라는 파급 효과를 발휘할 것으로 기대되고 있다. 왜냐하면 빅데이터 기술이 산업 전반으로 확산되면 한 국가의 경제 발전과 사회복지 향상, 그리고 보편적인 문제를 해결하기 위해 빅데이터를 활용할 것이므로 데이터 경제 시대가 도래할 것으로 예상되기 때문이다. 더욱이 사물인터넷과 웨어러블 컴퓨팅이 더욱 활성화되면 빅데이터가 더욱 양산될 것으로 보인다. 일상의 사물들까지도 인터넷으로 연결되면서 물건들이 인터넷을 통해 정보를 교환하며 데이터가 저절로 생산되는 것이다. 기계와 기계 간의 소통과 구글 글래스(Gool Glass) 등 입는 컴퓨터를 통해 일상의 행동들이 데이터의 원천이 되며 빅데이터가 쏟아지고 있는 것이다.

따라서 세계 주요 연구기관에서는 빅데이터 기술이 새로운 기술혁신이자 경제적 이익을 창출하는 미래 산업으로 발전할 것이라 전망하고 있다. IDC(International Data Corporation)는 빅데이터 시장 규모가 2015년에 169억 달러 규모로 성장할 것으로 예측하였고,[30] 맥킨지(McKinsey)는 빅데이터 기술이 미국에서 최대 7,000억 달러의 경제적 효과와 2018년까지 연간 150만 명의 새로운 일자리를 창출할 것으로 추정하였다.[31] 영국의 비즈니스센터는 빅데이터 관련 산업이 향후 5년간 영국 내에 약 360조 원 이상의 경제적 파급 효과를 유발할 것으로 예측하였다.[32] 우리나라의 경우 미래창조과학부에 따르면 기업과 공공기관에서 빅데이터 기술을 적극적으로 도입 및 활용할 경우 부가가치 창출과 비용 절감 이외에 새로운 일자리도 창출할 것으로 기대하고 있다.[33] 연간 GDP 37조 원의 경제 효과가 발생하고, 공공분야의 경우 10조 원을 절감할 수 있을 것으로 추정되며, 2017년까지 국내에서 빅데이터 산업의 인력 수요는 1만여 명으로 예상되고 향후 5년간 일자리 창출 효과는 52만 명에 이를 것으로 추산된다.

콘텐츠 분야에서 빅데이터는 콘텐츠의 발견, 추천, 사용자들의 성향 분석, 콘텐츠의 성공 요인 분석, 흥행 수입 예측, 고객 관리나 마케팅 등에 활용되고 있다. 이에 따라 미국 할리우드 콘텐츠 관련 업계에서는 흥행 예측 기법과 서비스를 제공하는 전문 업체들이 점점 많이 생겨나고 있다.[34]

빅데이터 분석의 핵심은 데이터의 양이 아니라 데이터를 보는 통

30 KISTI, 「빅데이터 산업의 현황과 전망」, KISTI Market Report Special Issue, 2013-04.

31 McKinsey, 「Big Data: The Next Frontier for Innovation, Competition, and Productivity」, 2011-06.

32 한국정보화진흥원, 「새로운 미래를 여는 빅데이터 시대」, 2013-02.

33 http://www.newsis.com/ar_detail/view.html?ar_id=NISX20130929_0012395499&cID=10406&pl D=10400

34 한국콘텐츠진흥원, 앞의 글, p. 61.

찰력이다. 즉 다양하고 많은 데이터를 모으는 것보다 데이터를 의미 있는 방향으로 해석하고 시사점을 도출하는 작업이 중시되므로 데이터 과학자(Data Scientist)에 대한 수요가 늘어날 전망이다. 그러므로 우수한 빅데이터 과학자를 확보하고 전문성을 부여하기 위한 육성 정책도 필요하다.

그러나 이런 긍정적인 효과와 함께 신중하게 고려해야 할 것은 개인정보 보호 강화이다. 빅데이터를 언급하지 않더라도 디지털 기술의 발달은 개인정보의 보호와 노출이라는 양극단의 문제를 항상 함께 가지고 간다. 빅데이터 시대에는 일반인들이 그들의 정보가 어떻게 수집되는지 알지 못한 채 마치 추수하듯이 기관과 기업들에 의해 수집되므로 '소비자 보호'와 '새로운 비즈니스로의 확장'이라는 상충되는 문제에 대한 균형 잡힌 정책이 필요하다. 현재 정부에서는 빅데이터의 도입 및 활용과 개인정보 보호 관련 가이드를 함께 제공하고 있으나 여전히 개인정보 유출 사고는 빈번하게 일어나고 있다. 그러므로 빅데이터가 수집-저장-분석-적용되는 전 과정에서 정보를 투명하고 안전하게 관리하기 위한 보안 체계를 수립해야 하고 보안과 관련된 IT 관련 기술을 적극적으로 활용해야 할 것이다. 최근 대두되고 있는 방안으로는 사생활 보호 데이터 마이닝(Privacy-preserving data mining) 기법이 있는데, 이는 분석 대상 데이터에 포함되어 있는 민감한 개인 사용자 정보의 노출 없이도 타당한 수준의 분석 결과를 도출하는 기법이다. 분석하기 전에 민감한 사용자 정보를 보호하기 위해 암호화 등으로 변경하여 개인정보 노출을 최소화하고, 사용자 정보가 여러 개의 저장 장소에 분산, 저장되어 데이터가 직접 노출되지 않으며, 분석도 상호 협력하에 분산 환경에서 수행된다.[35]

또한 소셜 네트워크 서비스, 클라우드 등 새로운 ICT 기술의 등장으로 데이터 유통이 한 국가 내에서 머무르는 것이 아니라 전 세계적으로 일어나므로 국제적 공조 체계를 구축하는 것도 필요하다.[36]

뿐만 아니라 데이터를 공유하고 활용할 수 있는 민관 협력 모델을 발굴하기 위해 영역 간 협력과 창의적 아이디어의 결합이 필요하다.

1) 빅데이터와 인터랙션: 트랜잭션(Transaction)에서 인터랙션(Interaction)으로

트랜잭션(transaction)은 데이터베이스 같은 시스템에서 상호작용의 단위로 사용되는 쪼갤 수 없다는 업무처리의 단위이다. 쪼갤 수 없는 하나의 처리 행위를 원자적 행위라고 한다. 여기서 쪼갤 수 없다는 말의 의미는 실제로 쪼갤 수 없다기보다는 만일 쪼개질 경우 시스템에 심각한 오류를 초래할 수 있다는 것이다. 이러한 개념의 기능은 ATM 또는 데이터베이스 등의 시스템에서 제공하는 것이 바로 트랜잭션이다. 트랜잭션은 사용자가 시스템에 요구를 시작하여 시스템 내의 처리, 시스템에서 사용자에게 응답하는 모든 처리를 포함한다. 이러한 트랜잭션이 빅데이터 시대를 맞아 인터랙션으로 그 중요성의 축이 이동하고 있다.

빅데이터는 단순히 데이터의 볼륨을 말하는 것이 아니라, 통찰력을 얻고 비즈니스 이점을 제공하기 위해 사용 가능한 새로운 데이터 유형 및 소스를 의미한다. 수년간 IT는 관계형 데이터베이스 내부에서

35 한국정보화진흥원, 「11대 이머징 기술의 현황과 전망」, 2011.

36 신윤성, 이주연, 「개인정보 보호와 빅데이터 기술의 산업화」, e-KIET 산업경제정보 제584호, 2014, p. 10, 재구성.

트랜잭션 데이터를 관리해 왔다. 이러한 데이터도 물론 규모와 복잡성 면에서 많이 확대되기는 했으나, 기업이 정작 주목해야 할 대상은 새로운 데이터 소스인 방대한 인터랙션 데이터이다. 이 데이터는 소셜 미디어 인터랙션(인간에 의해 생성되는 인터랙션)과 기계와의 인터랙션(장치에 의해 생성되는 인터랙션)을 모두 포괄하는 새로운 유형의 데이터이다. 이 두 가지 유형의 데이터는 하나같이 극도로 크고 끊임없이 확장되며 방화벽 내부와 외부에 모두 존재한다는 것이 특징이다. 이러한 상황은 이처럼 복잡한 비정형 데이터 소스를 어떻게 이해하고 유용한 인텔리전스를 추출할 것인지에 대한 과제를 기업에 안겨주고 있다.

소셜 미디어는 비즈니스 컴퓨팅의 역할을 단순한 트랜잭션의 자동화로부터 인터랙션을 촉진하는 쪽으로 바꾸어놓았다. 오늘날 Facebook, Twitter, LinkedIn, Foursquare 및 Google+과 같은 소셜 미디어 사이트는 빠른 속도로 그 파급 영역과 사용자의 수용도를 넓혀가고 있다. 소셜 미디어는 데이터의 급류를 만들어내고 있으며, 브랜드 관리 측면에서뿐 아니라 시장에 대한 새로운 채널을 제공한다는 점에서 엄청난 비즈니스 기회를 제공한다. 또한 이처럼 수십억 건에 달하는 메시지 속에는 고객의 목소리가 들어 있다. 소셜 미디어 사용자들은 자신이 누구이고 무엇을 좋아하며 무엇을 싫어하는지를 서로 소통한다. 이러한 거침없는 소셜 미디어 데이터의 흐름은 경쟁 우위를 강화하고 새로운 비즈니스 기회를 포착하기 위해 고객의 소리를 듣고 양방향 대화에 참여하고자 하는 기업에 전례 없는 수준의 피드백과 더할 나위 없는 기회를 제공한다. 데이터 통합 기술은 방대한 양의 소셜 미디어 데이터를 경쟁의 무기로 활용할 수 있는 통합적이고 강력한 접근 방식을 제공한다. 업종을 불문하고 모든 기업은 이러한 인터랙션 데이터를 캡처하고 기업 내 또는 클라우드에 저장된 더 많은 기존 데이터 소스와 통합할 수 있는 능력을 이용해 고객의 행동에 대한 통찰력을 얻을 수 있으며, 이러한 통찰력은 일대일 대고객 인터랙션을 실현하고 거시적 수준의 추세를 조망하기 위한 목적으로 유용하게 활용될 수 있다. 소셜 미디어 데이터는 어떠한 형태로든 구문분석되고 집계되고 표준화될 수 있으며, 고객 행동 분석을 위해 즉각 사용할 수 있다. 이러한 분석은 소셜 미디어 기반의 고객 관계 관리(CRM) 및 기존의 마케팅 이니셔티브를 모두 활용하기 위해 필요한 강력하고 참신한 통찰력을 제공한다. 마스터 데이터 관리 기능을 이용하면 고객 프로필에 대한 단일화되고 신뢰할 수 있는 뷰를 생성할 수 있으며, 아울러 소셜 미디어 인터랙션 데이터를 이용해 이러한 보기를 강화하고 구매자의 행동에 대한 새로운 통찰력을 얻을 수 있다. 기존의 트랜잭션 데이터는 대고객 관계에서 발생한 사건의 과거 기록을 보여주는 반면, 인터랙션 데이터는 보다 통찰적이고 가치 있는 보기를 통해 미래를 볼 수 있는 힘을 부여한다.

데이터의 기하급수적 확장은 대부분 장치에 의해 생성된 데이터에 기인하며, 혹자는 이러한 데이터가 무어의 법칙에 따른 성장을 계속할 것이라고 말하고 있다. 그러한 데이터의 예로는 모바일 장치 데이터, 컴퓨터 로그, 네트워크 로그, 센서 정보, GPS 데이터, Geo-location Mapping 데이터, 이미지 데이터, 웹 텍스트 데이터, 클릭스트림 데이터, 과학 데이터 및 의료 데이터 등이 있다. 이러한 데이터는 향후 데이터 확장의 상당 부분을 차지할 것으로 널리 예측되고 있다. 또한 스마트폰이 널리 보급되면서 이러한 데이터 분량이 임계점에 다다르고 있는 실정이다. 현재 많은 조직이 이러한 장치들로부터 엄청난 양의 정보가 쏟아져 나오고 있으며 대부분 이러한 데이터를 처리할 능력을 갖지 못하고 있다는 점을 깨닫고 있다. 그러나 대다수의 조직은 그간 트랜잭션 데이터 처리에 초점을 맞춰온 나머지 이러한 외부 소스로부터 송신되는 많은 양의 비정형 및 반정형 데이터를 수집, 집계 및 처리할 기술을 갖추지 못하고 있다. 데이터 통합은 기업이 이러한 장치 데이터를 활용할 수 있는 길을 열어준다. 데이터 통합은 기업이 데이터를 수집/집계, 매핑, 정규화 및 변환을 수행한 후 데이터의 처리 또는 분석까지 가능한 시스템으로 데이터를 푸시할 수 있도록 해준다. 이는 마스터 데이터 관리를 통해 ID 및 위치 데이터를 처리할 수 있다는 것을 뜻하며, 아울러 시스템 장애와 같은 이벤트 패턴을 관찰하고 복합 이벤트 처리 기법을 이용해 조치를 취할 수 있다는 것을 의미한다. 기존의 트랜잭션 데이터와 새로운 인터랙션 데이터를 통합함으로써 조직은 빅데이터가 제공하는 큰 기회를 실현할 준비를 갖출 수 있어야 한다.

2) 빅데이터 생태계(Big Data Ecology)

2000년대 초반, 구글과 야후를 비롯한 온라인 서비스 회사에서 개발한 하둡(Hadoop)과 같은 데이터 처리 기술이 다른 분야에까지 급속도로 확산되면서 빅데이터 현상이 일반화되기 시작하였다. 더 최근에는 스마트폰 대중화로 인해 언제 어디서나 데이터를 접하고 생산할 수 있게 된 것도, 일반 사용자 입장에서는 중요한 변화다. 빅데이어 현상을 언뜻 보면, 이렇게 가시적인 기술 발달을 중심으로 인식하기가 쉽다. 대용량 데이터를 수집 · 가공 · 분석해 가치 있는 결과를 끌어내는 데에는 인프라, 분석, 시각화에 이르기까지 다양한 기술이 필요하다. 스마트폰의 대중화 역시 포터블 하드웨어/소프트웨어 기술의 발달로 가능했다. 실제 이런 기술이 없었다면 지금과 같은 빅데이터 대중화는 일어날 수 없었을 것이다. 그러나 이런 기술적 진보가 빅데이터 현상의 본질인지는 의문의 여지가 있다. 몇몇 최신 기술을 도입만 하면 대한민국도 빅데이터 강국이 될 수 있을까? 전문 인력을 소수 고용하면 '데이터 중심 조직'이 되는 걸까? 이런 변화가 개인에게 갖는 의미는 무엇인가? 이런 질문들에 대한 정확한 답은 빅데이터 생태계에 있다. 즉 빅데이터는 단순한 기술 또는 비즈니스 모델이 아니라 데이터 중심 생태계를 조성하는 새로운 패러다임이며 정보화 사회를 넘어 스마트 사회로 넘어가는 디딤돌로서의 플랫폼이다.

빅데이터의 선구자 격이라고 말할 수 있는 미국의 사례를 보면 빅데이터는 특정한 기술의 집합이라기보다는, 미국이라는 사회 경제적인 토양에서 탄생·성장한 생태계라는 사실을 알게 된다. 미국의 데이터 사이언스 현상은 기술과 조직 문화, 산업계와 학계 간의 어우러짐이 이루어낸 복합체다. 따라서 이를 단지 받아들이고 흉내 내는 것에서 벗어나 장기적인 안목에서 우리만의 '생태계'를 만들어야 한다는 것이다. 물론 토양, 작은 유기체, 큰 나무까지 모두 조화를 이루는 생태계를 만드는 일에는 오랜 노력과 투자가 뒤따라야 한다. 우선적으로 우수 인력을 양성할 수 있는 교육제도 마련과 더불어 스타트업 및 오픈 소스 활동이 활발히 일어날 수 있는 환경이 필요하다. 또한 기업에서는 기술 수입과 아울러, 이를 운용하는 자세와 조직 문화까지 배우려는 태도가 필요한 시점이다. 빅데이터 생태계는 기술과 조직문화, 산업계, 사용자, 사용행태, 활용범위 등을 아우르는 종합적인 개념이다. 빅데이터를 제대로 구현하기 위해서는 이런 생태계에 대한 이해가 필수적이다. 스마트 네트워크를 통한 연결성을 전제로 개개인의 생활, 가치 활동이 이루어지며 상시적 연결을 통한 생태계의 상호작용을 촉진시키는 것이 관건이다.

2장

빅데이탈러지(Big Datalogy: 빅데이터 방법론): 빅데이터의 접근과 방법론

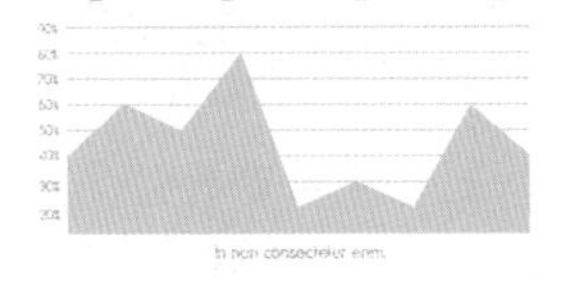

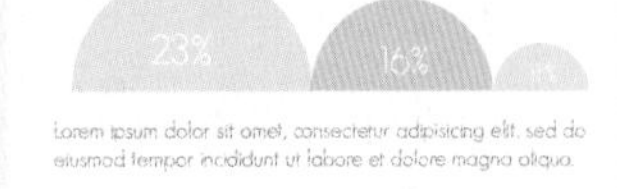

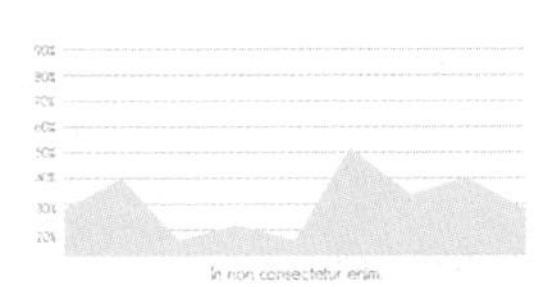

Lorem ipsum dolor sit amet, consectetur adipisicing elit, sed do eiusmod tempor incididunt ut labore et dolore magna aliqua.

Lorem ipsum dolor sit amet, consectetur adipisicing elit, sed do eiusmod tempor incididunt ut labore et dolore magna aliqua.

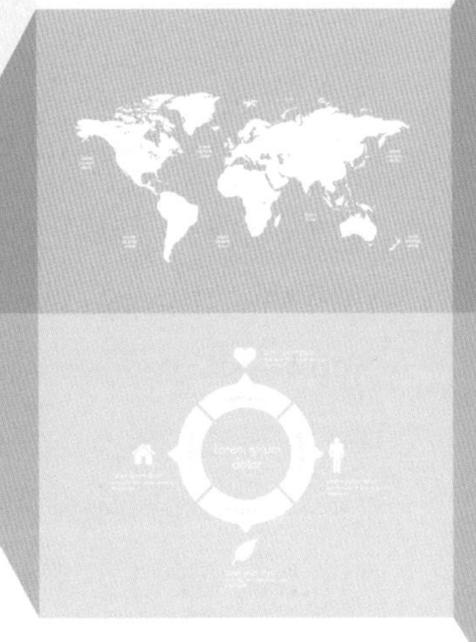

Lorem ipsum dolor sit amet, consectetur adipisicing elit, sed do eiusmod tempor incididunt ut labore et dolore magna aliqua.

Lorem ipsum dolor sit amet, consectetur adipisicing elit, sed do eiusmod tempor incididunt ut labore et dolore magna aliqua.

Lorem ipsum dolor sit amet, consectetur adipisicing elit, sed do eiusmod tempor incididunt ut labore et dolore magna aliqua.

Lorem ipsum dolor sit amet, consectetur adipisicing elit, sed do eiusmod tempor incididunt ut labore et dolore magna aliqua.

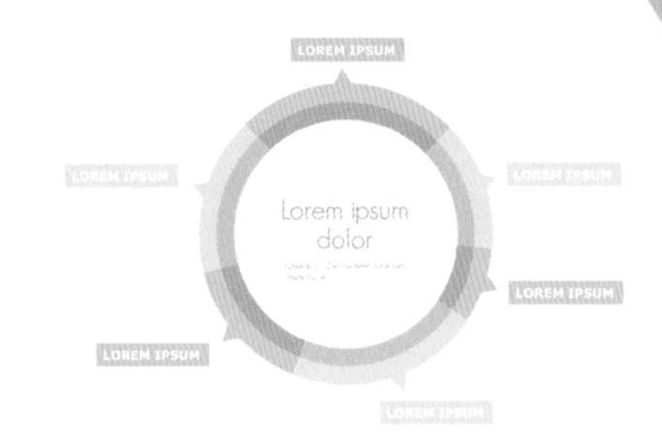

358.4 M
31%
19%
63%
36%
58%
87%
36%
24%
81%
171 114
33.4
63%
115
218.9 M
46%
87%
49%
74%
46%
63%
67%
56%
43%
31%

1. 빅데이터 분석 방법

빅데이터는 데이터가 모인 형태의 그 자체로는 아무 의미가 없다. 정확한 분석과 의미를 부여하기 전에는 의미 없는 숫자들의 나열일 뿐이다. 구슬이 서 말이라도 꿰어야 보배라는 말처럼 빅데이터가 분석과 의미를 찾아내는 과정이 미약하다면 아무 쓸모가 없다. 빅데이터를 수집해 저장해두는 데 오히려 큰 비용이 들 뿐이다.

1) 빅데이터의 사회분석 방법

빅데이터의 가치사슬은 수집과 저장 단계인 전방 가치사슬과 분석과 보고의 후방 가치사슬로 이루어진다. 전방 가치사슬은 빅데이터를 생산하고 관리하며, 후방 가치사슬은 이러한 데이터를 소비하는 것으로 설명할 수 있다. 수집과 저장의 전방 가치사슬이 물론 중요하지만 분석과 적절한 소비 없이는 무용지물이다. 가장 일반적인 빅데이터의 분석 방법은 다섯 단계로 정리된다.

첫째, 대상 소셜 빅데이터를 수집한다. 해당 버즈(예를 들면 자살, 교통, 건강, 교육 등) 분석 모델링을 통해 수집 대상(검색 포털이나 SNS의 비정형 빅데이터)과 수집 범위를 설정한 후, 대상 채널(뉴스, 블로그, 카페, 게시판, SNS 등)에서 크롤러(crawler)[1] 등 수집 엔진을 이용하여 수집한다. 이때 해당 버즈 관련 키워드 그룹(원인, 유형, 대상, 성별, 장소, 지역, 방법 등)과 버즈 토픽에 관한 용어 등을 지정하여 수집한다.

둘째, 수집한 비정형 데이터를 분석한다. 비정형 데이터 분석은 버즈 분석, 키워드 분석, 감성 분석, 계정 분석 등으로 진행한다. 수집한 비정형 데이터를 연구자가 원상태로 분석하기에는 어려움이 있으므로 텍스트 마이닝, 오피니언 마이닝, 네트워크 분석을 통하여 분류하는 절차가 필요하다.

셋째, 비정형 데이터를 정형 빅데이터로 변환한다. 특정 버즈 각각의 문서를 ID로 코드화하고, 버즈 내 키워드나 방법 등도 모두 코드화한다.

넷째, 사회 현상과 연계해 분석하기 위하여 정형화된 빅데이터를 오프라인 통계 자료와 연계한다. 오프라인 통계 자료는 대부분 정부나 공공기관에서 유료 또는 무료로 제공하기 때문에 연계 대상 자료와 함께 연계 가능한 ID(일별, 월별, 연별, 지역별)를 확인한 후, 공공기관

1 크롤러는 웹 로봇, 웹 스파이더 등의 이름으로 불리기도 하며, 수많은 웹 페이지를 자동으로 돌아다니면서 각종 정보를 수집하는 프로그램이다. 크롤러는 '기어 다니는 것'이라는 의미로, 웹 페이지를 돌아다니며 정보를 수집하는 기능 때문에 이런 이름이 붙었다. 이를 통해 웹 페이지에 있는 URL을 추출하고 텍스트, 그림, 소리, 영상 등 수많은 정보를 수집하고 저장한다. 크롤러는 인터넷 공간 여기저기 돌아다니며 정보를 수집한다는 특징 때문에 사람들에게 피해를 준다고 생각할 수 있고, 실제로 크롤러 설계를 잘못하면 네트워크에 트래픽을 증가시키고 서버에 과부하를 줄 수도 있다. 그러나 크롤러는 검색 엔진 외에도 링크 체크, html 코드 검증, 자동 이메일 수집 등 다양한 형태로 사용되고 있어 사람이 손으로 하기 귀찮은 수많은 작업을 수행한다.

[그림 2-1] 빅데이터 분석 절차 및 방법(자살 버즈 분석 사례)

대상 소셜 빅데이터 수집

- 분석 모델링을 통해 수집 대상, 수집 범위를 설정한 후 뉴스, 블로그, 카페, 게시판, SNS를 통해서 크롤러를 사용하여 수집
- 자살 관련 키워드 그룹 지정
- 자살 토픽 불용어 지정

비정형 빅데이터 분석

- Buzz 분석
  - 전체 Buzz 분석
  - 채널별 Buzz 분석
  - 유사 분석 확산도 등
- 키워드 분석
  - 빈출 키워드
  - 키워드 네트워크 등
- 감성 분석
  - 채널별 분석
  - 사이트별 분석
  - 속성별 분석
- 계정 분석
  - 영향력자 분석
  - 계정활동 분석
  - 채널별 분석

정형 빅데이터 변환

- 비정형 데이터→정형 데이터 (자살 Buzz 사례)
  - ID(문서번호)
  - 채널 Code
  - 버즈 내 자살 관련 키워드 1~N(1: 있음, " ": 없음)
  - 버즈 내 자살 관련 방법 1~N(1: 있음, " ": 없음)
  - 최초 작성 문서 (1: 최초, " ": 최초 아님)
  - 년(YYYY)
  - 월(MM)
  - 일(DD)
  - 시(HH)
  - 트위터 응답 방식 (1: 대화, 2: 전파, 3: 독백, 4: 정보 링크)
  - 자살 감정 (1: 긍정, 2: 보통, 3: 부정, 4: 없음)
  - 문서 확산 수
  - 1주차 문서 확산 수
  - 2주차 문서 확산 수
  - 3주차 문서 확산 수

정형 빅데이터와 오프라인 통계(조사) 자료 연계

- 오프라인 통계(조사) 자료 연계 항목
  - 통계청 통계 자료
    - 사망원인 통계
    - 인구, 가구 통계
    - 고용, 노동, 임금 통계
    - 보건, 사회복지 통계
    - 환경 통계 등
  - 기상청 기상 자료
  - 패널 조사 자료 등
    - 한국복지 패널
    - 한국의료 패널
    - 한국아동청소년 패널
    - 여성가족 패널
    - 지역사회 건강조사
    - 감염병 통계
    - 보건복지 통계

다변량 분석

- 구조방정식 모형
- 다층 모형
- 데이터 마이닝
  - 회귀분석
  - 판별분석
  - 군집분석
  - 분류분석
  - 트리분석
  - 연관규칙

• 출처: 송태민, 송주영, 『빅데이터 분석 방법론: 구조방정식모형과 다층모형을 중심으로』, 한나래아카데미, 2013, p. 65. 송태민, 「소셜 빅데이터를 활용한 사회위험 요인 예측: 청소년 자살과 사이버 따돌림을 중심으로」, 보건 · 복지 이슈&포커스, 한국보건사회연구원 제238호, 2014, p. 8

의 오프라인 자료를 수집하여 연계할 수 있다.

다섯째, 다변량을 분석한다. 오프라인 통계 자료와 연계된 정형화된 빅데이터의 분석은 요인 간의 인과관계나 시간별 변화 궤적을 분석할 수 있는 구조방정식 모형(SEM, Structural Equation Modeling)[2]이나 일별(혹은 월별, 연별), 지역별 사회 현상과 관련된 요인과의 관계를 분석

---

2 측정 모형(measurement model)과 구조 모형(structural model)을 통해 모형 간의 인과관계를 파악하는 방정식 모형으로, 이론적인 배경하에서 측정변수를 통한 잠재요인을 발견하고 잠재요인 간의 인과관계 가설을 검증하는 것이다.

할 수 있는 다층 모형, 그리고 수집된 키워드의 분류 과정을 통해 새로운 현상을 발견할 수 있는 데이터 마이닝 분석을 실시할 수 있다.[3]

2) 스마트 시대 소셜 텍스트 분석 연구 방법

대용량 데이터 처리는 오래전부터 데이터 분석 영역의 지속된 관심사였다. 하드웨어 측면에서는 어플라이언스, 인 메모리 기술이 제시되었고, 내용 측면에서는 과거 웹로그 분석이, 최근에는 소셜 미디어 분석이 주목을 받고 있다. 양자를 비교해보면 웹로그 분석은 2000년대 초반, 소셜 미디어 분석은 2011년부터 주목받기 시작했다. 대상 데이터의 경우, 웹로그 분석은 자사 웹사이트의 웹로그 데이터를 분석하는 것이고, 소셜 미디어 분석은 트위터, 페이스북 등 주요 SNS의 작성자와 작성 글 관련 데이터를 분석하는 것이다. 활용 가치에 있어서 웹로그는 자사 웹사이트 방문자의 이용 행태 파악에 용이하며, 소셜 미디어 분석의 경우 많은 사람이 이용하는 네트워크로 시장의 전반적인 경향을 파악하는 데 용이하다. 한계점은 웹로그 분석의 경우 그 자체의 가치가 그다지 높지 않다는 점과 회원에 비해 비회원의 웹 행동 파악은 들어간 비용에 비해 그 가치가 매우 낮다는 점이다. 소셜 미디어 분석의 경우에는 특정한 키워드로 어떻게 분석하느냐에 따라 매우 다른 결론이 도출되고, 정량적인 수치를 파악하기보다는 전반적인 경향을 파악하는 정도에 그친다는 점이 한계점이다.

3 송태민, 송주영, 『빅데이터 분석 방법론: 구조방정식모형과 다층모형을 중심으로』, 한나래아카데미, 2013, p. 64.

초기 분석 방향에 있어서 웹로그 분석은 공통되고 의미 있는 패턴을 인식하기 위한 마이닝 분석에 초점이 맞춰져 있는 반면, 소셜 미디어 분석은 의미 있는 키워드를 추출하기 위한 텍스트 마이닝을 그 방향으로 한다. 이러한 이유로 양측의 분석은 방향성을 보완하였는데 웹로그 분석은 고객 중심이나 기존 거래 데이터의 일부 영역으로 웹마트를 구축하였고, 소셜 미디어 분석은 소셜 미디어를 이용하는 고객 중심의 통합 고객 마트를 구축하였다.[4]

[표 2-1] 웹로그 분석과 소셜 미디어 분석 비교

구분	웹로그 분석	소셜 미디어 분석
빅데이터로의 주목 시기	· 2000년대 초반	· 2011년부터
대상 데이터	· 자사 웹사이트의 웹로그 데이터	· 트위터, 페이스북에서의 작성자와 작성 글 데이터
활용 가치	· 자사 웹사이트 방문자의 이용 행태 파악	· 많은 사람이 이용하는 네트워크로 시장의 전반적인 경향 파악
한계점	· 웹로그 자체의 가치가 높지 않음 · 비회원 행동 파악은 비용 대비 가치가 매우 낮음	· 어떤 키워드로 어떤 분석 방법을 사용하느냐에 따라 매우 다른 결론 도출 · 확정된 수치가 아니라 경향 파악
초기 분석 방향	· 의미 있는 패턴을 알기 위한 마이닝 분석	· 의미 있는 키워드 추출을 위한 텍스트 마이닝
보완된 분석 방향	· 고객 중심의 웹마트 구축 또는 기존 거래 데이터 중심의 마트에 일부 영역으로 추가	· 소셜 고객 중심의 통합 고객 마트 구축 · 소셜 캠페인 수행을 전제로 한 통합 고객 마트 구축

4 김종현, 「빅데이터 분석 기반의 SNS 고객 선정 프로파일링 모델에 대한 실증적 연구」, 숭실대학교 박사학위논문, 2012, pp. 1~2.

• 출처: 김종현, 「빅데이터 분석 기반의 SNS 고객 선정 프로파일링 모델에 대한 실증적 연구」, 숭실대학교 박사학위논문, 2012, p. 1

미국의 경우 지난 대선 결과를 트위터 분석을 통해 예측한 연구들에서 트위터상에서 가장 많이 언급된 후보가 실제 경선에서도 승리했음을 보여주었다. 실제로 트위터가 발표한 내용을 살펴보면, 트위터가 집계한 후보별 트윗의 숫자와 경선 결과가 놀랍도록 일치하였다. 2012년 1월 3일, 아이오와 주 코커스(caucus)에서 트윗에서 가장 많이 언급된 릭 샌토럼 후보가 1위를 차지한 것이 한 예이다. 이처럼 트위터, 페이스북으로 대표되는 SNS가 선거에 중요한 영향을 미치고 있다는 것은 한국을 포함해 세계 각국에서 이미 인정되고 있다.[5]

이러한 방식의 변화가 일어나게 된 계기와 SNS를 통한 분석의 활성화는 IT의 발달과 스마트 혁명의 본격화로 소셜 기반이 더욱 활성화된 데 있다. 그 결과 정부와 국민, 기업과 소비자, 개인과 개인의 소통 방식에 혁신적인 변화를 가져왔다. 트위터, 페이스북, 핀터레스트, 인스타그램 등 소셜 미디어에 올라오는 글, 이미지, 영상과 사용자를 분석하면 소비자의 패턴이나 공통 패턴을 분석하는 데 용이하여 판매나 홍보를 위한 마케팅 방법의 구축뿐만 아니라 한 사회나 한 시대의 흐름과 트렌드, 여론의 변화 추이를 읽어내기에 적합하므로 스마트 시대에 소셜 미디어 분석은 소셜 마이닝(Social Mining)이라는 이름으로 활용되는 기법이다.

소셜 마이닝 혹은 소셜 미디어 분석은 소셜 네트워크 서비스(SNS)

---

5 송민, 「텍스트 마이닝으로 마음 읽기: 트윗 토픽과 실제 사건 연결, 민심의 쏠림 보이네」, Future Horizon 제20호, 2014, p. 8.

를 이용하면서 발생하는 관계들 속에서 다양한 연결 행태, 정보 등이 나타나는데 이러한 것들에 대한 특징을 도출해내는 분석을 말한다. 이 분석은 1960년대 하버드 대학 교수였던 스탠리 밀그램(Stanley Milgram)의 실험이 단초가 되었다. 밀그램은 '사람은 어떻게 연결되는가?'에 관심을 가져 '편지 이어나가기 실험'을 하게 되는데, 미국 내에 살고 있는 임의의 두 사람이 연결되기 위해 그 두 사람 사이에 몇 명이 필요한지 알고자 하는 것이었다. 이 실험은 미국 네브래스카 주 오마하에 거주하고 있는 160명의 사람을 대상으로, 매사추세츠의 샤론에 거주하고 보스턴에서 증권 중개인을 하고 있는 사람에게 편지를 전달하도록 하는 방식으로 진행되었고, 편지를 전달받은 사람은 자신이 생각하기에 편지를 가장 잘 전달해줄 것 같은 사람에게 전달을 하도록 당부하였다. 그 결과 편지가 도달하지 않은 경우를 제외하고 두 사람이 연결되기 위해 평균 5.5명의 중간 단계를 거친다는 것을 알게 되었다. 이렇듯 소셜 네트워크는 사람들이 단계적으로 연결되어 있다는 연결성을 내포하고 있다. 연결성은 세 가지 중심 측도가 있는데, 첫 번째는 연결선(degree)으로 전체 네트워크 내에서 한 개체가 다른 개체와 얼마나 많이 연결되어 있는가를 뜻하는 개념이다. 두 번째는 근접성(closeness)으로 네트워크 내에서 임의의 한 개체가 다른 개체들와 얼마나 근접하게 위치하고 있는지를 측정하는 개념이다. 세 번째, 중개성(betweenness)은 네트워크 내 한 개체가 다른 두 개체 사이에 위치하는 정도를 측정하는 개념이다. 이러한 개념을 내포하여 소셜 미디어(텍스트) 마이닝이 일어난다.

소셜 미디어 분석은 텍스트 마이닝 기법에 의해 주로 이루어졌는데 그 과정은 소비자가 블로그, 트위터, 페이스북 등의 SNS에 기업이나 제품 혹은 서비스 등에 관한 의견을 표출하면 소셜 분석 전문업체가 의견을 점검하고 분석한 후 기업에 활용한다. 표출된 의견을 수집하여 분석할 수 있는 이유는 개인을 노드(Node), 각 개인의 사회적 관계를 링크(Link)로 간주하면 소셜 네트워크를 구할 수 있고, 이렇게 형성된 소셜 네트워크에서 다음의 4단계를 통해 정보를 추출 및 분석할 수 있기 때문이다. 첫째, 소셜 네트워크의 위상학적 구조(Network Topology Structure) 분석으로 네트워크의 전반적 특성을 파악한다. 둘째, 네트워크 구조의 시간에 따른 진화를 분석한다. 셋째, 네트워크상의 각 노드(개인, 사용자)가 생산, 확산시키는 콘텐츠(포스트, 댓글, 리트윗, 동영상, 링크 등) 흐름을 분석한다. 넷째, 종합하여 각 개인 또는 그룹의 소셜 네트워크 내 영향력, 관심사, 성향 및 행동 패턴을 분석 추출한다.[6]

소셜 미디어에서 데이터를 수집하는 방법은 해당 소셜 미디어에서 제공하는 공개 API를 통해 제한적으로 수집할 수 있다. 트위터와 페이스북에서 수집 가능한 데이터 항목과 수집 시 제약 사항은 다음 [표 2-2]와 같다.

[표 2-2] 대표적인 소셜 미디어의 데이터 수집

구분	수집 가능 데이터	제약 사항
트위터	ID(아이디), Name(이름), Location(위치), FriendCount(친구 수), Description(자기 소개), Text(작성 글), FallowCount(팔로우 수)	• 트위터 서버 트래픽 제한에 따라 접속 차단 • 1계정당 1시간에 API 호출 350개 제한

6 김지숙, 「빅데이터 활용과 분석 기술 고찰」, 고려대학교 석사학위논문, 2012, p. 20.

페이스북	Gender(성별), Locale(나라), Name(이름), Name(글 쓴 작성자), ID(아이디), Message(글), Description(요약), Time(작성 시간), Like(좋아요 카운트), Link(페이스북 주소)	• Access Token당 600초에 API 호출 600개 제한

• 출처: 김종현, 앞의 글, p. 11

수집된 데이터는 키워드 분석[7]과 프로파일링 분석[8]을 통해 SNS 분석 마트로 구성된다. 키워드 분석을 하기 위해서는 콘텐츠 카테고리의 관리를 통해 브랜드와 토픽을 구분하고, 토픽 분석을 위한 단어의 선정으로 유사어와 연관 단어를 찾아낸다. 이러한 토픽 모델링을 통해 2012년 '한국 대선'과 관련한 키워드를 이용하여 10월 1일부터 31일까지 총 174만여 트윗을 수집하였다.

이어서 오피니언 마이닝을 수행하는데 이것은 제품이나 서비스에 대한 사용자의 긍정, 부정, 혹은 중립에 대한 의견을 분석하는 것을 말한다.

3) 빅데이터 분석을 위한 인문사회과학 방법적 융합

이상에서 살펴본 바와 같이 세계 각국, 기업들은 빅데이터에 주목하고 있으며 그 안에서 새로운 가치를 생성할 수 있는 환경을 구축하

7 소셜 미디어의 작성 글을 대상으로 의미 있는 키워드를 추출하고 분류하는 작업이다. 검색 엔진을 이용한 텍스트 마이닝 기법을 주로 적용한다.

8 프로파일링을 통해 이용자의 성향인 성, 연령, 공동 관심 그룹과 영향도를 추정한다.

기 위해 힘쓰고 있다. 이에 따라 발생하는 사용자 정보 유출 및 분실에 대한 우려가 증가하면서 기술 안정성의 확보는 물론 인문사회과학적 의식을 키우는 이용자 중심의 연구 방법에 관한 수요가 증가하고 있다. 하지만 현재, 그 수요에 비해 인문사회과학 방법적 융합에 관한 학문적 및 제도적 기반은 약한 편이어서 인문사회 지식을 활용한 ICT 융합 혁신에 대한 사회 및 경제적 요구에 제대로 부응하지 못하고 있다. 물론 최근에 빅데이터 분석 방법론(데이터 마이닝, 비정형 데이터 분석 등), 인터넷 사용자 중심의 다양한 연구 기법(웹 트래픽 분석, 로그 기반 사용자 분석, 디지털 인문학 등), 그리고 인간과 기계 간 상호작용에 관한 연구(HCI, 심리생리학 등) 등과 같이 사회학, 언론학, 심리학 등 주요 개별분과학문을 중심으로 다양하게 모색되고는 있지만 학제 간 융합연구로까지는 잘 이어지지 않고 있다.

따라서 기존 개별 분과학문 차원에서만 활용되던 인문사회과학 연구의 개념 및 방법론적 원리를 효과적으로 연계, 융합하여 최근의 빅데이터를 비롯한 ICT 현상에 대한 학제 간 융합연구로 개발할 수 있는 전략을 연구할 필요가 있겠다. 예를 들면 인문사회 지식 기반의 미래기술예측 방법론, 트리플 헬릭스 모델(THM, Triple Helix Model) 등과 같은 융합형 연구(Hybrid Research) 방법론의 활용 방안 등은 대표적인 예라고 할 수 있다. 트리플 헬릭스 모델은 마치 DNA의 이중나선 형태처럼 대학, 기업, 정부가 서로 영향을 주고받으며 삼중나선 모양으로 긴밀하게 지식 기반 창조경제를 추동하는 모델이다. 이 모델의 시작은 1980년대로 거슬러 올라간다. 미국에서는 1980년 베이돌법(Bayh-Dole Act)을 제정하여 대학에서 생산된 특허를 상업적으로 쉽게 활용할 수 있게 하였다. 이로써 대학이 선도 창의형 경제의 주체로 등장하게 된다. 2000년대 이후 이러한 흐름은 가속화한된다. 2004년

브라질에서는 대학이 기업의 역할을 수행하면서 생기는 이중적 정체성, 인력과 시설이 중복되는 어려움을 제도적으로 해결하기 위해 혁신법을 제정하였다. 이 법의 핵심은 대학의 랩(Lab)과 스타트업 회사들이 하나의 기구로 공존하도록 허용한 데 있다. 이에 자극을 받은 미국 오바마 정부는 대학 내부의 벤처 중소기업을 활성화함으로써 창조경제의 동력을 찾고자 했다. 미국 행정기관은 대학교수, 연구원, 학생이 창업에 적극 나설 수 있도록 관련된 법률적 문제에 유연히 대응하고 있다. 나아가 오마바 대통령은 대학이 지닌 기초 연구 성과의 확산 속도를 높이고자 경험 많은 대학들이 그들의 기술 상용화 기법을 테드(TED)와 웹 세미나 등을 통해 사회적으로 공유하도록 후원하고 있다. 한편 핀란드는 디지털 경제를 뒷받침하던 '노키아'의 부진을 트리플 헬릭스 모델을 통해 풀어가고 있다. 핀란드 정부는 노키아의 고급 기술 인력이 핀란드를 떠나지 않도록 하기 위해 지역 대학 구성원의 활발한 창업을 유도함으로써 디지털 국부를 재창출할 수 있는 산업 생태계를 만들고 있다. 이른바 트리플 네트워킹 효과를 높여 창조경제의 부흥을 적극 도모하고 있다.[9]

국내의 경우 ICT 인문사회 연구포럼 제7차 세미나에서 삼성경제연구소의 이성호 수석연구원은 '디지털 체험의 인문사회적 의미와 정책적 시사점'에서 해외 주요 혁신 선도기업은 사용자의 디지털 체험을 적극적으로 활용하고 있으며, 사용자의 몰입도를 높이고 다양한 체험 데이터를 분석함으로써 IT 융합산업을 선도할 수 있다고 주장하였다. 데이터 분석 기업인 트리움의 김도훈 대표는 '빅데이터의 인문학적

9 http://blog.naver.com/hanpark2020/70155628553

이해: 복잡계 및 의미 연결망을 중심으로'에서 디지털 네트워크의 복잡성과 시멘틱 네트워크 분석 방법을 소개하여 기능적이고 기술적인 분석 방법이 주였던 기존의 빅데이터 분석 방법을 넘어서 빅데이터의 한계성을 검증하고 이를 보완할 수 있는 인문학적 통찰력을 갖춰야 한다고 강조하였다.[10] 이것은 이른바 '포스트 휴먼 테크놀러지(Post-Human Technology)' 혹은 트랜스 휴먼 기술(Trans-Human Technology)'이라고 불리는데, 포스트 휴머니즘의 철학적 기초를 정립하고 그에 입각해서 포스트 휴먼 기술들에 대한 인문사회 학제 간 융합연구를 체계화하는 작업을 함축한다.

최근 빅데이터에서도 인문사회과학적 연구가 크게 증가하고 있으며, 오히려 빅데이터가 인문사회과학 연구 풍토를 뒤바꾸고 있다는 지적까지 나오고 있다. 빅데이터의 인문사회과학에 관한 아젠다들을 살펴보면 첫째 빅데이터 시대 인문사회과학의 역할에 대한 연구, 둘째 SNS 이용자의 의견 및 감성 분석 과정에 대한 인문사회과학적 해석을 중요시하는 연구, 셋째 인문사회과학적 가치를 함축한 데이터를 확보하는 것에 대한 연구가 있다.

첫 번째 아젠다는 빅데이터로 인해 변화하고 있는 상황 속에서 인문사회과학이 주목할 문제들은 무엇이며, 이에 대해 인문사회과학은 어떠한 가능성과 변화를 모색할 수 있을지를 살펴보자는 것이다. 이러한 연구들에 따르면 오늘날 빅데이터의 내용을 채우고 있는 대다수의 데이터들은 수리적 분석 모형으로는 접근하기 힘든 SNS 데이터나 멀티미디어 정보의 비구조화된 데이터들이어서 그것들을 분석하

10 이원태 외, 「ICT 인문사회 혁신기반 구축(I) 총괄보고서」, 정보통신정책연구원, 2013, p. 154.

고 밝혀낼 수 있는 다양한 도구들이 개발되고 발전함으로써 빅데이터의 이용에 관한 관심이 증가할 수 있었다. 그러나 그러한 도구를 만들고 그것의 결과를 해석하는 방식은 인문사회과학적이라는 것이다.[11] 빅데이터와 관련하여 인문사회과학이 역량을 발휘할 수 있는 또 다른 여지는 빅데이터 속에 내재된 인간 개개인의 미시적·감성적 데이터들에서 비롯된다. 이러한 데이터들에 대한 분석이 그동안 접근할 수 없었던 새로운 인간 영역에 대해 파악할 수 있는 가능성을 열게 한다. 인간과 인간 삶에 대한 연구는 인문사회과학의 가장 중요한 역할로 빅데이터를 통해 인문사회과학의 논의를 풍성하게 할 수 있다는 것이다.[12] 즉 빅데이터 시대 인문사회과학의 역할은 빅데이터에 대한 해석을 보다 풍부하게 해주고, 다른 한편으로는 빅데이터를 새로운 방법론으로 활용함으로써 인문사회과학의 외연을 확장하는 것이다.[13]

두 번째 아젠다에서 의견 및 감성 분석은 인터넷의 상업적 이용과 그 출발을 같이한다. 그러나 모바일 기기의 보급 및 SNS의 확산과 함께 기존 소비자 조사나 여론 조사를 보완하는 실용적인 기술로 특히 최근에 주목받고 있다. 기존 텍스트 마이닝 연구가 정보를 추출하는 데 중점을 두었다면, 과거 인터넷에서의 의견 및 감성 분석은 제품이나 서비스에 대한 의견 및 감성을 긍정과 부정의 이분법으로 요약하는 방식이었다.[14] 하지만 최근 SNS에서의 그것은 보다 세밀하고 다층

11 오인균, 이단비, 「디자인 분야에서의 빅데이터 활용방안에 관한 연구」, 디지털디자인학연구 제13권 제4호, 2013, pp. 665~674. 육현승, 조병철, 「빅데이터 시대에 인문학의 역할 변화에 대하여」, 독일문학 126권, 2013, pp. 119~147.

12 육현승, 조병철, 앞의 글, pp. 119~147.

13 이원태 외, 앞의 글, pp. 186~187.

적인 차원에서 이루어지고 있으며, 개인 수준을 넘어 사회적 의견 및 정서 교환을 이해하는 데에도 도움을 주고 있는 추세이다.[15]

세 번째 아젠다는 디지털 세대의 다른 세대와의 공존, 갈등을 다루는 데 있어서 중요한 인문사회적 이슈들의 상관관계 및 인과관계들을 검증할 수 있는 데이터를 도출해야 한다는 것이다. 이를 위해 빅데이터 이용 실태 외에도 세대 간 불평등, 가치관, 라이프스타일, 경제관, 사회관 등을 지속적으로 관찰할 수 있도록 격년, 혹은 3격년 등의 모듈 조사가 필요하다. 신구세대가 겪고 있는 문화-기술 지체로 인한 사회문제들을 지표로 표현하여 통계의 인문사회적 가치를 높일 수 있기 때문이다.[16]

이러한 아젠다를 해결하기 위해서 학제 간 연구가 필요함과 동시에 학제 간 연구 주제 선정 방식의 한계를 벗어날 필요가 있다. 학제 간 연구는 변화 및 발전하는 각종 기술과 서비스에 관한 인문사회 학제적 연구 방법들이 종합적으로 적용되는 연구 체계이므로 매년 다양한 연구 이슈들을 사전 발굴하는 기획 작업이 필수적으로 요구되며, 특정 분과학문 중심의 개별적 접근 방식보다 2~3개 이상의 다양한 학문들이 상호작용하는 융복합적 연구 방법을 채택하는 것이 바람직하겠다.

이를 위해서 인문학적 상상력과 사회과학적 분석력을 동시에 수행할 수 있는 기술과 인문 융합역량 및 기술의 사회문화적 영향과 위험

14 장문수, 「심리학적 감성과 소셜 웹 자료를 이용한 감성의 실증적 분류」, 한국지능시스템학회논문지 제22권 제5호, 2012, pp.563~569.

15 김진만, 임좌상, 「소셜 네트워크 메시지에서 분류한 감성의 지도 표현」, 한국감성과학회 학술발표대회자료, 2011, pp.19~20.

16 이원태 외, 앞의 글, p.203, 재구성.

에 대한 대응 능력을 향상시키는 것이 중요한 과제로 대두된다. 결국 ICT를 비롯한 빅데이터 분석의 궁극적인 목표는 인간을 위하고 인간을 이해하는 따뜻한 기술 개발 및 공공서비스로 이어져야 하기 때문이다.

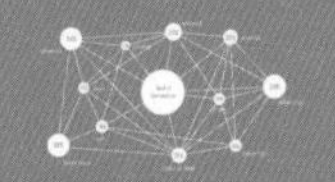

2. 빅데이터 분석 기술

1) 텍스트 마이닝

텍스트 마이닝(Text Mining)은 일반적인 정형 데이터뿐만 아니라 비정형 및 반정형 데이터 집합으로부터 구문 분석과 같은 자연어 처리 기술을 활용하여 유의미한 정보를 추출해내는 과정을 말한다. 문헌에 따라서 KDT(Knowledge Discovery in Textual Database), 도큐먼트 마이닝(Document Mining)으로 불리기도 한다. 인간의 언어로 쓰인 비정형 텍스트에서 자연어 처리 기술을 이용하여 유용한 정보를 추출하거나 연계성을 파악하고, 분류 혹은 군집화 및 요약함으로써 빅데이터의 숨겨진 의미 있는 정보를 발견하는 것이다. SNS의 글을 분석하여 특정 상품이나 서비스에 관한 선호도 및 여론의 방향을 파악할 수도 있다.

텍스트 마이닝은 첫째, 정보 검색 과정으로 작업에 관련된 문서의 위치를 파악하고 검색한다. 일반적으로 사용자들은 문서 집합을 정의하지만 관련 없는 문서를 제거하는 시스템도 필요하다. 둘째, 정보 추출 단계로 선택된 문서로부터 정보를 추출한다. 셋째, 정보 마이닝 단계로 각 문서에 대한 템플릿 내용이 채워지면 일반 데이터 마이닝 기법을 적용할 수 있는 데이터베이스를 갖게 된다. 이 단계에서 데이터 내의 패턴을 찾아낸다. 넷째, 해석 과정으로 마이닝 단계로부터 발견된 패턴을 해석한다.

텍스트 마이닝의 활용 연구 분야는 특정 범죄와 다른 범죄들 간의 유사성을 파악하여 새로운 범죄 유형을 발견하는 연구[17], 의생물학 연구(Biomedical field), 정부의 정보 및 보안 분야 연구, 텍스트 범주화를 통해 비구조적 저장소를 구조화하기 위한 연구[18] 등 많은 분야에서 활용되고 있다. 기존에는 텍스트 데이터를 서베이(Survey) 응답 결과나 해당 홈페이지의 네티즌 답글 등을 통해 얻을 수 있었던 정보들이었다. 하지만 SNS의 활성화로 인해 텍스트 데이터의 양이 기하급수적으로 많이 생산되고, 이에 따라 텍스트 데이터를 분석할 수 있는 자연어 처리 기술이 중요하게 대두되고 있다. 자연어 처리 기술은 사람들의 상용어인 '자연어'를 형태소 단위로 구분하여 맞춤법 검사, 자동번역, 질문 응답, 검색 엔진, 텍스트 마이닝 등에 사용하고 있다.[19] 자연어 처리 대상인 텍스트는 자료의 분석 목적에 따라 행렬, 계층, 벡터 등의 다양한 형태로 변환된다.[20]

기본적으로 텍스트는 벡터 공간 모형(Vector Space Model)을 통해 표

17 Fan, W., Wallace, W. et al, 「Tapping the power of Text Mining」, Communications of the ACM, Vol.49, No.9, 2006, pp. 76~82.

18 Sebastiani, F., 「Classification of Text Automatic」, The Encyclopedia of Language and Linguistics 14, 2nd edtion, Elsevier Science Pub, 2006.

19 서유형, 「R을 이용한 빅데이터 분석: 데이터의 다차원 처리 및 시각화」, 이화여자대학교, 2014.

20 Stanvrianou, A., P. Andritsos, and N. Nicoloyannis, 「Overview and Semantic Issues of Text Mining」, ACM SIGMOD Record, Vol. 36, No. 3, 2007, pp. 23~34.

현되며, 해당 문헌에 사용된 용어의 빈도에 따라 그 문서의 주제 및 특성들이 파악된다. 즉 용어의 빈도는 단순한 빈도의 수가 아닌 단어빈도-역문헌빈도(Term Frequency-Inverse Document Frequency, 단어빈도를 문헌빈도로 나누어 빈도 값을 표준화시킨 상대빈도) 방법을 통해 구하는 것이다. 즉 여러 문헌에서 자주 출현하는 일반적인 용어는 가중치를 낮게 부여하고, 특정 문헌에서 가끔 출현하는 비일반적인 용어는 가중치를 높게 부여하는 방식으로 계산된다.[21] 이런 방식으로 해당 문헌은 용어 수만큼의 차원(Dimension)과 단어빈도-역문헌빈도를 값으로 갖는 벡터로 표현되는데, 문헌에서 표현되는 용어의 수가 매우 많기 때문에 특이값 분해(Singular Value Decomposition) 기법 등을 이용하여 차원을 축소하게 된다.[22] 이러한 기법들을 활용하여 파싱(Parsing), 필터링(Filtering), 클러스터링(Clustering) 등의 작업을 할 수 있게 된다.[23] 텍스트 마이닝 도구의 일반적인 처리 과정은 [그림 2-2]와 같다.

[그림 2-2] 텍스트 마이닝 도구의 일반적인 처리 과정

텍스트 전처리: 웹상의 문서를 가공할 수 있는 데이터로 표현

의미 정보 변환: 전처리된 데이터 중 의미 있는 정보를 선별

21 김승우, 김남규, 「오피니언 분류의 감성사전 활용효과에 대한 연구」, 지능정보연구 제20권 제1호, 2014, pp. 133~148.

22 Albright, R., 「Taming Text with the SVD」, SAS Institute Inc., 2006.

23 현윤진 외, 「텍스트 분석을 활용한 국가 현안 대응 R&D 정보 패키징 방법론」, Journal of information technology applications & management, Vol.20, No.3, 2013.

의미 정보 추출: 복잡한 의미 정보의 표현을 단순화하고 의미 데이터로 저장

패턴 및 경향 분석: 의미 데이터를 기반으로 자동 분류 기준 마련

• 출처: 박준규, 「빅데이터를 위한 분석 기술 활용방안 연구」, 세종대학교 석사논문, 2012.

2) 오피니언 마이닝

오피니언 마이닝(Opinion Mining)은 사용자가 문헌에 표현한 의견과 감정을 추출, 분류, 이해, 자산화하는 과정을 통해 특정 객체(Object)에 대한 의견이 긍정, 부정 또는 중립인지를 찾아내는 기술이다. 감성 분석(Sentiment Analysis)으로 불리기도 하며 제품, 서비스, 개인, 조직, 사건 등과 이들의 여러 속성에 대한 사람들의 의견, 감성, 태도, 평가 등을 분석하는 일련의 과정을 의미한다.[24] 근래에는 웹, 블로그, 페이스북 및 트위터 등에서 생성된 텍스트들에 대해 그 문서의 주제를 판단하는 것보다 주제에 대한 저자의 태도나 감정을 분석하는 데 더 많이 사용되고 있다. 예를 들어 마케팅 분야에서 기업의 기획 상품이나 서비스 개발을 위해 소비자들의 의견을 수렴하고자 할 때 과거의 방식은 설문지 및 대면, 전화 상담 등을 통해 조사를 진행하였다. 하지만 최근에는 SNS의 대중화로 인해 많은 양의 텍스트 문서가 실시간으로 생성됨에 따라 소비자들의 요구 성향을 수집하는 데 비용과 시간을 많이 절약하고 있다. 더욱이 이러한 빅데이터들을 바탕으로 오피니언

24 Liu, B., 『Sentiment Analysis and Opinion Mining』, Morgan and Claypool Publishers, 2012.

마이닝을 활용하면 수시로 변화하는 소비자들의 욕구를 미리 예측하여 선제적으로 대응할 수 있어서 기업들은 고객 트렌드 조사에 이 기술을 많이 사용하고 있다.

오피니언 마이닝은 각 문헌의 주요 용어 중에서 감성어(Sentiment Word) 또는 감성어구가 갖는 감성 값을 미리 정의해둔 감성 목록(사전)을 구축한 후, 새롭게 추가되는 문헌에서 긍정 또는 부정으로 표현된 감성 극성(Sentiment Polarity)들을 주관성 분석(Subjectivity Classification) 및 구와 절 단위의 분석을 통해 선별하는 과정을 반복하게 된다. 따라서 문헌에 표현된 텍스트 데이터들에서 유의미한 패턴과 경향을 분석하는 텍스트 마이닝 기술과 매우 유사하다고 할 수 있다. 이는 주어진 문헌에서 추출된 텍스트에 대해 파싱(Parsing) → 필터링(Filtering) → 클러스터링(Clustering) → 의사결정 트리(Decision Tree)를 구성하는 과정은 동일하다는 의미이다. 하지만 오피니언 마이닝은 미리 구축된 감성 목록을 활용하는 데 비해, 텍스트 마이닝은 입력 텍스트에 대한 학습을 통해 다른 텍스트를 분류 및 예측한다는 차이가 있다.(김승우 외, 2014[5])

오피니언 마이닝 도구의 일반적인 처리 과정은 [그림 2-3]과 같다.

[그림 2-3] 오피니언 마이닝 도구의 일반적인 처리 과정

웹 또는 SNS상의 문서를 가공할 수 있는 데이터로 표현

문헌에 사용된 긍정 또는 부정의 표현들 선별

세부 평가 요소와 오피니언의 연결 관계를 포함한 문장 인식

⬇

긍정 또는 부정, 유의미한 문장들의 추출 및 요약문 생성

3) 마인드 마이닝

마인드 마이닝(Minds Mining)은 '사람들의 마음을 읽는 것'이다. 빅데이터는 소재에 불과하며, 핵심은 사람들의 마음을 읽고 행동을 해석해 미래에 필요한 것이 무엇이고, 어떤 것들을 필요로 하는지에 대한 해답을 찾는 것이다.

다음소프트의 송길영 부사장은 저서 『여기에 당신의 욕망이 보인다: 빅데이터가 찾아낸 70억 욕망의 지도』(2012)에서, 소셜 데이터에서 발견해야 할 가치는 인간의 욕망이라고 하였다. 소셜 미디어의 수많은 데이터로 사회의 현상을 읽는 것도 중요하지만 그 안에는 사람들의 정서와 욕망을 읽을 수 있는 의미 있는 정보를 담고 있으며, 이것을 분석하고 상품이나 서비스 개발에 적용하며 미래를 예측할 수 있는 것이 마인드 마이닝이라고 하였다.

빅데이터의 특성은 3V, 즉 volume(규모)+velocity(속도)+variety(다양성)인데 이 세 가지가 결합하면 새로운 가치를 생산할 수 있다. 그런데 마인드 마이닝에서는 빅데이터의 외적인 특성 외에 3P를 그 특성으로 한다. problem(문제)+platform(플랫폼)+people(사람)을 결합하면 제품 혹은 서비스를 만들 수 있다는 것이다. 문제가 무엇인지 규정하고, 그것을 풀기 위한 자료를 제공해주는 플랫폼을 마련한 다음, 이것의 해석과 통찰을 위해 인간의 지능을 이용하자는 것이다. 이런 특성을 가진 마인드 마이닝을 이용하면 빅데이터를 통한 대중의 공감

포인트를 발견할 수 있고, 그 포인트를 마케팅, 광고 캠페인, 트렌드 예측 등에 활용할 수 있다. 결국 제품 혹은 생산자 중심적인 관점에서 벗어나 인간 중심, 구매자 중심적인 사고로 제품을 만들거나 서비스를 할 수 있게 된다. 예를 들면 명절 전과 명절 후 백화점 매출에 변화가 있는지? 있다면 어떤 상품의 매출이 올랐는지? 주로 누가 구매를 하는지? 커피 광고는 아침, 점심, 저녁마다 어떻게 달라야 하는지? 등이다.

마인드 마이닝은 인간의 지능을 이용하여 데이터를 해석하고 통찰하자는 것과 동시에 인간의 습성을 파악하자는 의미도 있다. 사람들의 습관적인 행동들 속에서 우리가 원하는 마인드를 찾아내는 것이다.

4) 소셜 텍스트 크롤링

크롤링(crawling)은 스파이더링(spidering)이라고도 부르는데 웹 크롤러(web crawler), 즉 로봇이 거미줄처럼 얽혀있는 인터넷 링크를 따라다니며 방문한 사이트의 모든 페이지 복사본을 생성함으로써 문서를 수집하는 일을 말한다. 웹 크롤러는 앤트(ants), 자동 인덱서(automatic indexers), 봇(bots), 웜(worms), 웹 스파이더(web spider), 웹 로봇(web robot)이라고도 불린다. 크롤링의 목적은 짧은 시간 내에 최대한 많은 개수의 웹 페이지를 수집하는 것이다.

크롤링의 동작 원리는 웹 크롤러, 즉 웹 서버를 순회하며 각 홈페이지에 있는 텍스트 정보, 수치 정보, 사실 정보, 그림 정보, 멀티미디어 정보 등 수많은 정보를 수집하는 프로그램으로, 사람이 일일이 홈페이지의 각 링크를 따라가서 정보를 얻는 반복적인 작업을 대신하여 프로그램이 자동으로 웹 페이지의 내용을 분석하고 그 안에 포함되어 있는 URL들을 추출한 후 그 URL들로 하나씩 이동하면서 정보를 수집하는 것이다.[25]

크롤링의 특징으로는 멀티프로세싱(multiprocessing)과 스케줄링(scheduling)의 두 가지가 있다. 멀티프로세싱은 수집 속도를 증가시키기 위해 여러 개의 프로세스를 생성하여 작업을 수행하는 것으로, N개의 프로세스를 생성하면 단일 프로세스보다 N배의 성능 향상을 가져온다. 그러나 네트워크나 시스템 부하 등으로 인한 성능 향상은 N보다 작다. 스케줄링은 수집해야 할 URL에 동일 호스트가 연속적으로 나타난다면 생성한 프로세스가 모두 한 호스트에만 집중적으로 문서를 요청하는 경우가 발생하고, 상대편 시스템에는 과부하가 걸리게 된다. 이를 해결하기 위해서는 한 호스트에 대해 단일 프로세스만 접근이 가능하도록 스케줄 정책을 설정해야 한다. 스케줄링의 목표는 동일한 호스트는 하나의 프로세스에만 할당되어야 하고, 각 프로세스에 할당되는 URL의 개수가 동일해야 한다는 것이다. 하지만 두 가지 조건을 모두 만족하는 것은 불가능하다. 따라서 일반적으로 동일 호스트는 단일 프로세스에 할당되지만, 각 프로세스에 할당되는 URL 개수는 상이하다.

크롤링에서 중요한 사항은 수집될 웹페이지의 탐색 범위를 정하는 문제와 수집 주기를 정하는 것이다. 탐색 범위를 전체 웹사이트로 하여 광범위한 수집을 하는 경우를 일반적인 크롤링 또는 blind 혹은 exhaustive crawlering이라고 하며, 특정 주제를 중심으로 검색

25 김원 외, 「URL 분석을 위한 웹 로봇 구현 및 성능 분석」, 정보통신학회 논문지, Vol.27, No3C, 2002, pp. 226~233.

하는 것을 topical 혹은 focused crawlering[26]이라고 한다. URL의 패턴들을 입력받아 특정한 URL들만 검색하는 경우는 structure-based crawlering[27]이라고 한다.

크롤링의 방식에 따라서 일반형 크롤러와 분산형 크롤러로 구분할 수 있다. 일반형 크롤러는 하나의 시스템에서 시드(seed)를 수집하고 그것에 따른 웹 문서를 수집하는 기능이 모두 수행된다. 따라서 중복의 문제(overlapped crawl)는 발생하지 않지만 방대한 웹 문서를 단일 시스템에서 크롤링하기 때문에 많은 시간이 걸린다는 단점이 있다. 분산형 크롤러는 일반형 크롤러의 이러한 단점을 극복하기 위해 서버-클라이언트 환경으로 크롤링한다. 서버는 초기 시드를 클라이언트에 분배하고 클라이언트가 수집한 웹 문서를 전달한다. 클라이언트는 서버로부터 전달받은 시드를 기준으로 크롤링하고, 다음 크롤링을 위해 수집된 웹 문서에서 시드 추출 및 크롤링을 반복적으로 수행한다. 하지만 분산형 크롤링은 빠른 웹 문서 수집이 목적이기 때문에 분산 환경에서의 네트워크 트래픽을 최소화하기 위해 각 클라이언트 간 수집한 웹 문서에 대한 정보를 실시간 공유하지 않는다.

26 M.L. Vidal, A.S. Da Silva, E.S. de Moura, and J.M.B. Cavalcanti, 「GoGetIt!:a tool for generating structure-driven web crawlers」, In Proc, 15th international conference on World Wide Web, 2006, pp. 1011~1012.

27 강한훈, 유성준, 한동일, 「다양한 계층 트리 구조를 갖는 쇼핑몰상에서의 상품평 수집을 위한 웹크롤러 래퍼의 설계 및 구현」, 한국지능시스템학회논문지, 제20권, 제3호, 2010, pp. 318~325.

5) 소셜 네트워크 분석

소셜 네트워크 분석(Social Network Analysis)은 사회 현상 및 구조를 파악하기 위해 사람과 사람 사이의 관계를 그래프로 표현하여 분석하는 기법이다.[28] 네트워크 연결 구조와 연결 강도를 분석하여 어떤 메시지가 어떤 경로를 통해 전파되는지, 누구에게 영향을 미칠 수 있는지를 파악하는 것이다. 즉 개체(Node)와 개체 간의 연결 구조와 연결 강도 등을 측정하여 개체 간의 영향력 그래프나 매트릭스의 형태로 나타내어 분석한다는 의미이다. 또한 소셜 네트워크상에서 사용자 간의 관계를 분석하는 기술로 생물학적 질서에 관한 유전적 네트워크[29], 산업의 집적에 영향을 미치는 교통 네트워크, 조직의 공식 및 비공식 연결망[30] 등의 집단 내 개체의 연관 및 연결 구조를 분석하는 연구에 널리 이용되고 있다.

소셜 네트워크 분석에서 네트워크 연결 구조의 특성을 파악하기 위한 대표적인 측정지표는 밀도(Density), 중심성(Centrality), 집중도(Centralization) 등을 꼽을 수 있다.[31] 밀도는 네트워크상에서 연결 정도를 측정할 수 있는 응집력(Cohesion)을 말하며, 단순 네트워크에서 최대 가능한 관계의 수와 실제로 연결된 관계의 비율을 의미한다. 하지만 밀도는 인접한 개체와 직접적인 연결만을 확인할 수 있으므로 네

28 Linton C. Freeman, 「Centrality in social networks conceptual clarification」, Social Networks, Vol.1, 1978, pp. 215~239.

29 Kauffman, S., 「The origins of Order」, Oxford University Press, New York, 1993.

30 최창현, 「조직의 비공식 연결망에 관한 연구: 사회 연결망 분석의 적용」, 한국사회와 행정연구 제 17권 제1호, 2006, pp. 1~23.

31 Linton C. Freeman, 「Social Networks Analysis」, SAGE, 2008.

트워크 내 개체의 상대적 위치나 네트워크 자체를 이해하는 데 한계가 있다.[32] 그래서 이러한 문제점을 해소하기 위해 네트워크상에서 영향력이 가장 큰 개체를 찾는 방법으로 내-외향 중심성 분석(In-Out Centrality)이 주로 활용되었다. 하지만 점차 복잡해져가는 사회적 연결망 속에서 다수의 객체 간의 관계 분석이 쉽지 않아 다음과 같은 대표적인 네 가지 중심성 분석 기법이 고안되었다. 첫째, 연결 정도 중심성(Degree Centrality) 분석은 네트워크상에서 한 사람이 몇 사람과 직접적으로 연결되어 있는지를 측정하는 방법이다. 단순히 1촌만을 중시하므로 국지적인 범위에서의 역할을 파악하는 데 적합하다. 둘째, 고유벡터 중심성(Eigenvector Centrality) 분석은 연결 정도 중심성 분석과 비슷하지만, 네트워크상에서 가장 인기 있는 개체를 찾는 방법이다. 셋째, 근접 중심성(Closeness Centrality) 분석은 연결 정도 중심성에서 파악하는 1촌만의 연결 개체로는 그 개체의 영향력을 결정하기 어려우므로 개체 간 간접적인 연결 정도까지 포함해서 중심성을 측정하는 방법이다. 넷째, 매개 중심성 분석(Betweenness Centrality)은 근접 중심성 분석과 유사하지만, 순수하게 해당 개체가 중계자 및 게이트키퍼(Gatekeeper) 역할을 얼마나 잘 수행하는지만을 측정하는 방법이다. 이는 매개 중심성 값이 클수록 네트워크상에서 각 개체 간 의사소통에 영향력을 많이 미친다는 의미이다.[33]

32 현윤진 외, 「텍스트 분석을 활용한 국가 현안 대응 R&D 정보 패키징 방법론」, 한국정보기술응용 학회 제20권 제3호, 2013, pp. 231~257.

33 김현준, 「중심성 측면에서 본 SNS - 소셜 네트워크 이용 가이드 2」, PLM그룹, 2011. http://samsungtomorrow.com/821

6) 노드엑셀을 이용한 소셜 네트워크 분석

노드엑셀(NodeXL: Network Overview, Discovery and Exploration for Excel)은 2010년 2월 소셜 미디어 연구자 모임인 '소셜 미디어 리서치 재단(Social Media Research Foundation)'의 스미스(M. Smith) 박사 팀이 개발한 것으로(http://nodexl.codeplex.com), 기존 마이크로소프트의 엑셀 프로그램을 이용해 네트워크를 실증 분석해보자는 취지로 개발되었으며 무료 오픈 소스의 형태이다. 즉 마이크로소프트사 엑셀 프로그램에 추가로 무료 설치할 수 있는 소프트웨어이다. 트위터, 페이스북, 유튜브, 플리커 등 다양한 소셜 채널에 접근해 시시각각 변하는 SNS 여론의 흐름을 시점별로 행위자들 간의 관계를 수치화하여 자동적으로 데이터 추출할 수 있어, 필요한 데이터를 자동적으로 수집할 수 있다. 또한 특정 키워드를 중심으로 구성된 네트워크상에서 양방향적 소통을 통해 형성되는 소셜 미디어상의 여론에 보다 집중할 수 있다. SNS 구성원들이 어떠한 이야기를 주고받으며, 이를 통해 어떻게 네트워크를 이루고 있는지, 그리고 이러한 네트워크가 시점별로 어떻게 변화하는지에 관한 소셜 데이터를 자동적으로 집계하고 시각화해서 네트워크 전체의 변화하는 패턴 도출이 가능하다.

노드엑셀은 네트워크 분석의 기본 기능에 충실하고, 사용이 편리하며, 활용도가 높다. 특히 소셜 네트워크 분석 프로그램들 중에서도 관계망을 시각적으로 잘 보여주는데, 소셜 네트워크 분석의 그래프는 노드와 두 노드를 연결하는 선(edge)으로 구성되어 있다는 그래프 이론(graph theory)을 이용하여 그래프에 있는 사용자의 중요도를 측정하는 기술이다. 이는 입소문의 중심이나 허브 역할을 하는 사용자를 찾거나 비슷한 성향으로 군집된 사용자군을 발굴하는 데 주로 이용된다.

[그림 2-4] 노드엑셀

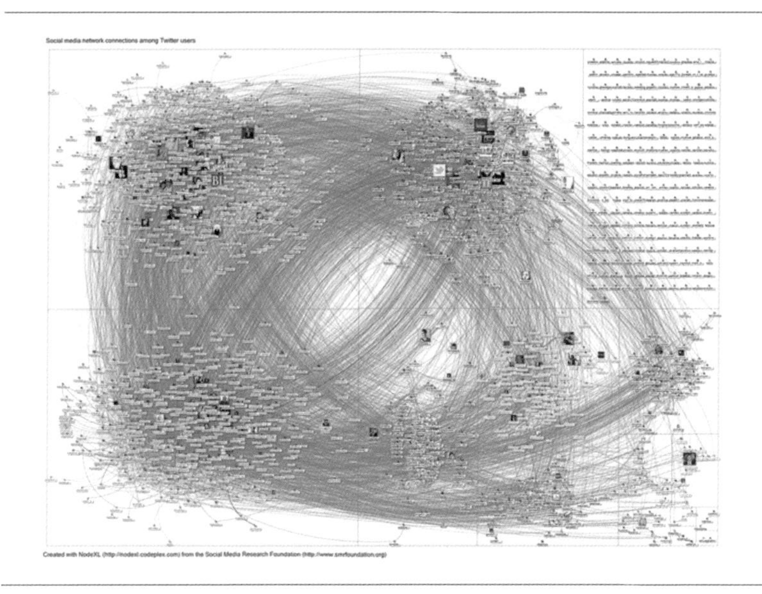

• 출처: http://www.peterpappas.com/2012/03/learning-from-face-to-face-to-networked-individualism.html/nodexl-twitter-user-jowyang-network-graph

노드엑셀의 가장 큰 장점은 수집된 데이터를 이용하여 사회 연결망 분석을 동시에 수행할 수 있다는 점이다. 나아가 네트워크 차트 기능이 탑재되어 있어 시각화가 용이하다. 최근에는 의미 연결망 분석(Semantic Network Analysis) 기능을 추가하여 사회적 이슈를 담론 관계망으로 표현하는 것도 가능해졌다. 단점은 마이크로소프트 체제에서만 구동되며 시각화 등 여러 기능을 동시에 사용하면 많은 메모리가 소요된다는 점이다.[34]

34 김동성, 「소셜 공중 세분화 요인에 관한 탐색적 연구: 페이스북 페이지의 소셜 네트워크 요인을 중심으로」, 한양대학교 박사학위논문, 2014, pp. 38~39.

사회 네트워크 분석 척도를 기반으로 노드엑셀을 통해 산출된 대표적인 정보값을 살펴보면 'Node'를 'Vertices', 'Link', 'Edge'로 적용할 수 있고 '개인', '전체' 분석 수준에 따라 [표 2-3]과 같이 데이터 유형을 정리할 수 있다.

[표 2-3] 분석 수준에 따른 데이터 유형

분석 수준	데이터 유형		내용	노드엑셀
개인	중앙성 (Centrality)	연결 중앙성(직접 전파력, 직접 링크의 수)	한 행위자가 연결망에서 중심에 위치하는 정보를 표현하는 지표	Degree Centrality
		매개 중앙성(브로커 역할 영향력, 메시지 전달 경로 통제성)		Betweenness Centrality
		근접 중앙성(전파 효율성 영향력, 메시지 전달 경로 거리)		Closeness Centrality
		위세 중앙성(관계의 정도와 연결 정도에 따른 영향력, 메시지 수와 인접 노드의 중앙성)		Eigen Centrality
		외향 중앙성	한 행위자가 다른 행위자들에게 보내는 메시지 정도	Out Degree
		내향 중앙성	다른 행위자들로부터 한 행위자로 들어오는 피드백 정도	In Degree
전체	링크(Link)		참여자들 간의 상호교류	연결된 관계(Edge Relationship)
	컴포넌트(Component)		연결망 내의 하위 연결망 (Sub-Network)	그룹 수, 그룹 규모(Vertices), 그룹 콘텐츠 양(Total Edges), 그룹의 속성(Attitude)
	해당 사항 없음		메시지 분석	Word/Word Pair

개인의 분석 수준에 따라 사회 네트워크 분석에서 사용되는 측정 지표로는 중앙성(Centrality)이 있으며, 중앙성이란 한 행위자가 전체 네트워크에서 중심에 위치하는 정도를 표현하는 지표이다.[35] 중앙성 측정 지표로는 '연결 중앙성', '근접 중앙성', '매개 중앙성', '위세 중앙성' 등이 있고, 전체 분석 수준에 따른 데이터 유형으로는 전체 네트워크 내 하위 연결망 분석 컴포넌트, 링크 수 등의 정량적 데이터들이 있으며, 노드엑셀을 통한 분석 데이터 유형으로는 그룹 수, 그룹 규모, 그룹 콘텐츠 양 등의 정량적 데이터와 정성적 데이터인 그룹의 속성까지 파악할 수 있다. 이외에 기존의 사회 네트워크 분석이 잡아내지 못한 메시지 분석을 Word/Word Pair기능을 통해 분석할 수 있다.[36]

7) 군집 분석

군집 분석(Cluster Analysis)은 유사한 속성을 가지고 있는 데이터들을 몇 개의 의미 있는 집단으로 나누는 과정을 말하며, 객체(Object)별 특성 자료가 얼마나 비슷한 값을 가지고 있는지를 거리로 환산하여 거리가 가까운 데이터들을 동일한 집단으로 편입시키는 분석 방법이다.[37] 최근 마케팅 분야에서는 군집 분석 방법을 활용하여 방대한 고객 거래 로그 데이터를 기반으로 고객 집단을 분류하는 고객 세분화

35 손동원, 『사회 네트워크 분석』, 2002, 경문사.

36 이해미, 「SNS 분석을 기반으로 한 온라인 구전 효과: 드라마 〈나인: 아홉 번의 시간 여행〉 사례 중심으로」, 서강대학교 석사학위논문, 2013, pp. 26~28.

37 이한우, 김수환, 주경식, 「군집 분석을 이용한 전시 장비의 취약성 그룹 재분류」, 한국경영정보학회, 2014, pp. 1106~1112.

(Segmentation)에 많이 사용되고 있다. 이렇게 구분된 고객 집단의 특징에 따라 구매 행태를 예측하여, 군집별로 차별화된 영업 전략을 세우는 데 지원하는 고객관계관리(CRM, Customer Relationship Management) 등에 주로 사용되고 있다.[38] 이러한 군집 분석은 크게 분할 군집 방법(Partitioning Clustering Algorithm)과 계층적 군집 방법(Hierarchical Clustering Algorithm)으로 나눌 수 있다. 분할 군집 방법은 데이터 객체들을 중복이 없는 부분 집합으로 군집화하는 것이며, K-means 클러스터링과 이를 확장한 기댓값 최대화 알고리즘(Expectation-Maximixation Algorithm)과 Cobweb Algorithm 기법이 대표적이다.[39] 여기서 K-means 군집 분석은 해당 데이터에 대해 K개의 위치까지의 거리를 구하고 가까운 중심(Centroid)을 가진 군집에 할당하며, 군집 사이에 관찰 값의 이동이 분산을 증가시키면 군집화를 중단하는 과정을 수행한다. 또한 기댓값 최대화(EM) 알고리즘은 기존의 가능도를 기반으로 더 좋은 가능도를 찾는 과정을 반복하여 군집화를 수행하는 방법이다. Cobweb Algorithm은 데이터를 하나씩 추가하면서 군집화를 수행하는 알고리즘으로, 다른 군집에 속한 데이터 사이의 유사성은 최소화하고 군집 내부 데이터 사이의 유사성은 최대화되도록 하는 군집 방법이다.[40]

다음으로 계층적 군집 방법은 개별 객체 간의 가장 가까이 있는 객체들로부터 시작하여 계속적인 군집화를 이루어가는 방법으로, 최적

---

38 이석환, 박승헌, 「군집의 효율 향상을 위한 휴리스틱 알고리즘」, 대한안전경영과학회 제11권 제3호, 2009, pp. 157~166.

39 Berry, M. J. A., & Linoff, G. G., 「Data mining techniques」, New York: Wiley, 1997.

40 전다전솔, 「확률적 잠재 의미 분석 모델 기반의 준감독 군집화 방법」, 한국과학기술원 석사논문, 2008.

의 군집수를 찾는 데 사용된다. 나무 구조(Tree Structure)의 계층적 모양을 형성해가면서 계통수(Dendrogram)를 그려줌으로써 군집이 형성되는 과정을 파악할 수 있다. 하지만 데이터 크기에 제약이 따르며, 극단치(Outlier)를 제거하지 못한다는 단점도 있다.

8) 로그 분석

로그 분석이란 로그 정보를 활용하여 어떠한 가치 있는 정보를 추출하기 위한 과정이다. 일반적으로 로그 분석 처리 단계는 로그 수집, 적재, 분석, 결과의 절차를 거쳐 의미 있고 가치 있는 통계정보를 추출해내는 것이다. 로그는 시스템을 운용하게 되면서 생성되는 여러 가지 정보를 의미하는데, 우리가 일반적으로 알고 있는 시스템상의 에러 스택 같은 로그 정보 또는 업무와 관련된 데이터를 주기적으로 생성하는 로그가 있을 수 있다. 그 외 무수히 많은 여러 가지 로그가 존재할 수 있는데 이런 로그 정보를 수집, 적재, 분석하여 결과를 볼 수 있는 도구들을 하둡 에코 시스템에서 제공하고 있다.

전자금융거래법 등의 규제로 웬만한 금융회사는 이제 로그 관리 시스템을 도입했고, 일반 회사들도 점차 도입하고 있는 추세이다. 빅데이터는 로그의 수집과 분석 저장 등 로그 관리에 절대적인 영향을 미친다. 이런 이유로 로그 관리 시스템dms 지속적인 업그레이드가 필요하다. 업무와 IT 인프라를 고려해 최적의 로그 관리 시스템을 선택하는 일은 보안과 나아가 비즈니스 성패를 결정하는 변수가 되고 있다. SNS와 각종 센서에서 생성되는 데이터, 전자거래, 위치정보 등 각종 비정형 빅데이터가 폭증하는 시대에, 데이터 트래픽에 대한 로

그 분석은 보안과 데이터 지향 비즈니스의 발원지가 되고 있다.

빅데이터 이전의 로그 관리는 주로 웹 로그 분석을 통해 사용자의 대용량 로그 데이터를 광고나 웹사이트의 운영 코스트를 최적화하기 위한 관점에서 수행하거나, CRM을 통해 고객 가입 정보나 구매 데이터 분석으로 이루어져 왔다. 그러나 방대한 데이터가 발생하는 빅데이터 시대가 열리면서 이런 방식은 한계에 직면했다. 로그의 중요성과 활용이 확대되면서 원본 로그 저장과 실시간 처리의 필요성이 제기되고 있기 때문이다. 이러한 요구로 최근에는 웹, 모바일, SNS 등 다양한 채널을 통해 얻어지는 대용량 데이터를 통합하여 실시간으로 분석하는 로그 분석 방식이 등장하고 있다. 또한 최근에는 웹사이트 방문자의 온라인 활동을 개인별로 분석하고 원하는 것이 무엇인지 파악하여 적극적으로 매출을 높이는 데 초점을 두고 있다. 웹 분석 결과를 기반으로 고객 개개인별 행동 특성(Behavioral Insight)을 파악하여 좋아할 만한 정보(Right information)를 필요로 하는 사람(Right Person)에게, 적시에(Right Time), 적절한 채널(Right Channel)로 노출하여 원하는 행동을 이끌어내는 전 과정을 자동화시키는 영역까지 로그 분석이 확장되고 있다.

9) 하둡

하둡(Hadoop)은 여러 대의 PC를 하나의 서버처럼 묶어서 대용량 데이터를 처리하는 기술로, 상대적으로 저렴한 비용으로 빅데이터를 처리할 수 있는 분산 파일 시스템이다. 대량의 자료를 처리할 수 있는 컴퓨터 클러스터에서 동작하는 분산 애플리케이션을 지원하는 오픈 소스 자바 소프트웨어이다. 빅데이터의 기술적 개발은 구글(Google)이 먼저 시작했으나, 하둡은 야후(Yahoo)를 중심으로 개발되었다. 현재는 아파치 자바 검색 엔진 루신(Lucene)의 하부 프로젝트로 관리되고 있다. 이는 수천 대의 분산된 x86 장비에 대용량 파일을 저장할 수 있는 기능을 제공하는 분산 처리 시스템으로, 구글 파일 시스템을 대체할 수 있는 하둡 분산 파일 시스템(Hadoop Distributed File System, 이하 'HDFS'라 칭함)[41]과 저장된 파일 데이터를 분산된 서버의 CPU와 메모리 자원을 이용해 쉽고 빠르게 분석할 수 있는 컴퓨팅 플랫폼인 맵리듀스(MapReduce)를 구현한 것이다.

HDFS는 저가의 하드웨어를 병렬로 연결하여 빅데이터를 접속 방식이 아닌 스트리킹(Streaking) 방식으로 지원하는 파일 시스템이다. 파일 용량 크기에 관계없이 어떠한 저장장치에도 저장이 가능하며, 블록(Block)을 추상화함으로써 스토리지 서브 시스템(Storage Sub Systems)의 단순화와 효율성이 높다는 것이 장점이다.

맵리듀스는 대용량 데이터 처리를 위한 분산 프로그래밍 모델로서 흩어져 있는 데이터를 수직화하여 그 데이터를 종류별로 모으는 맵(Map)과 정제(Filtering) 및 정렬(Sorting)을 통해 데이터를 선별해내는 리듀스(Reduce)하는 분산 처리 기술과 관련된 프레임워크(Framework)이다.

하둡 시스템의 기본적인 구조(Platform)는 [그림 2-5]와 같이 설명할 수 있다. HDFS는 일반적인 분산 파일 시스템의 구조와 같이 마스

41 H. Amur, J. Cipar, V. Gupta, G. R. Ganger, M. A. Kozuch, K. Schwan, 「Robust and flexible power-proportional storage」, In SoCC '10: proceeding of the 1st ACM symposium on Cloud computing, 2010, pp. 217~228.

[그림 2-5] 하둡 시스템의 기본 구조

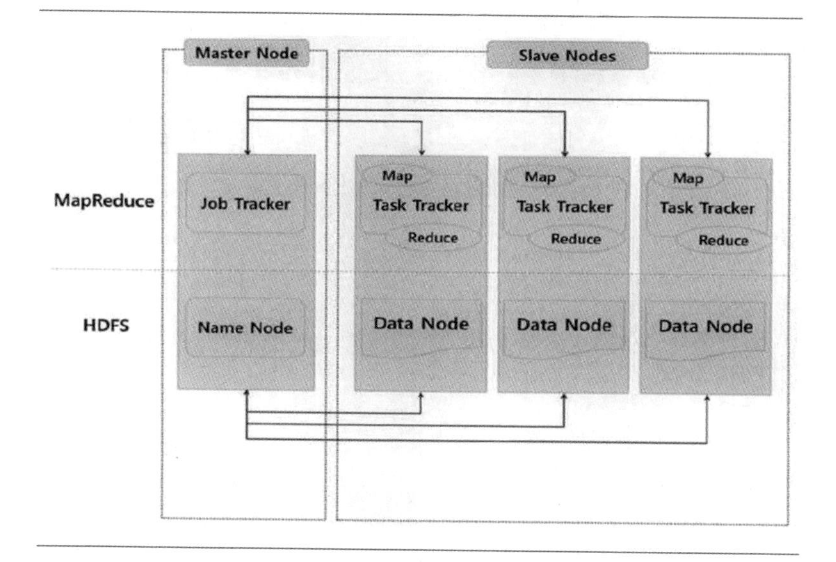

터 노드(Master Node)와 슬레이브 노드(Slave Node)로 구분된다. 마스터 노드는 슬레이브 노드에 속한 데이터 노드(Data Node)의 상태를 실시간으로 관리하며 수천 대의 스토리지에 분산되어 있는 메타데이터들을 관리한다. HDFS는 다량의 저가 하드웨어들을 이용하므로 데이터 노드 한 두 대가 고장을 일으켜도 감내할 수 있는 결함 감내성(Fault Tolerance)이 확보되어야 한다. 따라서 HDFS는 이러한 상황을 극복할 수 있도록 설계되어 있으며, 스토리지 용량이 부족해도 데이터 노드를 추가하여 네임 노드(Name Node)에 자동 등록하는 기능도 있어서 시스템의 중단 없이 용량을 확장시킬 수 있다.[42] 또한 맵리듀스는 HDFS

42 박정혁, 이상열, 강다현, 원중호, 「하둡과 맵리듀스」, 한국데이터정보과학회 제24권 제5호, 2013, pp. 1013~1027.

상위에서 작동하는 데이터 분석 기술로, 일반 프로그래밍 방법과는 다른 데이터 중심 모형을 제공한다. 이는 단일 서버에서의 프로그래밍 기법과 달리 분산된 작업 스케줄링이나 서버의 에러, 서버 간의 네트워크 문제 등을 고려하여 설계되어야 한다. 하지만 맵리듀스는 이러한 문제점들을 구조적 차원에서 단순화하여 해결하였으며, 프로그램을 사용하는 자는 데이터의 배치 처리를 위한 Mapper와 Reducer 함수만을 사용하면 가능하도록 구현되어 있는 것이 특징이다.

근래에는 하둡의 부족한 기능을 서로 보완하는 '하둡 에코 시스템'도 등장하고 있다. 이러한 하둡과 연동해 사용하는 하부 프로젝트들을 [표 2-4]에서 소개하고자 한다.

[표 2-4] 하둡의 하부 프로젝트

구분	기능	설명
Plum(플럼)	데이터 수집	· 데이터 원천으로부터 데이터를 수집해 HDFS에 안정적으로 저장
Scoop(스쿱)	RDBMS 연동	· 기존 레거시 시스템의 데이터를 하둡에 로딩하거나 처리 결과를 다시 RDBMS에 저장할 수 있게 도와줌
Elastic Search	검색 엔진	· 데이터에 대한 검색을 수행
HBASE, Cassandra	NoSQL(비관계형 데이터베이스)	· 대용량 데이터를 분산된 서버에 실시간 구조적으로 저장 · 조회 기능을 제공하는 구조적 데이터 저장소
Pig(피그), Hive(하이브)	고급 수준 스크립트 언어	· 하둡에 저장된 데이터를 맵리듀스 프로그램을 만들지 않고 SQL과 유사한 스크립트(Script)를 이용해 데이터 처리 기능을 제공
Mahout (마후트)	기기 학습	· 하둡 맵리듀스에서 실행되는 기계 학습 라이브러리(Machine Learning Library)
Hue(휴)	모니터링	· 하둡을 모니터링하는 기능을 수행

Zookeeper (주키퍼)	분산 코디네이터	분산된 환경에서의 자원 제어, 분산 메타데이터 관리 등의 기능을 수행

• 출처: 이지영, http://navercast.naver.com/contents.nhn?rid=122&contents_id=44732

10) R 프로그래밍 언어

R 프로그래밍 언어는 통계 계산과 그래픽을 위한 프로그래밍 언어로, 완전한 공개 운영 체제인 자유 소프트웨어(GNU's Not UNIX: 리처드 스톨먼이 주창함) 프로젝트의 일환으로 개발된 언어이다. R은 통계 프로그램 언어인 S언어를 기반으로 만들어졌으며, 패키지 개발이 용이하여 통계학자들 사이에서 통계 소프트웨어 개발에 많이 쓰이고 있다.[43] 또한 R은 빅데이터를 분석할 수 있는 유연한 도구이며, 선형·비선형 모델링, 고전 통계학, 시계열 분석, 분류, 클러스트링 등의 기법을 다양한 그래픽 기술을 통해 사용자들에게 제공한다.

R 프로그래밍 언어의 특징은 효과적인 데이터 처리, 계산(조건문, 행렬, 사용자 정의의 재귀함수 등), 수학 기호를 포함할 수 있는 출판물 수준의 그래프 기능을 제공한다. 기존에 주로 사용하던 데이터 분석 도구인 SAS나 SPSS보다 업데이트가 빠르고, 다양한 빅데이터 소스와의 연결이 쉬운 점도 R의 장점이라 할 수 있다. 그러나 R 패키지는 메모리 기반으로 프로그램이 구동되다 보니 대용량 데이터를 분석할 때 처리 속도가 늦다는 평가와 상용 소프트웨어에 비해 조작하기가 쉽지

43 노성진, 박희성, 「개방형 통계처리 및 프로그래밍 언어 R의 소개 및 활용방안」, 한국수자원학회, 제46권 제8호, pp. 48~57.

않다는 의견도 있다. 하지만 최근 들어 다양한 라이브러리(Bigmemory, ff, biglm, HadoopStreaming, speedglm, bigrags, bigrf) 등이 개발되어 속도의 문제를 개선하고 있으며, R 초보 사용자들을 위한 교육 프로그램들도 보급되어 통계 분석 분야에서 점차 상용화되는 추세이다. 따라서 R은 과학, 금융, 특허, 공간정보 등의 응용 분야와 페이스북, 구글 등과 같은 소셜 네트워크 기업들에 인기 있는 분석 도구로 추천되고 있다.

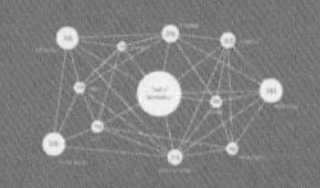

3. 빅데이터 분석 방법론

1) 구조방정식 모형

구조방정식 모형(SEM, Structural Equation Modeling)은 직접적인 측정이 어려운 잠재 변수들 간의 인과관계 및 상관관계를 검증하기 위한 통계 기법이다.[44] 이는 사회학의 측정 이론에서 기반한 확인적 요인분석(CFA, Confirmatory Factor Analysis)과 계량경제학의 연립방정식 모형에서 기초한 다중회귀분석(Multiple Regression Analysis) 및 경로분석(Path Analysis) 등을 결합한 모형이다.[45] 확인적 요인분석은 기존 이론이나 경험적인 연구 결과로부터 분석 대상이 되는 변수에 대한 사전 지식을 가지고 그 내용을 가설화하기 위한 분석 방법이다. 그래서 구성 개념별로 다수의 항목들을 생성하여 측정한 자료들을 요인별로 분석하

44 우종필, 『구조방정식 모델: 개념과 이해』, 서울, 한나래 아카데미, 2012.
45 배병렬, 『Amos 17.0 구조방정식 모델링』, 서울, 도서출판 청람, 2011.

고, 유사한 구성 개념들을 측정하기 위한 항목들 간의 연관성 및 집단화(Grouping)가 되는지를 조사하는 기법이다. 이에 비해 다중회귀분석은 1개의 종속변수와 여러 개의 독립변수 사이의 상관관계에 따른 선형적 관계식을 구하고, 이 수학적 모델이 얼마나 잘 설명하고 있는지를 판별하기 위한 적합도를 규명하는 분석 방법이다. 또한 경로분석은 측정이 가능한 변수들 간의 인과관계를 분석하는 데 쓰인 통계 기법이다. 이러한 확인적 요인분석과 회귀분석 및 경로분석의 장점을 살린 SEM 모형은 구체적인 변수보다는 추상적인 잠재변수들을 주로 많이 사용하는 사회학 및 심리학 분야에서의 연구를 위해 개발되었다. 현재는 경영학, 광고학, 교육학, 의학 등의 빅데이터를 활용한 다양한 학문 분야에서 광범위하게 활용되고 있다. 이렇게 SEM이 활발하게 사용되기 시작한 이유는 컴퓨터의 하드웨어와 소프트웨어의 비약적인 발전으로 인해 기존의 대형 컴퓨터에서만 가능했던 연구들이 개인 컴퓨터에서도 가능해졌기 때문이다. 1970년대에 예레스코그(K. G. Jöreskog)와 쇠르봄(D. Sörbom)이 LISREL이라는 소프트웨어를 개발한 것을 시작으로 CALIS, AMOS, LISCOMP, EQS, Mplus, SEPATH 등의 프로그램들이 개발되었다.

SEM 모형은 구조 모형(Structure Model)과 측정 모형(Measurement Model)으로 이루어져 있다. 구조 모형은 측정모형에서 생성된 잠재변수들 사이의 관계를 이론적으로 규정한 모형이고, 측정 모형은 잠재변수들과 측정변수들 간의 관계를 밝히는 모형이다. 이러한 SEM의 특징은 다음과 같다. 첫째, 모형에 포함된 모든 관측변수의 측정오차를 통제할 수 있다. SEM은 측정오차를 고려하여 값을 추정하기 때문에 전통적인 회귀분석에 비해 신뢰성이 더 높다고 할 수 있다. 둘째, 매개변수의 사용이 용이하여 잠재변수의 직접효과와 간접효과의 크기를 파악할 수 있다. 매개변수는 특성상 독립변수와 종속변수의 역할을 동시에 해야 하는데, 회귀분석과 경로분석에서는 측정오차를 제대로 제어할 수 없는 등 많은 제약이 따른다. 셋째, 회귀분석, 요인분석, 다중회귀분석 그리고 다변량 분석(Multivariate Analysis)에 이르기까지 다양한 통계 기법을 한꺼번에 사용할 수 있다. 즉 다른 통계 방법들이 제공하기 어려운 변수들 간의 인과관계를 쉽게 검증해볼 수 있는 장점이 있다.

2) 다층 모형

다층 모형(Multilevel Model)은 개인 및 집단의 특성에 대한 결과물을 설명할 때 계층에 따라 구분하여 결과를 추정해내는 선형 방정식(Linear Equations)을 의미한다.[46] 또한 브라이크와 라우덴부쉬(Bryk & Raudenbush, 1992)[47]는 일반적으로 개인은 사회조직 내에서 계층적 관계를 갖게 되므로 다층 모형을 계층적 선형 모형(HLM, Hierarchical Linear Models)으로도 설명하고 있다. 이러한 다층 모형의 특징은 개인 수준의 잔차(Residual)와 집단 수준의 잔차를 각각 추정하기 때문에 집단 수준의 변수를 개인 수준에서 분석함으로써 발생할 수 있는 집합화의 오류(Aggregation Bias)를 상당히 줄일 수 있다.[48] 기존의 다층 자료

46 Arnold, C., 「An Introduction to Hierarchical Linear Models」, Measurement & Evaluation in Counseling & Development, Vol.25, No.2, 1992, pp. 58~90.

47 Bryk, A. S., & Raudenbush, S. W., 「Hierarchical Linear Models: Applications and Data Analysis Methods」, Newbury Park, CA: Sage Publications, 1992.

를 분석할 때 사용했던 회귀방정식의 최소자승법(Least Square Method)은 개인 수준과 집단 수준의 오차분산 및 공분산을 동시에 추정할 수 없었지만, HLM 모형은 하나의 모형에서 동일 집단 내의 개인들 사이에 존재하는 상호 의존성을 밝힐 수 있다. 즉 종속변수의 분산을 개인 수준과 집단 수준으로 구분할 수 있으며, 그 각각의 수준에서 독립변수가 종속변수의 분산을 얼마나 설명하고 있는지를 판단하여 전체 모형의 적합도를 측정할 수 있다.

HLM 모형의 분석 과정은 기초 모형(Base Model)과 연구 모형(Research Model)으로 나눌 수 있다. 먼저 기초 모형은 연구 자료의 기본적인 정보를 확인하는 단계로 개인 수준과 집단 수준의 분산 값이 유의미한 차이가 있는지를 검증하는 것이며, 가설을 검증하는 연구라면 기초 모형의 검증 결과는 본 연구의 가설을 검증하는 과정으로 볼 수 있다. 그리고 개인 수준의 분산 값 중 집단 특성에 의해 발생되는 분산 비율을 우선적으로 도출하고, 대개 HLM 모형의 모수(Population Parameter) 추정 방법은 최대우도법(Restricted Maximum Likelihood)을 사용한다.[49] 이는 무조건적 평균 모형(Unconditional Means Model)을 사용하여 집단 간 변량을 추정함으로써 HLM 모형의 적용 가능성과 종속변수에 대한 설명력을 검증하는 것이다.

다음은 연구 모형으로 기초 모형을 통해 집단 수준에 따라 종속변수 분산 값이 유의미하다면, 독립변수들을 적용하여 종속변수에 미치

48 Hoffmann, D. A., 「An Overview of the Logic and Rationale of Hierarchical Linear Models」, Journal of Mangement, Vol.23, No.6, 1997, pp. 723~744.

49 신은경, 「장애인 사회참여와 개인 및 지원환경요인의 관계에 관한 연구: HLM을 이용한 분석」, 연세대학교 박사학위논문, 2007.

는 영향을 확인하는 것이다. 즉 'level-1' 수준과 'level-2' 수준 모두에 변수들 동시에 투입한 집단 간 상호작용을 파악하는 것이다. HLM 모형의 분석을 위한 방법의 절차는 '기초 평균 모형' → '기초 기울기 모형' → '연구 모형'의 순서로 진행한다.[50]

3) 회귀분석

회귀분석(回歸分析, Regression Analysis)은 관찰된 연속형 변수들에 대해 독립변수와 종속변수 사이의 상관관계를 나타내는 선형 관계식을 구하는 기법 및 이렇게 얻은 모형의 적합도를 측정하는 분석 방법이다. 좀 더 쉽게 말하면 주어진 데이터를 가장 잘 나타낼 수 있는 수식을 찾아내는 방법이 회귀분석이다.

회귀의 원래 의미는 옛날 상태로 돌아가는 것을 의미한다. 회귀란 개념은 골턴(F. Galton)이 처음으로 제안하였다. 그는 부모의 키와 아이들의 키 사이의 연관관계를 연구하면서 부모와 자녀의 키 사이에는 선형적인 관계가 있고 키가 커지거나 작아지는 것보다는 전체 키 평균으로 돌아가려는 경향이 있다는 가설을 세웠으며, 이를 분석하는 방법을 '회귀분석'이라고 하였다. 이러한 경험적 연구 이후 칼 피어슨(Karl Pearson)은 아버지와 아들의 키를 조사한 결과를 바탕으로 함수관계를 도출하여 회귀분석 이론을 수학적으로 정립하였다.

회귀분석은 단순히 변수들의 상관관계뿐만 아니라 하나 혹은 그

50 이정훈, 「다층모형분석을 활용한 경찰공무원의 특성이 조직효과성에 미치는 영향 분석」, 한국지방자치연구 제14권 제3호, 2012, pp. 1~25.

이상의 변수가 다른 변수에 미치는 영향의 정도를 파악하는 데 그 목적이 있다. 따라서 회귀분석은 원인 혹은 결과의 인과관계를 이용하여 하나 혹은 그 이상의 변수들의 변화에 따른 다른 변수들의 값을 예측하고자 할 때 유용하게 쓰인다. 회귀분석에서는 서로 관계가 있는 둘 또는 그 이상의 변수들 중에서 서로 영향을 주고받을 수 있는데 이때 영향을 주는 변수를 독립변수(외생변수, 설명변수, explanatory variable, independent variable), 영향을 받는 변수를 종속변수(내생변수, dependent variable)라고 한다.

회귀분석은 시간에 따라 변화하는 데이터나 어떤 영향, 가설적 실험, 인과관계의 모델링 등의 통계적 예측에 이용될 수 있다. 그러나 가정이 맞는지 아닌지 적절하게 밝혀지지 않은 채로 이용되어 그 결과가 오용되는 경우도 많다. 특히 통계 소프트웨어의 발달로 분석이 용이해져서 결과를 쉽게 얻을 수 있지만 적절한 분석 방법의 선택이었는지, 또는 정확한 정보 분석인지 판단하는 것은 연구자에게 달려 있다.

4) 신경망(Neural Networks)

신경망은 인간 두뇌의 신경세포를 모방한 개념으로 마디(node)와 고리(link)로 구성된 망구조를 모형화하고, 의사결정나무와 마찬가지로 과거에 수집된 데이터로부터 반복적인 학습과정을 거쳐 데이터에 내재되어 있는 패턴을 찾아내는 모델링 기법이다. 생물학이나 뇌과학에서의 신경망과 구별하기 위해 인공신경망이라고 불리기도 한다. 사람의 두뇌는 뉴런(neuron)이라고 부르는 구조 단위로 구성되어 있고, 경험을 통해 패턴 인식이나 인지 등 여러 특정한 기능들을 알 수 있다. 인간의 사고와 인지에 관심이 있던 인지과학자와 새로운 계산 모델에 관심을 갖고 있던 학자들은 신경해부학적 사실을 토대로 하여 간단한 연산기능만을 찾는 처리기(인공 뉴런)를 고안하였다. 그리고 이러한 처리기들을 가중치(weight)를 갖는 채널(데이터 통로)로 연결한 망(network) 형태의 계산 모델을 제안하였다. 이렇게 제안된 모델을 인공신경망(artificial neural network)이라 한다. 예를 들면, 사람은 눈을 통해 여러 사물을 인식하게 되는데 이런 영상 정보 처리 작업은 주위 환경이나 여러 사물 간의 상관작용들을 종합적으로 해석하여 사물들을 인식하게 되는데 이러한 복잡한 신경 처리 과정이 두뇌에서 일어난다.

신경망은 분류, 군집, 연관규칙 발견과 같은 작업에 널리 사용되는 data mining 기법으로 신용평가, 카드 도용 패턴 분석, 수요 및 판매 예측, 고객세분화(customer segmentation) 등 여러 가지 목적으로 다양한 산업 분야에 폭넓게 적용되고 있다. 정보기술에서의, 신경망은 거의 사람 뇌의 동작에 가깝게 만든 프로그램이나 데이터 구조 시스템으로 응용되고 있다. 신경망은 보통 병렬로 작동하는 많은 수의 프로세서들이 관여하는데, 각 프로세서는 자신만의 작은 학문적 영역을 가지고 있고, 자신의 메모리 내에 있는 데이터를 액세스한다. 신경망은 으레 데이터들의 관계들에 관한 많은 양의 데이터나 규칙이 공급됨으로써, 초기에 학습된다. 프로그램은 신경망이 외부의 자극에 어떻게 반응해야 하는지를 가르치거나, 또는 그 자신이 행동을 시작할 수 있다. 신경망은 판단을 내리기 위하여 종종 퍼지 이론을 사용한다. 신경망들은 가끔 지식층의 형태로 묘사되며, 더 복잡한 네트워크들은 일반적으로 더 깊은 계층을 가지고 있다. 피드포워드(feedforward) 시스템에서, 데이터들의 관계에 관해 학습된 내용들은 지식의 상위 계층으로 피드포워드될 수 있다. 현재 신경망이 활용되는 분야는, 오일 탐사를 위한 데이터 분석, 일기예보, 생태학연구실에서의 핵산 배열 순서 해석, 사고 또는 의식 모델의 탐구 등이 포함된다. 또한 신약의 선도 화합물 검색, 생화학적 목표 물질 동정, 단백질 디자인 등에도 많이 이용되고 있다. 인공신경망 기술은 신약 개발 과정을 단축시키고, 신약 후보 물질의 정보를 분석하고, 새로운 신약 후보 물질의 정보를 예측하는 데 많이 이용되고 있다.

다층 퍼셉트론(MLP; Multi Layer Perceptron) 또는 역전파(back-propagation) 방법은 대표적으로 사용되고 있는 신경망 방법 중 하나이며, 특히 문자 인식에서 널리 사용된다. 이 방법은 오차를 최소화하기 위하여 계층 간 노드를 연결하는 간선의 가중치를 조절하는 과정에서 그래디언트 하강(gradient descent) 방법을 사용하기 때문에 훈련 과정이 다소 느리게 동작한다. 그러나 실험 과정은 단순히 벡터의 내적과 스쿼싱 함수(squashing function) 연산만을 수행하기 때문에 매우 빠르게 처리된다.

5) 무의식 발견 방법(Unconscious Mapping Method)

무의식 발견 방법은 말 그대로 인간의 무의식을 탐구하는 방법이다. 인간의 경험은 바로 무의식에 근원을 두고 있다. 무의식을 다루고 분석한다는 점에서 뉴로 마케팅과 비슷하게 보일지 모르지만 뉴로 마케팅은 무의식적 반응과 같은 두뇌 자극 활동을 분석해 마케팅에 접목하는 마케팅 부류이다. 즉 이때의 무의식에 관한 데이터는 마케팅 도구로서 마케터에게 속하고 활용된다. 반면 무의식 발견 방법은 무의식에 관한 데이터를 사용자 본인에게 돌려준다는 점에서 큰 차이를 가진다. 이때의 목적은 오로지 '온전한 자기 이해'라는 사용자의 니즈를 충족시키는 것이다. 무의식을 '도구'로 사용하는가, '콘텐츠'로 제공해주는가가 가장 큰 차이점이라 볼 수 있다.

미국 시라큐스대의 제프 스탠튼 교수는 "인간의 욕구는 단지 5%만 겉으로 드러나고 95%는 무의식의 지배를 받는다"고 말했다. 무의식은 인간 정신의 빅데이터이다. 양이 방대하고 비정형적인 빅데이터 속에서 일정한 패턴과 가치를 발견해 활용하는 것처럼, 무의식 속에서도 유의미한 자료들을 추출할 수 있어야 한다. 그리고 이것을 사람들에게 돌려주는 것이 무의식 발견 방법의 핵심이다. 사람들은 무의식의 해석을 통해 삶의 고질적인 문제를 해결하거나, 창조적 영감을 받거나, 자신에 대해 더 알길 원한다. 신비의 영역에 있던 무의식이 비즈니스적 가치를 가지기 위해서는, 이렇듯 실생활에 도움이 될 수 있는 실용적 데이터로의 가공과 분석이 필요하다.

방법론적으로 더 나은 무의식 발견 방법을 제공하기 위해서 풀어야 할 문제는 '무의식을 어떤 방법으로 수집할 것인가'에 관한 점이다. 지금까지 널리 쓰이는 방법은 무의식 테스트라는 기법이 있는데, 여타의 심리 테스트와 크게 다르지 않다. 다만 '프로이트의 카우치'는 무의식을 최대한 끌어낼 수 있는 가능성이 있다. 프로이트는 자신은 보이지 않는 곳에 앉아 환자에게 카우치에 편안하게 앉아 떠오르는 말을 자유롭게 말하도록 했다. 생각을 여과하지 않고 말할 수 있는 환경을 조성해 최대한 환자의 무의식에 가까이 접근하고자 한 것이다.

아직 초기단계인 무의식 발견 방법은 현재까지 구체화된 방법론으로는 논의가 부족하다. 학문적으로의 논의도 거의 전무한 것이 현실이다. 자칫하다 이 방법론이 잘못 오용되면 점쟁이나 사이비 교주의 좋은 구실을 제공할 수 도 있다. 중요한 점은 무의식 발견 방법 역시 사용자의 무의식 데이터를 수집하기 위한 가장 최적의 그리고 자연스러운 방법을 고민해야 한다. 그것은 인간과 그 인간이 속해 있는 맥락에 대한 완벽한 이해를 바탕으로 한다. 더 나은 서비스를 제공하기 위해서는 사용자가 추가적인 행동이나 적응을 하지 않고서도, 자연스레 무의식 데이터가 기록될 수 있도록 해야 한다. 예를 들어 통화하는 동안 사용하는 단어의 패턴이나 빈도수를 통해 무의식 자료를 수집할 수 있다. 일상적 행위를 활용할수록, 사용자의 무의식에 더 가까이 닿을 수 있을 것이다. 무의식이 살아 움직이는 생생한 데이터로 거듭났을 때, 사물과의 진정한 물아일체 '무의식 인터페이스'가 실현될 수 있다. 이렇게 되면 영화 〈인셉션〉이나 〈마이너리티 리포트〉처럼 인간의 행위를 미리 예측하고 범죄와 같은 결과를 미리 예방할 수 있다. 물론 이론적으로 말이다. 현실적으로 어떻게 발현될지 아무도 모른다. 다만 무의식 인터페이스가 인간중심의 방향으로 진화되어야 한다는 것은 분명하다.

4. 빅데이터와 HCI

빅데이터는 이 세상에 존재하는 모든 정보를 의미한다. 이 세상에 살아가는 인간이 모인 곳에서, 인간의 행위가 이루어지는 곳에서 빅데이터가 생겨난다. 최근 많은 기업들이 빅데이터로 사람의 욕망을 읽어낼 수 있다는 데 큰 매력을 느끼기 시작했고, 이를 통해 마케팅의 하나의 툴로 활용할 수 있는 가능성을 탐색하고 있다.

1) 사용자 중심의 빅데이터

빅데이터가 화두가 되어 민간, 공공, 학계 구분 없이 빅데이터에 대한 관심을 크게 내비치고 있다. 삼성전자가 "소비자의 생각을 읽겠다"며 2014년 10월 미디어솔루션센터 산하에 빅데이터센터를 신설했고, 현대자동차 역시 차량의 품질과 서비스 향상을 위해 빅데이터 사업을 본격화하고 있다. 공공부문 역시 빅데이터를 창조경제 및 정부 3.0의 핵심 동력으로 육성하기로 하며 빅데이터 산업 발전 전략에 박차를 가하고 있다. 학계는 서울대 빅데이터센터 등을 중심으로 빅데이터에 대한 연구를 활발히 진행하고 있다.

그런데 아쉽게도 빅데이터에 대한 초점이 기술에 맞춰져 있다. 빅데이터는 수억 건에서 수백억 건의 비정형 데이터를 통해 의미 있는 정보를 찾아내야 하기에 기반기술인 맵리듀스, 하둡과 같은 기술이 필수적이다. 그러나 국내의 빅데이터 이슈에는 사용자에 대한 관점이 현저히 부족하다. 미국이나 유럽은 빅데이터 프로젝트를 국가적으로 진행하면서도 사용자 중심의 빅데이터 전개에 주안점을 두고 있다. 일본도 빅데이터 플랫폼 기술 발전에 박차를 가하면서도 궁극적으로는 가장 중요한 관련자인 사용자가 가장 큰 혜택을 받을 수 있는 방향으로 진행하고 있다. 빅데이터의 핵심 주체는 사용자로, 아무리 멋진 시스템이라고 해도 사용자로부터 외면받아서는 의미가 없기 때문이다. 우리는 빅데이터의 전신인 데이터 마이닝, 비즈니스 인텔리전스(Business Intelligence), 고객관리시스템(CRM, Customer Relation Management)이 실패한 사례를 목도해왔다. 비싼 시스템 구축 비용을 들이고 완료한 지 수개월밖에 되지 않은 CRM이나 ERP 시스템이 전혀 사용되지 못하고 사장되는 사례도 생생히 보아왔다. 빅데이터가 이런 전철을 밟지 않기 위해서는 사용자 중심의 빅데이터를 디자인해야 한다. 즉 사용자 입장에서 쉬워야 하고, 수요 예측에서부터 공정 혁신에 이르기까지 기업 가치사슬의 전반에 사용될 수 있어야 한다. 또한 사용자들로부터 관심을 받기 위해서는 어느 정도의 가시성을 보여주는 것이 중요하다. 즉 현재 하는 작업을 즉시 개선시킬 수 있을 정도의 직관적인 결과를 제시할 필요가 있다. 결국 빅데이터의 목적은 효과와 효율로 더 적은 자원을 투자해서 더 높은 결과를 달성하거나, 동일한 자원을 투입해서 빠르게 목표를 달성할 수 있어야 한다.

사용자 중심 빅데이터의 핵심은 사용자가 원하는 정보를 사용자의 입장에서 사용자의 취향에 맞게 선택 사양(Curated big data)하여 제시해야 한다. 그것이 소셜 큐레이션과 같이 빅데이터 큐레이션이고 그렇게 사용자 맥락에 맞게 제시된 빅데이터가 curated big data이다. 빅데이터 산업이 하나의 유행(fad)이나 스쳐 지나가는 트렌드가 아닌 지속적으로 성장 가능한 분야로 자리 잡으려면 사용자에게 초점을 맞추는 전략이 필요하다.

2) 빅데이터와 사용자 경험

빅데이터가 다방면에 이용되면서 사용자 경험(UX, User Experience) 분야에도 적용될 수 있는 가능성이 높아지고 있다. UX란 간단히 말해 사용자가 어떤 시스템, 기술, 서비스를 직, 간접적으로 이용하면서 느끼고 생각하게 되는 총체적 경험을 말한다. 최근 UX가 스마트 기기의 등장과 함께 뜨거운 감자로 떠오르고 있다. 스마트 사회에서 사용자의 영향력이 급격히 증대됨에 따라 이에 대응하기 위해 기업의 혁신이 필요하게 되었다. 과거의 공급자 중심에서 이제는 사용자 중심으로 패러다임의 변화가 일어나면서 품질/기능 중심의 제품과 서비스에 주력하기보다 사용자 중심에서 사용자의 경험을 중시하고 개개인 사용자의 특별한 경험, 오감 만족의 경험을 제공하기 위해 노력하고 있다. 그런데 기존의 UX 분석에는 한계가 적지 않았다. UX 분석은 주로 시장/고객 리서치와 기존 고객 데이터베이스를 분석하는 것 위주로 진행되었고, 분석 범위와 수준은 협소한데 비용과 시간은 많이 소요되는 등의 한계가 있어왔다. 기업의 입장에서는 고객을 체계적으로 관리할 필요성이 커지면서 UX를 빅데이터와 연계하기 시작하였다. 빅데이터는 UX를 극대화할 수 있는 구원투수인 것이다.

언뜻 보면 빅데이터와 UX 간에는 관련이 없어 보인다. 빅데이터는 소비자들의 성향과 같은 다양하고 막대한 양의 데이터를 빠른 시간 안에 분석하는 특징이 있다. 빅데이터의 핵심 키워드는 세 가지 특성인 3V로 요약될 수 있다

1. 다양한 소비자들의 성향 데이터 ⇒ 다양성(Variety)
2. 많은 양의 데이터 ⇒ 규모성(Volume)
3. 빠른 시간의 분석 ⇒ 빠른 속도(Velocity)

이와 같은 빅데이터의 핵심 특징이 UX와도 맞물린다. UX는 사용자들의 성향, 취향, 선호도, 감성 등의 다양하고 방대한 데이터를 실시간으로 분석하여 빠른 시간에 시장(time to market)에 내놓아야 한다. 따라서 UX는 빅데이터에 기반하고, 빅데이터는 UX를 구현할 최적의 장치라고 할 수 있다. 관계없어 보이던 두 분야가 새로이 조우하게 된 것은 새로운 유비쿼터스 기술의 출현과 관련이 있다. IoT(Internet of Things, 사물인터넷)/M2M 등의 출현으로 모바일 측면에서 일상 데이터를 확보, 축적하여 빅데이터화할 수 있는 가능성이 열렸고 새로운 UX를 창출할 수 있는 기반이 확립된 것이다. 또한 스마트 모바일이 보편화되고 IoT로 웨어러블 디바이스(Wearable Device)가 확산되었다. 500만 화소 해상도의 사진과 비디오 촬영, 내비게이션, 통역, 백과사전 검색 등이 가능한 구글 글래스(Google Glass), 또 무선랜을 이용해 실내 온도를 최적화시키는 구글(Google)의 온도 조절기 네스트(NEST), 운동량을 측정할 수 있도록 손목에 착용하는 웨어러블 기기 나이키

의 퓨얼밴드(FuelBand), 최신 정보통신기술과 자동차가 연결되어 무선으로 다른 차량, 교통 인프라와 통신하며 위치, 속도, 방향 등 데이터를 주고받아 충돌을 줄이고 잠재적 위험까지 경고할 수 있는 커넥티드 카(Connected Car) 등이 있다. 또한 빅데이터 분석 기술과 인프라도 함께 발전하였는데, 빅데이터 처리 성능의 고도화로 분석 비용과 시간이 감축되었고, 대량의 데이터를 실시간으로 분석 가능한 기술인 CEP(Complex Event Processing)가 나오기도 했다. 개인화된 맞춤형 사용자 경험을 제공하는 접점이 되는 스마트 모바일이 보편화되어 사용자와 쌍방향으로 실시간 커뮤니케이션 채널이 활성화되고, 스마트폰 보급률은 임계치를 넘어 포화 상태에 이르렀다. 이러한 스마트 기술의 발전 덕분에 사용자 행동/컨텍스트 데이터(Context Data)를 확보하고 분석하기까지 일련의 과정들이 좀 더 깊이 있고 수월해졌다. 사용자의 실생활 행동 및 각 상황과 문맥에 따른 컨텍스트 데이터를 확보할 수 있게 되었고 대용량, 비정형 데이터의 실시간 분석이 가능해졌으며 기존의 엄청난 비용을 생각하면 효율적 규모로 비용도 절감되었다.

예를 들어 대상 사용자를 샘플로 채취해 분석할 경우, 잘못된 샘플을 선정하면 모집단을 대표하지 못하는 위험이 있으며, 분석 결과를 개별 고객 단위에 적용하기 어려울 때도 많다. 또 주로 일회성 분석이 많았기에 사용자 경험을 장기적으로 추적하여 분석하는 것이 쉽지 않다. 수집된 데이터의 범위를 보더라도 고객 기본 정보 혹은 구매와 결제 데이터 정도이므로 사용자의 일상생활에서 극히 일부분만을 분석할 수 있었던 것이다. 또한 정형 데이터(매출 데이터, 재고 데이터, 회계 데이터 등과 같이 정제되어 정형화된 데이터)만을 분석할 수 있었으며, 비정형 데이터(동영상, 메신저, 음악, SNS, 위치정보 등)의 분석은 불가능했다. 따라서 이와 같은 여러 어려움들로 인해 사용자의 총체적 경험을 파악하기에는 제한이 있어왔다.

외출을 하더라도 집 안에서 IoT 기반 스마트 홈 기술을 통해 전력 사용량 데이터를 분석할 수 있는데, 전력 사용 시간과 빈도 등을 통해서 사람이 집에 몇 시간 동안 머물렀는지 외출 시간이 언제였는지 등까지도 파악할 수 있다. 사무실에서도 휴대폰 와이파이(Wifi) 기반으로 위치 추적이 가능하여 사람이 빌딩 몇 층에서 근무하는지 알 수 있으며, 인터넷 검색 키워드 기록을 통해 어떤 업무를 하는지도 추정할 수 있다.

퇴근 후의 일상도 알 수 있다. 모바일이나 웹으로 인터넷 서핑을 하는 기록을 보면 선호하는 온라인 콘텐츠를 알 수 있고, 상품 검색 기록을 통해서도 선호 브랜드, 상품 유형 등을 바탕으로 취향을 알기도 쉽다. 또 요즘은 SNS에 발도장 찍기 기능이 있어 사람이 방문한 레스토랑이나 커피전문점의 이름과 위치까지도 기록이 남는다. 사용자가 올린 사진, 발도장 등의 흔적에 SNS상의 친구들이 댓글을 남기기도 하는데 이런 피드백 데이터를 통해 사람들의 반응까지도 알 수 있다.

바쁜 하루를 마치고 집으로 돌아가는 길에 사람이 운전을 한다면 텔레매틱스(Telematics) 기반의 주행 정보 및 이동 경로 또한 파악할 수 있다. 차 안에서 음악을 듣거나 내비게이션 등의 정보성 기기를 사용하는 내역도 알 수 있다. 이렇게 빅데이터를 활용하면 한 사람의 하루를 거의 온전하게 복원하는 것도 가능하다. 사용자의 모든 경험이 데이터로 남아 있고, 이를 한데 모아 정보로 활용하는 것이다. 과거에는 가용할 만한 데이터를 수집하는 데에도 한계가 있었고, 또 데이터를 분석하는 기술에도 한계가 있었지만 ICT 기술의 발전으로 현재는 이러한 한계점을 하나씩 극복해가는 과정이다.

기존에 시장과 고객을 조사하는 데 한정되었던 UX 분석은 활용하는 데이터의 커버리지와 UX 분석 방법을 두 축으로 그 외연을 넓히며 진화하고 있다. IoT, 웨어러블 디바이스 등에서 수집된 센서 데이터와 모바일이나 웹상의 접근 및 사용 기록, 텍스트와 영상 등 비정형 데이터 등으로 활용 데이터의 범위가 넓어졌으며, 이동통신사의 품질 만족도나 멤버십 서비스 카테고리별 선호도를 지표화하는 등 사용자 경험의 지표화까지 가능해졌다.

빅데이터가 UX의 혜택을 최적화할 수 있는 전략적 수단이지만 주의해야 할 점도 있다. 고객 정보를 수집하고 활용하는 데 고객의 명시적인 동의를 확보한 후에야 데이터 활용이 가능하다는 점이다. 데이터 관리와 보안을 철저히 하는 등 고객 정보 보안과 보호에 대해 기업에서는 확실한 준비가 필요하고, 정책적 가이드라인과 적절한 규제도 필수적이다.

3) 빅데이터와 사회적 경험

사용자 경험과 함께 최근 사회적 경험(Social Experience)도 떠오르고 있다. 사용자 경험은 사용자 개개인을 위주로 한 접근법이 그간의 주된 연구 방법이었지만, 향후는 개인과 다른 사용자 또는 다른 사용자 집단, 혹은 집단과 집단의 상호작용이 중요한 현상으로 부각되었다. 그간의 컴퓨팅 기기는 독립적 개별 기기의 성격이 강했지만, 이제는 모든 기기가 인터넷이나 네트워크로 연결되고 하나의 플랫폼에서 사용자 간 상호작용을 강조한 소셜 인터랙션(Social Interaction)이 중요한 사회 현상이 되고 있다. 예를 들어 소셜 게임인 〈위룰(We Rule)〉의 경우, 혼자 플레이하는 것이 아니라 다른 사용자들과 여러 건물이나 농장을 경영하여 자신만의 왕국을 건설하는 게임이다. 이 게임에서 플레이어는 지속적으로 SNS를 통해 관계를 맺고, 이를 통해 다른 플레이어의 성을 찾아가 업무를 맡겨야만 더 많은 돈을 벌 수 있다. 따라서 대부분의 플레이어들은 트위터나 페이스북의 친구들을 이 게임으로 초청하여 같이 즐기는 경우가 많다. 플레이어들이 서로 인터랙션을 주고받으면서 맥락(context)을 계속해서 쌓아나가는 것이 이 게임의 성공 비결이고 이것이 사회적 경험이며 SNS와 함께 주목받고 있다. 그간 인기를 끌었던 마이크로(micro)적 사용자 경험이 어떻게 전체 커뮤니티에서 군집을 이루어 집단 경험(collective experience)을 만들어내고 새로운 가치를 창출하는가 하는 문제가 중요해졌다. 이런 측면에서 UX란 용어와 더불어 SX(Social Experience)란 용어가 키워드로 주목받고 있다. UX가 개별 사용자의 경험에 천착하고 개별 기기 디자인에만 쓰이는 것을 넘어서 그런 하나하나의 UX가 모여 집단 형태의 경험이 어떻게 창출되고, 또 보편적인 디자인으로 어떻게 승화될 것인가가 중요해지는 때가 오고 있다.

일반적인 생각과는 달리 소셜은 SNS만을 의미하지 않는다. 구글은 모든 서비스에 '소셜'을 입히고 있으며 구글 플러스는 모든 구글 제품의 척추와 같은 역할을 하고 있다. 현재까지는 사용자가 검색을 하면 전 세계 누가 검색을 하든 동일한 검색 결과를 제공했다. 1조 개가 넘는 웹페이지 중에서 어떻게 좀 더 의미 있는, 관련성이 높은 검색 결과를 제공할 수 있을까 하는 문제에 구글은 사회적 경험을 적용하였다. 정보는 '관계' 속에서 의미를 띠게 되고 '나'라는 변수가 고려된 정보는 더욱 유용하다. 즉 로그인한 사용자의 검색 결과에는 각기 다른 개인의 취향과 관심사가 반영되어 보다 신뢰할 수 있고 관련성 높은 검색이 가능해진다.

소셜을 활용한 새로운 콘텐츠 소비의 방향성으로 '함께' 소비하고 경험한다는 측면이 있다. 함께할 때 콘텐츠 소비에 대한 경험이 더 적극적이고 활발해지는 것이다. 예를 들면 인기 TV 프로그램을 같이 보면서 화면 속 관객들의 행동에 대해서만 반응하는 것이 아니라, 트위터나 페이스북 등의 소셜 미디어를 활용해 TV 콘텐츠를 함께 공유하고 이를 통해 만족도를 높인다는 사실을 확인할 수 있다. 이처럼 TV 시청 도중 SNS상의 사용자들과 의견을 나누며 호응을 얻은 콘텐츠의 경우, SNS를 함께 공유하는 다른 사용자들에게도 영향을 주고 이는 다시 시청률의 확대로 이어진다는 점에서 최근 콘텐츠 소비 측면에서 주목하고 관리해야 할 부분이 되어가고 있다. 사회적 증거란 다른 사람들의 행동에 따라 자신이 하는 행동을 판단하는 것을 의미하는 심리학 용어이다. 코미디 프로그램에서 가짜 웃음을 군데군데 끼워 넣는 것도 같은 이유에서 설명되곤 한다. 노래 경연 프로그램에서 보여지는 청중의 눈물뿐만 아니라 사람들이 소셜 미디어에서 보여주는 뜨거운 반응 또한 마찬가지의 모습을 유도하고 있다. 새로운 형태의 콘텐츠는 물론 확산 환경을 통해 사회적 증거를 유도하는 역할은 더욱 다양해지고 있다.

결국 중요한 것은 빅데이터나 사회적 경험 그 자체가 아니다. 이는 새로운 변화의 기반에 불과하기 때문이다. 정말 중요한 점은 기업이나 조직이 원하는 방향으로 이를 활용한 비즈니스 모델을 만들고 적용해 원하는 목표를 이루는 것이다. 데이터를 분석하고 활용하려는 노력은 기존에도 지속적으로 행해졌지만 네트워크와 소셜을 통해 빠르게 변화를 맞이하고 있다. 우리는 그에 대한 대응을 해야 하며, 빅데이터와 소셜 네트워크를 어떤 방향성을 가지고 어떤 방법으로 활용해 변화에 적합한 비즈니스 모델을 찾아낼 수 있을지에 대해 전략적인 관점에서 접근해야 하는 새로운 숙제가 주어졌다.

4) 퍼스널 빅데이터

최근에는 트위터나 페이스북 같은 SNS가 확산되면서 이를 통해 개인이 언제, 어디서, 누구와 만났는지, 무엇을 했는지 쉽게 기록하고 검색할 수 있는 개인화된 빅데이터, 즉 퍼스널 빅데이터에 대한 관심이 집중되고 있다. 퍼스널 빅데이터란 사용자 중심의 빅데이터를 의미하는 것으로, 개인이 온·오프라인상에서 활동한 이력에 기반해 언제, 어디서, 누구와 만났으며 무엇을 했는지 등을 쉽게 기록하고 검색할 수 있는 개인화된 데이터를 통칭한다. 이러한 퍼스널 빅데이터는 기존의 공급자 중심의 데이터 수집과 확보로부터 사용자 중심으로 진화하여 온·오프라인상에서의 이용 데이터를 수집, 확보한다는 측면에서 사용자를 제대로 이해하고자 하는 많은 기업들의 주목을 받고 있다. 세계적 빅데이터 연구소들은 이러한 트렌드에 주목하며, 빅데이터가 사용자 중심으로 구성됨으로써 새로운 가치를 창출할 수 있다는 내용을 강조하고 있다. SNS의 서비스 영역이 확대되면서 사용자가 오프라인에서 보이는 행태까지도 예측 가능한 수준으로까지 발전하면서 퍼스널 빅데이터의 새로운 사업 기회는 전 세계적으로 가장 가치 있는 도전으로 인식되고 있다.

최근의 퍼스널 빅데이터 확보 방식은 공급자 중심에서 사용자 중심으로 변화했다고 할 수 있다. 단순히 공급자가 제공하는 특정 서비스의 사용자 이용 데이터를 분석하여 CRM 등의 제한적인 범위 내에서만 이용하는 방식이 과거의 확보 방식이었다면, 최근에는 공급자가 제공하는 특정 서비스나 플랫폼이 아닌 사용자가 다양하게 이용하는 서비스나 SNS 등에 광범위하게 분포되어 있는 모든 데이터를 분석하여 이용자의 소비 성향을 정밀하게 분석하는 형태로 변화한 것이다. 이러한 변화는 SNS와 스마트폰, 멀티스크린 등 모바일 기기의 광범위한 보급으로 사람 사이의 소통 방식과 정보 전달 방식의 변화가 그 기반이 되었기 때문이라 할 수 있다. 퍼스널 빅데이터가 지닌 잠재력을 감안해본다면 수년 내로 지금은 상상하기조차 힘든 가치를 제공해줄 가능성도 충분히 있다.

사용자 중심의 빅데이터는 사용자가 쉽게 접근, 응용, 이용 및 활용할 수 있게 하는 것을 의미한다. 즉 빅데이터의 활용을 좀 더 용이하게(consumable) 디자인한다는 것이다. 점점 더 많은 최종 사용자가 직접 빅데이터를 다루고, 점점 더 많은 양의 정형 및 비정형 데이터가 쏟아져 나오기 때문이다. 미국 데이터센터의 조사에 따르면 회사의 81%가량이 수작업으로 이루어지는 데이터 수집에 어려움을 겪고 있으며, 조직 구성원의 91%는 IT가 좀 더 효과적으로 데이터 수집을 지원하기를 원하고 있는 것으로 나타났다. 이러한 이유 때문에 응답자의 85%가량이 빅데이터는 사용자 중심으로 좀 더 활용이 용이하고 쉽도록 만들어져야 한다고 기대한다.

퍼스널 빅데이터의 효용과 가치라는 긍정적 이슈들이 있는 반면, 향후 퍼스널 빅데이터의 활성화를 위해 선결적으로 극복해야 할 문제로 프라이버시와 보안 문제가 있다. 퍼스널 빅데이터는 개인정보의 다양한 분석을 전제로 하는데 이는 곧 개인정보이자 개인의 프라이버시가 될 수 있기 때문이다. 개인정보를 수집하면서 불필요하거나 제한되어야 할 개인정보까지 수집하는 문제가 광범위하게 발생하고 있고, 이와 함께 SNS 데이터의 소유권도 문제가 되고 있다. 데이터를 생성한 경우 일차적으로 데이터 소유권은 그 업체에 있지만, 페이스북이나 트위터 등의 SNS는 사용자들이 직접 데이터를 생성하므로 데이터 소유권이 명확하지 않다. 또한 보안 문제도 중요한 이슈로 떠오르고 있다. 개인정보 중 80% 이상이 기업의 데이터센터에 보관중이나 실제로 정보 보호가 되는 데이터는 50%에 불과하며, 보안 체계가 갖추어진 정보 또한 전체의 3분의 1에 불과하다. 이처럼 개인정보 소유권 이슈가 보안 문제로 확산되면서 기업 내 데이터 통제 및 관리에 대한 경각심이 중요한 이슈로 부각되고 있다.

그러나 모든 혁신에는 양면성이 있기 마련이며, 퍼스널 빅데이터의 경우에도 개인정보 보호라는 걸림돌이 있기는 하지만 그럼에도 불구하고 많은 사용자들이 충분한 가치를 느낄 수 있다면 지금보다 더 편리하고 스마트한 삶이 가능해질 것이다. 퍼스널 빅데이터는 이제 단순한 IT 트렌드를 넘어 우리 경제, 사회 현안 해결의 실마리로 주목받고 있으며, 그야말로 사용자 중심의 빅데이터 시대가 개막되었음을 예고하고 있다. 기존 공급자 중심의 빅데이터가 아닌 사용자 중심의 빅데이터로 재구성됨으로써 새로운 패러다임을 형성해나갈 수 있다. 공급자 중심의 빅데이터는 기존의 CRM이나 데이터 마이닝과 크게 다를 바 없기 때문이다.

5) 빅데이터와 시각화

빅데이터 분석은 이제 데이터 사이언티스트의 전문 영역을 넘어 대중화 단계에 접어들고 있다. 기존의 데이터 분석은 전문가의 기술이나 지식이 필요한 영역이었다. 하지만 이제 기업의 실무자들은 빅데이터를 활용해 어마어마한 데이터 속에 묻혀 있는 의미를 발견해내야 한다. 데이터 사이언티스트가 아닌 보통 사람이 빅데이터 분석을 이해하려면 직관의 시각화가 필요하다. 사회 전반의 복잡하고 다양한 현상을 간결하고 분명한 데이터 시각화로 조망하고 스토리텔링을 구체화해 시도하기 때문이다. 주식시장 시각화가 미디어 시각화의 대표 사례라고 할 수 있다.

빅데이터 분석 결과물을 효과적으로 알리기 위해서는 숫자 대신에 그림으로 보여주는 시각화(Visualization)를 적절하게 활용해야 한다. 이제는 점점 빅데이터의 필수 옵션으로 시각화가 거론되고 있다. 데이터 시각화는 빠르고 쉽고 정확한 데이터 분석 과정을 지원해주는 최고의 방법이며 기업이나 공공기관 등 여러 사용 기업에서 빅데이터를 숫자 등의 텍스트가 아닌 그림으로 보여달라는 요구도 높아지고 있다. 데이터 시각화는 다양하고 방대한 데이터를 눈으로 탐색하는 가운데 데이터의 특징을 쉽고 빠르게 알 수 있도록 도와준다. 데이터에 감춰진 내러티브를 찾아내 이를 논리성과 심미성의 균형을 이루며 보여주는 것 역시 데이터 시각화의 주된 기능이다.

데이터 시각화는 이제 하나의 학문적 분야로 자리 잡고 있다. 일상생활에서부터 디지털 사회에서 널리 이용되며 컴퓨터 그래픽 기술, 디자인, 통계학, 커뮤니케이션, 뉴미디어 등 다양한 학문과 함께하고 있다. 시각화는 18세기에서 20세기에 걸쳐 자크 베르탱(Jacques Bertin)과 에드워드 터프트(Edward Tufte)를 비롯한 여러 연구자에 의해 오늘날의 시각화 원리와 방법론이 발전되어왔다. 전문 연구 분야로서의 데이터 시각화는 1990년대에 비롯되어 최근엔 데이터 시각화, 비주얼 애널리틱스, 인포그래픽 등으로 불리기도 한다. 인포그래픽은 인포메이션(Information)과 그래픽(Graphic)의 합성어로, 중요한 정보를 한 장의 그래픽으로 표현하여 이를 보는 사람들이 손쉽게 해당 정보를 이해할 수 있도록 만드는 그래픽 메시지이다. 한 장의 그래픽에 모든 정보가 들어가는 인포그래픽의 중요성은 점점 높아지고 있다. 서울시에서도 그 중요성을 인지하고 계속하여 인포그래픽을 제작하고 있다. 또한 과거에서부터 신문, 방송 미디어에서는 날씨 기상도나 뉴스 기사에서 인포그래픽을 자주 사용하고 있다. 그 이유는 인포그래픽을 사용해 정보를 확실하게 전달할 수 있으며, 보는 이로 하여금 참여와 관심을 유도할 수 있기 때문이다. 데이터의 양이 방대해진 빅데이터 시대에는 인포그래픽을 넘어 색채, 통계, 이미지 등으로 더 다양하게 시각적으로 구현하는 방식으로 발전하고 있다.

구글은 데이터 시각화를 가장 잘하는 기업으로 손꼽히고 있다. '구글링'이라 하여 구글에서 특정 사람의 신상(identities)을 찾아 공개하는 것이 사회적 이슈로 떠오르기도 하였다. 해킹을 하지 않고도 그 사람이 무슨 일을 하였는지, 어떠한 곳에서 근무, 거주하는지 등의 정보를 구글 검색만으로 찾는 것이다. 이 거대한 정보들을 관리하고 보관하고자 세계 곳곳에 데이터센터를 건립할 정도이다. 구글 데이터센터는 색깔로 구분되는 서버 관리를 하고 있다. 이 저장소의 서버들은 색깔로 구분되어 파란색은 서버가 원활함을 보여주고, 노란색은 지체, 빨간색은 정체임을 보여준다. 또한 건물 구조에서 눈에 띄는 것이 호스이다. 다양한 색으로 구성된 호스는 그 역할에 따라 색이 배정 되어 있다. 이렇게 구글 데이터센터 안의 모든 것이 시각적으로 구성되어 있다. 복잡한 텍스트나 수학적 기호, 도면 없이 간편하게 관리를 하고 있는 것이다.

구글은 또한 사용자에게 다양한 데이터 시각화 도구를 제공한다.

구글 스프레드시트(Spreadsheets), 차트(Chart) API는 사용자가 다양한 도표, 그래프 등 특정 자료를 변환시킬 수 있는 도구로, 모든 데이터 시각화 회사들은 구글과 경쟁하고 있는 셈이다. 또한 구글은 인터랙티브 3D 그래픽 인터페이스인 Web GL을 이용한 Web Globe를 제공한다. 이는 전 세계의 정보들을 3차원의 지구본에서 볼 수 있도록 만든 시스템으로, 세계 인구가 그래프로 표시되기도 하고 사람들은 이 지구본에 정보들을 입력하여 제작한 후 공유하기도 한다. 사용 방법은 먼저 Web GL Globe 사이트에 방문하여 구글이 제작한 Web GL 기반의 Globe 코드를 얻는다. 이 코드를 사용하여 자신만의 지구본을 프로그래밍하면 완성된다. 프로그래밍적 지식이 없다 하더라도 누군가가 제작한 지구본을 자유롭게 찾아볼 수 있다. 이제 우리는 이러한 지구본을 통하여 세계의 정보들을 간단하게 알아볼 수 있는 것이다.

과거 우리는 데이터를 선형적 문자 코드나 수학적 기호 등으로 표현된 인쇄 매체에서 접하였다. 그러나 현대에 사는 우리는 영상, 디지털 인터랙티브 매체 등을 통해 무한정의 데이터를 정해진 형태나 순서 없이 읽지 않고 '보고 있다'. 이러한 데이터 표현과 수용 방식의 변화가 디지털 문화를 이어서 인간에게 새로운 문화를 제공해줄 것으로 예상된다.

참고문헌

[1] Fan, W., Wallace, W. et al, 「Tapping the power of Text Mining」, Communications of the ACM, Vol.49, No.9, 2006, pp. 76~82.

[2] Sebastiani, F., 「Classification of Text, Automatic」, In Keith Brown (ed.), The Encyclopedia of Language and Linguistics 14, 2nd edtion, Elsevier Science Publishers, Amsterdam, NL, 2006, pp. 457~462.

[3] 서유형, 「R을 이용한 빅데이터 분석: 데이터의 다차원 처리 및 시각화」, 이화여자대학교, 2014.

[4] Stanvrianou, A., P. Andritsos, and N. Nicoloyannis, 「Overview and Semantic Issues of Text Mining」, ACM SIGMOD Record, Vol.36, No.3, 2007, pp. 23~34.

[5] 김승우, 김남규, 「오피니언 분류의 감성사전 활용효과에 대한 연구」, 지능정보연구 제20권 제1호, 2014, pp. 133~148.

[6] Albright, R., 「Taming Text with the SVD」, SAS Institute Inc., 2004.

[7] 현윤진 외, 「텍스트 분석을 활용한 국가 현안 대응 R&D 정보 패키징 방법론」, Journal of information technology applications & m, Vol.20, No.3, 2013.

[8] Liu, B., 『Sentiment Analysis and Opinion Mining』, Morgan and Claypool Publishers, 2012.

[9] Linton C. Freeman, 「Centrality in social networks conceptual clarification」, Social Networks, Vol.1, 1978, pp. 215~239.

[10] Kauffman, S., 「The origins of Order」, Oxford University Press, New York, 1993.

[11] 최창현, 「조직의 비공식 연결망에 관한 연구: 사회 연결망 분석의 적용」, 한국사회와 행정연구 제 17권 제1호, 2006, pp. 1~23.

[12] Linton C. Freeman, 「Social Networks Analysis」, SAGE, 2008.

[13] 현윤진 외, 「텍스트 분석을 활용한 국가 현안 대응 R&D 정보 패키징 방법론」, 한국정보기술응용 학회 제20권 제3호, 2013, pp. 231~257.

[14] 김현준, 「중심성 측면에서 본 SNS-소셜 네트워크 이용 가이드 2」, PLM그룹, 2011. http://samsungtomorrow.com/821

[15] 이한우, 김수환, 주경식, 「군집 분석을 이용한 전시 장비의 취약성 그룹 재분류」, 한국경영정보학회, 2014, pp. 1106~1112.

[16] 이석환, 박승헌, 「군집의 효율향상을 위한 휴리스틱 알고리즘」, 대한안전경영과학회 제11권 제3호, 2009, pp. 157~166.

[17] Berry, M. J. A., & Linoff, G. S., 「Data mining techniques」, New YORK: WILEY, 1997.

[18] 전다전솔, 「확률적 잠재 의미 분석 모델 기반의 준감독 군집화 방법」, 한국과학기술원, 2008.

[19] H. Amur, J. Cipar, V. Gupta, G. R. Ganger, M. A. Kozuch, K. Schwan, 「Robust and flexible power-proportional storage」, In SoCC '10: proceeding of the 1st ACM symposium on Cloud computing, 2010, pp. 217~228.

[20] 박정혁, 이상열, 강다현, 원중호, 「하둡과 맵리듀스」, 한국데이터정보과학회 제24권 제5호, 2013, pp. 1013~1027.

[21] 노성진, 박희성, 「개방형 통계처리 및 프로그래밍 언어 R의 소개 및 활용방안」, 한국수자원학회 제46권 제8호, pp. 48~57.

[22] 우종필, 『구조방정식 모델: 개념과 이해』, 서울, 한나래 아카데미, 2012.

[23] 배병렬, 『Amos 17.0 구조방정식 모델링』, 서울, 도서출판 청람, 2009.

[24] Arnold, C., 「An Introduction to Hierarchical Linear Models」, Measurement & Evaluation in Counseling & Development, Vol.25, No.2, 1992, pp. 58~90.

[25] Bryk, A. S., & Raudenbush, S. W., 「Hierarchical Linear Models: Applications and Data Analysis Methods」, Newbury Park, CA: Sage Publications, 1992.

[26] Hoffmann, D. A., 「An Overview of the Logic and Rationale of Hierarchical Linear Models」, Journal of Management, Vol.23, No.6, 1997, pp. 723~744.

[27] 신은경, 「장애인 사회참여와 개인 및 지원환경요인의 관계에 관한 연구: HLM을 이용한 분석」, 연세대학교, 2007.

[28] 이정훈,「다층모형분석을 활용한 경찰공무원의 특성이 조직효과성에 미치는 영향 분석」, 한국지방자치연구 제14권 제3호, 2012, pp. 1~25.

3장

데이터 저널리즘

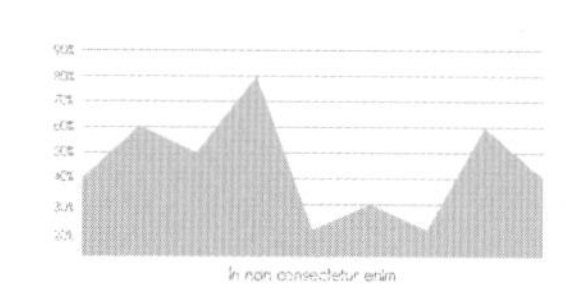

Lorem ipsum dolor sit amet, consectetur adipisicing elit, sed do eiusmod tempor incididunt ut labore et dolore magna aliqua.

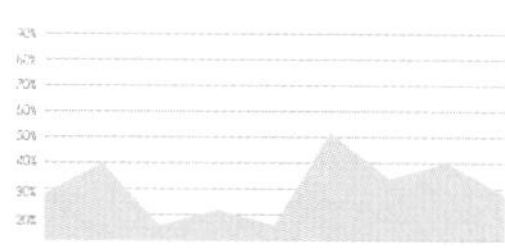

Lorem ipsum dolor sit amet, consectetur adipisicing elit, sed do eiusmod tempor incididunt ut labore et dolore magna aliqua.

Lorem ipsum dolor sit amet, consectetur adipisicing elit, sed do eiusmod tempor incididunt ut labore et dolore magna aliqua.

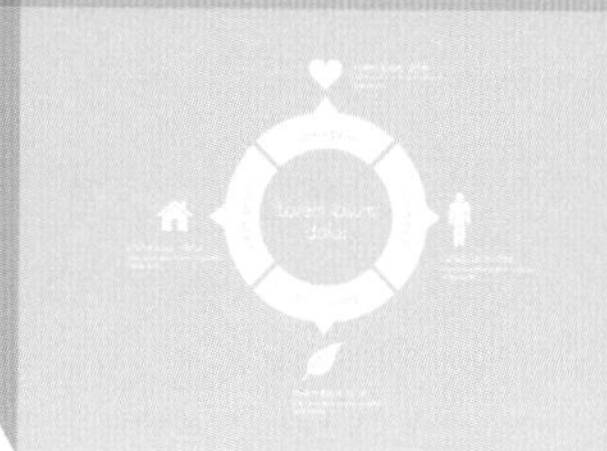

Lorem ipsum dolor sit amet, consectetur adipisicing elit, sed do eiusmod tempor incididunt ut labore et dolore magna aliqua.

Lorem ipsum dolor sit amet, consectetur adipisicing elit, sed do eiusmod tempor incididunt ut labore et dolore magna aliqua.

Lorem ipsum dolor sit amet, consectetur adipisicing elit, sed do eiusmod tempor incididunt ut labore et dolore magna aliqua.

Lorem ipsum dolor sit amet, consectetur adipisicing elit, sed do eiusmod tempor incididunt ut labore et dolore magna aliqua.

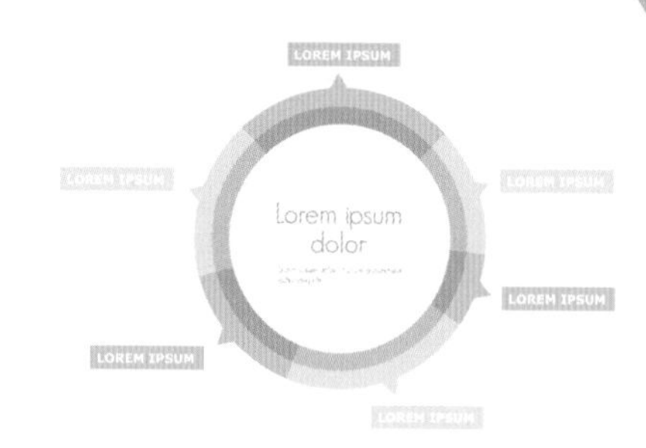

358.4 M
31%
19%
63%
36%
218.9 M
46%
87%
49%
74%
58%
87%
36%
24%
171.114
33.4
63%
115
81%
46%
63%
113$
67%
56%
43%
31%

들어가며: 빅데이터와 저널리즘의 만남

최근 빅데이터가 사회 모든 방면에 지대한 영향을 끼치고 있는 가운데 언론 분야에도 데이터 저널리즘이라는 형태로 빅데이터의 반향이 나타나고 있다. 데이터 저널리즘은 일반 대중이 흥미를 느끼는 자료를 찾아서 잘 조직화하여 대중들에게 읽기 쉬운 기사로서 제공하는 일련의 보도 과정이다. 즉 데이터를 이용해 기사를 만드는 것인데 특정한 기사나 스토리를 만들어내는 과정에서 데이터들에 기반을 두어 객관적 사실을 보여주고자 하는 저널리즘의 새 패러다임이라고 할 수 있다. 전반적으로 위기를 겪고 있는 신문업계나 미디어업계에서는 이 데이터 저널리즘을 업계의 위기 상황을 타개할 새로운 돌파구로 여기며 전략적 투자를 아끼지 않고 있다.

그런데 안타깝게도 일부에서는 이 데이터 저널리즘을 단순 인포그래픽이나 현란한 시각디자인 정도로 생각하는 경우가 많다. 기존의 기사에 표, 사진, 그래프, 숫자 정보나 통계를 추가하는 정도로 인식하는 경향이 있는 것 같다. 물론 그런 것이 데이터 저널리즘의 한 표현방법이기는 하나 궁극적인 목적은 하나의 안정적인 소통 플랫폼 구축이라는 점을 간과하면 안 된다. 독자 대중과 소통할 수 있는 플랫폼 채널을 통해 독자 대중이 기사 작성에 참여하고 언론사의 콘텐츠 생산과정 전반에 적극적으로 기여하는 저널리즘이 진정한 데이터 저널리즘이라고 할 수 있다. 얼마 전 방한한 영국 「가디언」지의 데이터 저널리즘 편집장 사이먼 로저스(Simon Rogers)는 데이터의 개방화, 투명화가 데이터 저널리즘이고, 독자의 참여를 유도하며 뉴스룸에 많은 참여자-전문가를 활용해야 한다고 강조한 바 있다.

이제는 오픈 데이터의 시대이자 오픈 데이터 저널리즘의 시대이다. 미디어는 더 이상 데이터를 독점하거나 일방적인 정보 전달을 하는 것이 아니라 인터넷을 통해 누구든지 참여하고 자신의 의견을 표명할 수 있다. 단지 대중이 온라인으로 자신의 의견과 자료를 올리는 것에 그치지 않고 디자이너나 개발자와 함께 협력하여 양방향성의 결과물을 만들어내고 그 결과물을 산업에도 적극 활용할 수 있어야 한다. 그러한 콘텐츠의 생산-유통-소비-재생산의 선순환구조가 데이터 저널리즘의 핵심 전략이다. 저널리즘은 바로 이런 오픈 플랫폼을 구축하는 것이고 그런 개방형 플랫폼이 데이터 저널리즘이다. 데이터 저널리즘의 오픈형 개방화 움직임은 공개된 방대한 자료 분석에 독자들을 참여하게 함으로써 전통적 미디어에서 배제된 대중의 역할을 적극적인 참여로 탈바꿈화시키면서 미디어의 새로운 역할을 마련해나가고 있다. 궁극적으로 데이터 저널리즘은 대중의 참여를 끌어들이며 독자의 참여와 협력의 플랫폼을 제공하여 건전한 미디어의 생태계를 조성해야 한다.

이러한 환경 변화에 따라 빅데이터 시대의 저널리스트들은 플랫폼을 통해 좋은 스토리를 전달해주어야 한다. 데이터 저널리즘은 하나의 스토리텔링 방법이고, 그것은 궁극적인 일정한 형태를 갖춘 최종 상태라기보다 하나의 과정이다. 스토리텔링을 통해 데이터 너머의 이야기를 뽑아내야 하고 스토리를 통해 새로운 가치를 창출하는 과정인 것이다. 데이터 저널리즘은 저널리즘이 더 이상 편집이나 전통적인 기사 형식에 얽매여 있기보다 그것을 뛰어넘어 메시지가 가장 효과적으로 전달되는 방법을 제시하고 있는 것이다. 이제 미래의 저널리즘은 하나의 서비스로 진화하고 있고, 미래 저널리즘은 기자에 의한 계몽적인 차원의 콘텐츠 '생산'이 아닌 대중 및 커뮤니티에 대한 정보 및 지식 전달의 '서비스'로 진화할 것이다. 데이터 저널리즘은 기자와 독자가 동등한 입장에서 서로의 정보를 공유하고 독자도 기사작성에 참여하며 양측이 협력하여 기사라는 스토리(story)를 서로 만들어가는 상호작용적 텔링(telling)의 과정이라고 할 수 있다. 점점 복잡다기해지는 사회 이슈에 대해 기자가 모든 데이터에 대해 전문가가 될 수는 없다. 다양한 독자 중에 특정 데이터를 잘 아는 전문가가 데이터 분석과 기사 작성 과정에 참여할 수 있어야 한다. 앞으로 이런 데이터의 민주화가 미래의 데이터 저널리즘에서 가장 중요한 특징이 될 것이다.

Ⅰ. 데이터 저널리즘의 과거

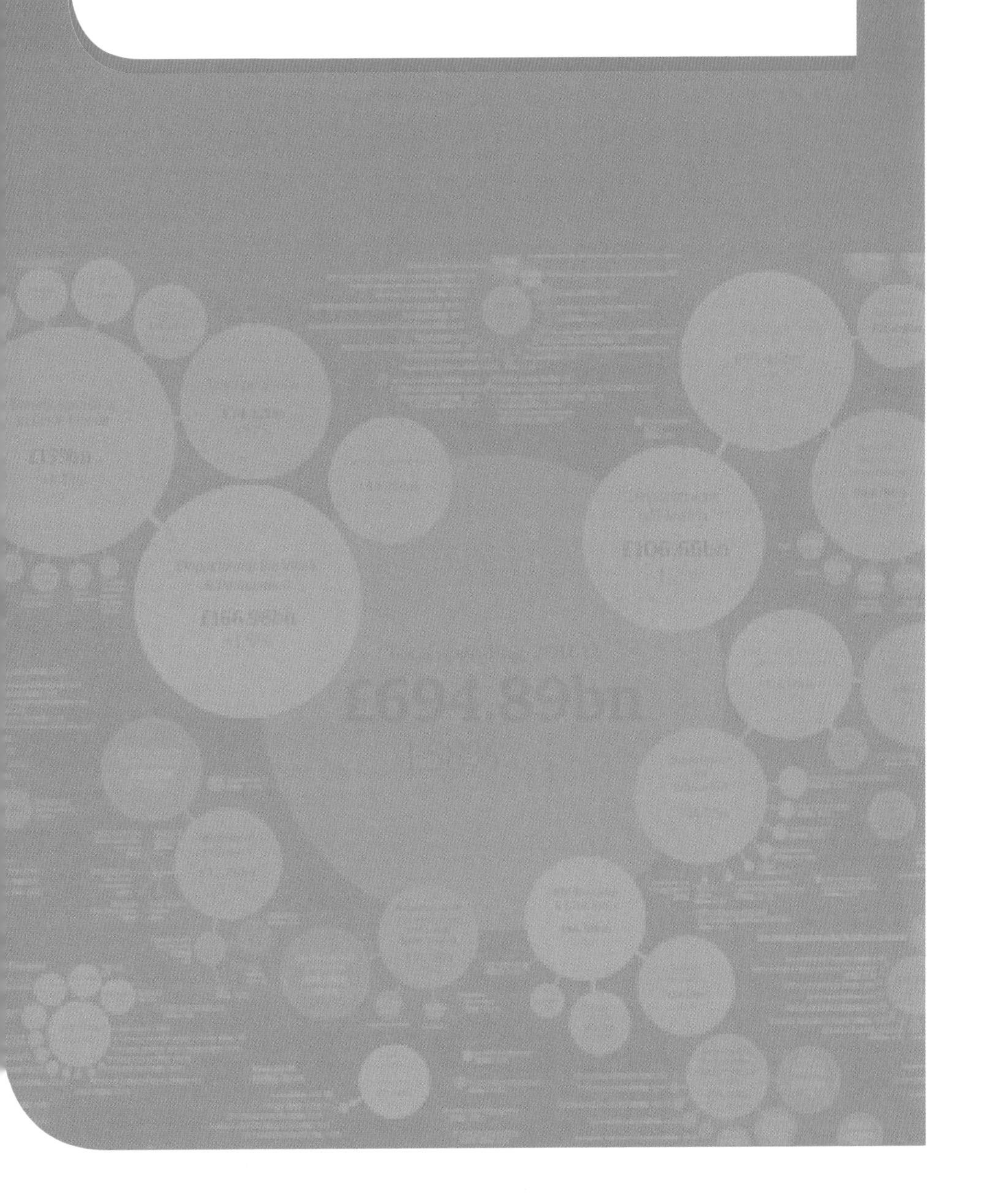

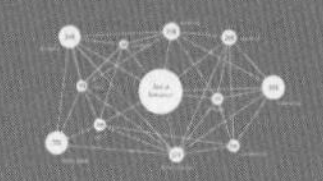

1. 데이터 저널리즘의 역사 및 발생 배경

데이터 저널리즘이 발생하게 된 배경을 알기 위해서는 데이터 저널리즘의 역사를 되짚어볼 필요가 있다. 『데이터 저널리즘 핸드북(The Data Journalism Handbook)』(Chambert & Gray, 2012)에 따르면, 가장 먼저 보도를 하는 데 있어서 데이터를 사용한 기록은 현재 영국의 대표 신문 「가디언(The Guardian)」지의 예전 이름인 「맨체스터 가디언(The Manchester Guardian)」까지 거슬러 올라간다. 1821년에 설립된 이 신문사는 신문을 처음 발행할 당시부터 이미 데이터 저널리즘을 실천해왔었다. 최초의 사례는 맨체스터에서 학교를 다니고 있는 학생의 수와 각 학교당 수업료에 관한 자료를 이용하여 기사 자료를 작성한 것이다. 그 자료는 정부에서 발표한 학생의 수보다 실제로 무료교육을 받고 있는 학생의 수가 훨씬 더 많음을 알 수 있는 데 도움을 준다고 책에선 이야기하고 있다. 또 다른 최초의 사례는 나이팅게일(Florence Nightingale)이 1858년에 작성한 '영국 군인의 사망(Mortality of the British Army)'에 관한 보고서에서 나타난다. 그녀는 의회에 제출한 보고서에서 영국 군인들을 위한 공공 의료 서비스를 개선해야 한다

[그림 3-1] 「가디언」의 최초 데이터 저널리즘 사례와 '영국 군인의 사망'에 관한 보고서

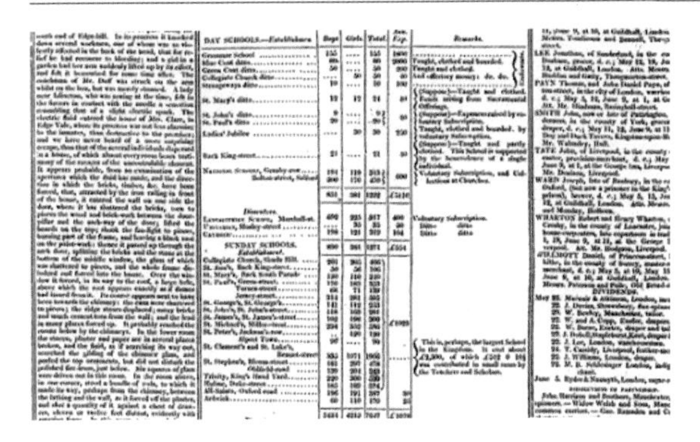

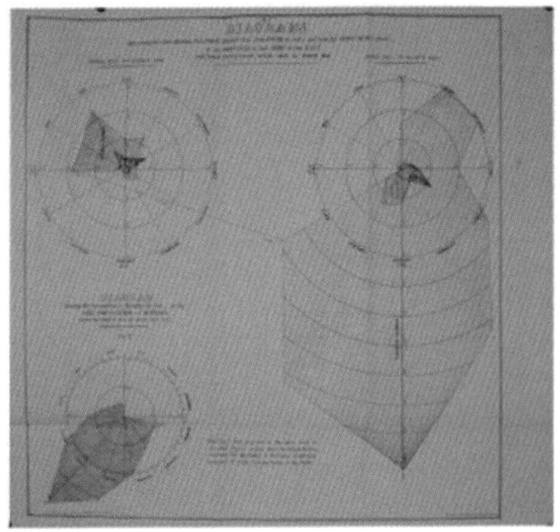

고 주장하기 위해 다양한 그래프와 표를 사용하였다. 가장 유명한 사례는 매달 여러 사망의 유형에 따라 사망자를 보여주는 나선형 모양의 도표이다. 이 도표를 통해 그 당시 영국 군인의 사망은 총상이 아닌 전염병에 의한 경우가 가장 많음을 한눈에 쉽게 전달해주고 있다.

1880년대에 처음으로 허먼 홀러리스(Herman Hollerith)에 의해 컴퓨터가 최초로 발명된 이후로 1940년대 이전까지 컴퓨터는 단순히 수학적 계산을 하는 기계일 뿐이었다. 하지만 1940년대 이후 컴퓨터의 기능이 훨씬 더 좋아지고 1950년에는 처음으로 어셈블리 언어(Assembly Language)가 발명되면서 컴퓨터를 더욱 다양한 용도로 사용할 수 있게 되었다. 이러한 컴퓨터의 활용 및 기술적 발전은 비즈니스뿐만 아니라 전반적인 산업에 컴퓨터를 광범위하게 사용하려는 움직임으로 이어지게 되었다. 저널리즘 역시 이러한 흐름을 따를 수밖에 없었는데, 결정적으로 저널리즘에 컴퓨터를 이용하게 된 사건은 1952년에 있었던 드와이트 아이젠하워(Dwight Eisenhower)와 애들레이 스티븐슨(Adlai Stevenson)의 미 대통령 선거였다. 당시 선거 상황은

예측이 불가능할 정도로 우열을 가리기 힘든 상황이었다. CBS에서는 프로그램을 짜서 컴퓨터를 통해 아이젠하워가 선거에서 이길 것이라고 선거 결과를 예측하였다.

그 이후 컴퓨터의 활용이 늘어나기는 했지만 보도를 위해 데이터를 분석하는 컴퓨터의 역할은 아주 미미한 수준에 불과하였다. 노스캐롤라이나 대학교(University of North Carolina)의 교수로 재직 중인 필립 메이어(Philip Meyer) 교수는 1967년에 있었던 디트로이트 폭동(the Detroit riots)에 대한 보도를 위해 미국 흑인들을 대상으로 설문조사를 실시하고 그 결과를 분석하였다(Reevy, 1996). 그 결과, 예상한 가설과 다르게 고등학교를 중퇴한 사람들뿐만 아니라 대학교를 다니고 있는 사람들 역시 폭동에 가담하는 경향이 나타난 것을 발견할 수 있었다. 이 사실을 발견함으로써 메이어는 퓰리처상(Pulitzer Prize)을 수상하게 되었고, 동시에 컴퓨터를 통한 보도(그 당시에는 이러한 방법을 데이터 저널리즘 대신에 '컴퓨터 활용 취재(Computer Assisted Reporting, CAR)' 혹은 '컴퓨터를 사용한 저널리즘'이라 불렀다)의 시작점을 알리는 신호탄이 되었다(Cox, 2000).

메이어는 컴퓨터를 통한 데이터 분석으로 보도의 정확성을 높일 수 있는 방법에 대해 깊게 연구하기 시작하였다. 중요한 점은 비록 그가 컴퓨터를 통해 데이터를 분석했을지라도, 그의 방향은 데이터 분석의 정확도를 높여줄 수 있는 프로그램의 개발이 아니라 사회과학적 방법론을 통해 어떻게 저널리즘을 발전시킬까에 대한 고민이었다. 좀 더 과학적으로 저널리즘에 접근할 수 있는 방법을 모색하기 위해 노력한 그는 1973년 과학적 방법을 통한 저널리즘을 가리켜 '정밀 저널리즘(Precision Journalism)'이라 불렀고 그에 대한 책 역시 출판하는 데 이르렀다(Cohen et al., 2011). 비록 컴퓨터 활용 취재든 정밀 저널리즘이든 세부적으로 조금씩 그 속에 담겨진 의미와 방향에서 차이를 보이지만, 두 가지 모두 보도의 향상을 위해 데이터를 사용하는 것에는 이견이 없어 보인다.

지금까지 살펴본 데이터 저널리즘의 역사적 흐름들을 살펴보면, 나이팅게일의 '영국 군인의 사망' 보고서에 사용한 그래프와 컴퓨터 활용 취재, 정밀 저널리즘 모두에서 공통적인 속성이 나타나고 있다. 그것은 바로 객관적 데이터의 사용과 이해가 쉬운 정보의 전달이다. 데이터 저널리즘 발생 배경은 바로 이들 문맥과 동일하다고 볼 수 있다. 오늘날, 인터넷 매체의 발달로 인하여 다양한 사건 · 사고들은 독자들의 제보와 전화, 블로그, 소셜 네트워킹 서비스(Social Networking Service), 댓글, 각종 콘텐츠 사이트 등 다양한 출처를 통해 전달된다. 때론 이렇게 다양한 채널들에서 전달되는 이야기들은 하나의 실타래처럼 모두 엮여 하나의 이야기로 만들어지기도 한다. 그런데 그렇게 전파된 내용이 허위 사실이거나 사실의 왜곡된 일부분일 경우, 그 여파는 언론사뿐만 아니라 정보를 전달받는 모든 이들에게 미칠 것이 자명하다. 그렇기에 현시대는 과거보다 주변에 산재된 엄청난 데이터

[그림 3-2] 데이터 저널리즘의 발전

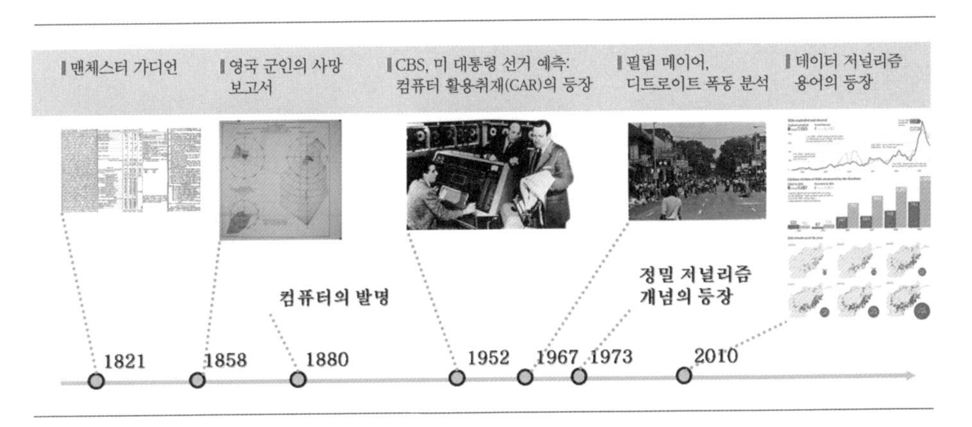

를 분석하여 객관적이고 정밀한 보도를 해야 하는 당위성이 더 커지고 있다.

소수지만 저명한 몇몇 저널리스트들은 이미 우리 주변에서 발생하는 사건들에 대해 데이터가 더 깊은 통찰력을 가지는 데 도움이 될 수 있는지, 그리고 그것이 어떻게 우리에게 영향을 미칠지 끊임없이 고민하며 의견을 내놓고 있다(Chambert & Gray, 2012).

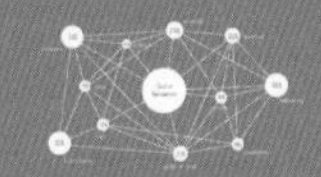

2. 데이터 저널리즘의 국내외 동향

1) 국외의 환경 및 동향(주요 선진국 및 기타 국가 조사)

해외 각국에서 데이터 저널리즘의 현황을 보다 자세히 알아보기 전에, 데이터 저널리즘 시상식(Data Journalism Awards, DJA)에 대해 먼저 소개한다. 데이터 저널리즘 시상식은 전 세계 데이터 저널리즘 분야에서 훌륭한 작품들을 선발하는 첫 번째 국제 대회이다. 이 대회는 비정부기구인 글로벌 에디터 네트워크(Global Editors Network, GEN)에 의해 조직되었으며 구글(Google)의 협찬을 받고 있다. 2012년 첫 번째 시상식을 시작으로 2013년 행사는 6월에 치러져 72편의 후보 작품 가운데 7편이 수상작으로 선정되었다. 데이터 저널리즘 시상식에 출시된 작품들을 제작한 단체들은 이미 데이터 저널리즘 분야의 선두주자들이라 할 수 있기 때문에, 여기에 출시된 작품들을 통해 어떤 단체 혹은 어떤 나라가 데이터 저널리즘 분야를 개척해나가고 있는지 알 수 있는 좋은 지표가 된다.

[그림 3-3]을 보면 알 수 있듯이, 후보작과 작품을 제출한 기관을

[그림 3-3] 2013 데이터 저널리즘 시상식 관련 국가별 자료

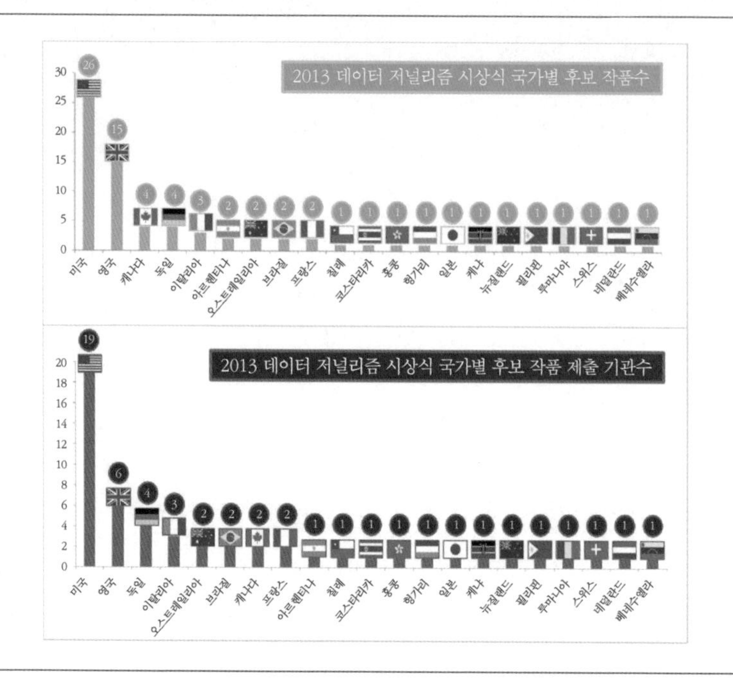

최다 보유한 국가는 미국이다. 하지만 영국의 경우, 작품을 제출한 기관은 6개이지만 후보작으로 지목된 작품의 수는 15개로 기관의 수에 비해 훌륭한 데이터 저널리즘의 수준을 보이고 있는 것으로 나타났다. 그것은 아마 데이터 저널리즘이라는 용어를 처음으로 사용한 기관이 영국에서 나온 만큼, 데이터 저널리즘의 장점을 잘 알고 일찍부터 발전시켜왔기 때문이 아닐까 추측된다. 실제 7편의 수상작 가운데 영국은 2편을 보유하게 되면서 프랑스와 함께 데이터 저널리즘에 있어 강한 면모를 보여주고 있다(참고로 그 외 수상작으로 미국과 홍콩, 아르헨티나의 작품들이 하나씩 선정되었다). 위의 자료에 기반을 두어 데이터 저널리즘을 잘 이용하고 있는 주요 국가 및 기관들을 소개하고자 한다.

(1) 영국

앞서 언급했듯이 데이터 저널리즘이란 용어를 처음 사용하였고 현재 데이터 저널리즘의 가장 선두에 선 나라는 다름 아닌 영국일 것이다. 그 가운데에서도 데이터 저널리즘을 가장 잘 활용하고 있는 기관은 바로 「가디언」지의 데이터블로그(The Guardian Datablog)이다. 그들은 스포츠부터 대중문화 및 정부의 회계감시까지 다양한 주제를 다루고 있다. 위키리크스(Wikileaks)가 수십만 건의 비밀 정보를 한꺼번에 공개하자, 「가디언」은 공개 자료 내 몇 개의 키워드 검색을 통해 데이터베이스를 구축하고 이를 바탕으로 데이터를 의미 있는 정보와 지식으로 변환하는 작업을 수행했다. 「가디언」의 모든 기사들은 독자들이 기사와 관련된 데이터를 받아볼 수 있게 데이터를 공개해놓고 있다. 영국이 이렇게 데이터 저널리즘이 발전할 수 있었던 이유는 영국 정부가 일찍이 오픈 데이터를 위한 투자를 늘려서 데이터 저널리즘이 발전할 수 있는 환경을 조성하는 데 도움을 주고 있기 때문이다. 2012년 6월에 영국의 국무조정실은 'data.gov.uk' 사이트를 다시 새롭게 선보이면서 오픈 데이터 백서를 발표하였다(Howard, 2012a). 이러한 정부의 움직임은 데이터 저널리즘의 역할을 더욱 강조하면서 영국이 데이터 저널리즘 분야에서 앞서나갈 수밖에 없는 밑거름을 만들어주었다. 대표적인 영국의 데이터 저널리즘 사례는 다음과 같다.

- 영국 가디언 사례: 영국 국회 의정비 사건(Rogers, 2010)

텔레그래프 그룹(현 Telegraph Media Group)에 의해 처음으로 폭로 된 2009년 영국 의정비(MP Expenses) 남용 보도는 전 영국 사회를 충격에 빠뜨렸으며, 정치권을 향한 영국 국민의 신뢰도를 떨어뜨리는 계

[그림 3-4] 「가디언」의 영국 의정비 사건을 한눈에 보여주는 인포그래픽

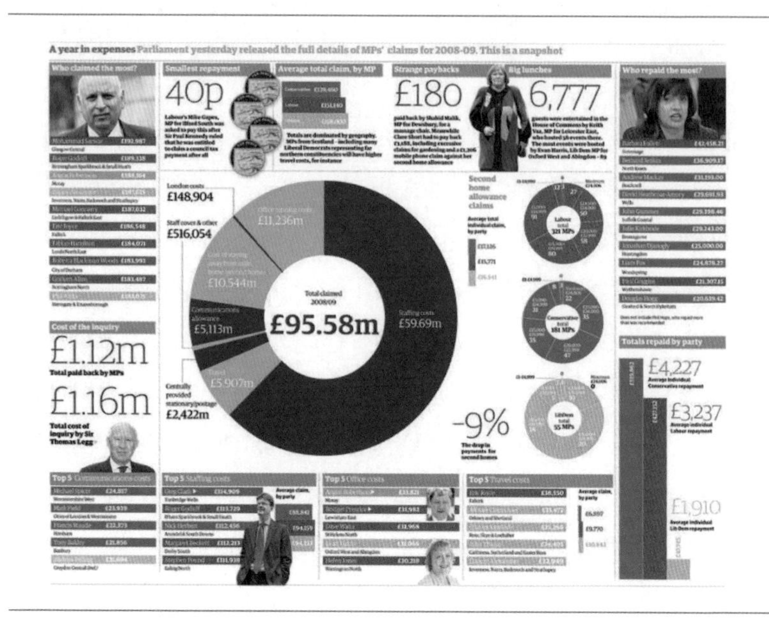

기가 되었다. 「가디언」은 이 데이터와 함께 의원들이 사용한 돈에 대한 증거를 확보하기 위해 시민들의 참여를 독려하였고, 그 결과 약 2만 8,800명의 지원자들을 모집할 수 있었다. 「가디언」은 이들을 실제 조사과정에 참여하게 하고, 실제 증거를 확보할 수 있는 데이터에도 접속할 수 있게 하였다. 이들의 노력으로 결국 약 22만 5,000 건의 문서를 검토할 수 있었고, 의원들이 의정비를 어떻게 남용했는지 밝힘으로써 부패한 영국 정치계의 모습을 정확히 보여줄 수 있었다.

- 영국 가디언 사례: 정부 부처별 지출 2011-12(Rogers, 2012)

2012년 「가디언」은 각 부처별로 2011년부터 2012년까지 정부 지출에 관한 데이터를 항목별로 상세히 분석하였다. 그 결과 영국 정부

[그림 3-5] 「가디언」의 정부 부처 지출을 소개하는 인터랙티브 그래픽과 데이터

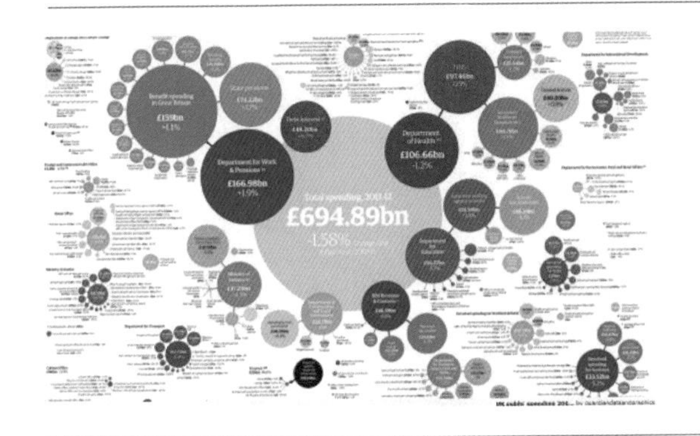

Spending by UK government departments
Click heading to sort table. Download this data

Department/ organisation	2010/11, £bn	2011/12, £bn	% change including inflation
TOTAL SPENDING	**689.63**	**694.89**	**-1.58**
Department for Work and Pensions (DWP)	160.08	**166.98**	1.88
Department of Health (DH) [See note]	105.45	**106.66**	-1.2
Department for Education	58.28	**56.27**	-5.7
Debt interest payments	43.30	**48.20**	8.73
HM Revenue and Customs (HMRC)	45.78	**46.59**	-0.61
Ministry of Defence (MoD)	38.12	**37.25**	-4.65
DEVOLVED SPENDING SCOTLAND	34.53	**33.52**	-5.18
Communities and Local Government (CLG)	37.60	**32.73**	-14.98
Department for Business, Innovation and Skills	22.63	**21.34**	-7.9
DEVOLVED SPENDING WALES	15.87	**15.00**	-7.64
Department for Transport (DfT)	12.34	**12.73**	0.82
DEVOLVED SPENDING NORTHERN IRELAND	10.32	**10.33**	-2.2
Home Office (HO)	10.43	**10.10**	-5.41

의 긴축정책으로 줄어든 대규모의 지출이 과연 사회적 우선순위대로 효율적으로 집행되었는지 한눈에 볼 수 있었다. 이러한 분석이 가능했던 주요인으로는 정부의 투명한 데이터 공개로 인하여 부처별로 지출액에 관한 데이터 수집이 가능했기 때문이다. 독자들은 상호작용이 가능한 그래픽을 보며 부처별 지출 규모를 한눈에 파악할 수 있을 뿐만 아니라 스프레드시트 형식으로 공개된 데이터를 통해 원 데이터에 접근하여 자신이 직접 데이터를 분석해볼 수 있는 기회를 가질 수도 있다.

- 영국 BBC 사례: 영국 사회적 계층 계산기(BBC Lab UK, 2013a)

대체로 전통적인 사회적 계층은 상류, 중류, 하류층이라는 단순한 세 가지 구조로 분리되었다. 하지만 BBC는 전통적인 사회적 계층은 21세기 영국의 모습을 보여주기에 한계가 있다고 판단하고 저명한 대학의 사회학을 전공하는 교수들과 함께 21세기형 사회적 계층을 나눠보았다(Herrmann, 2013). 현대인들의 경우, 수입이나 직업과 같은

[그림 3-6] 가디언의 올림픽 비용 보도를 한 눈에 보여주는 인포그래픽

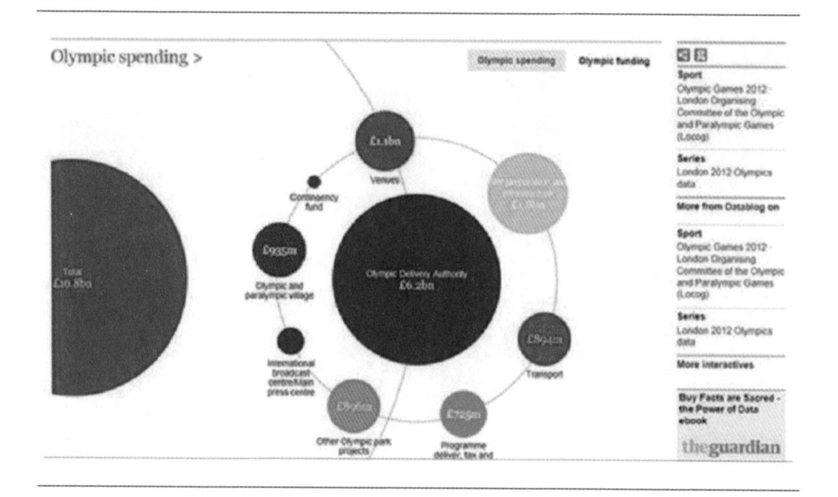

경제적 자본을 기준으로 자신의 계층을 짐작하는 모습을 많이 보인다. 그러나 BBC와 교수들은 계층을 나누기 위해서는 경제적 자본 이외에도 문화적·사회적 자본이라는 추가적인 기준이 필요하다고 주장하였다. 그리고 이러한 기준을 가지고 다양한 계층에 걸쳐서 영국에 사는 16만 1,458명의 주민들을 대상으로 설문조사를 시행하여 자료를 수집하였다. 이렇게 수집된 자료들을 갖고 프랑스의 유명한 사회학자 피에르 부르디외(Pierre Bourdieu)의 이론을 빌려 7단계 계층으로 나누었다(BBC Lab UK, 2013b).

BBC의 자료는 사용자들에게 자신들의 서비스를 제공함으로써 사용자들이 직접 경제적·사회적·문화적 자본에 관한 간단한 설문을 통해 자신의 계층을 알 수 있게 하였다. 하지만 더 중요한 것은 자신의 계층을 아는 것보다 새로 분류된 7개 계층의 특징이 현재 영국 사회의 모습을 잘 보여준다는 데 그 의의가 있다. BBC의 이 사례는 전

[그림 3-7] 영국 BBC의 21세기형 사회적 계층 계산기 결과

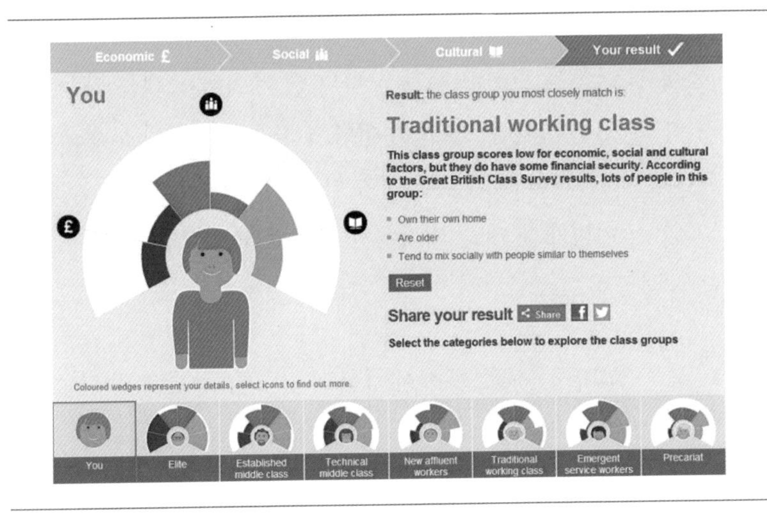

통적인 사회적 계층을 넘어서 현재 사회에 적합한 사회적 분류에 따라 정책적 지원이 어떻게 이루어져야 할지를 시사해주고 있다. 영국 BBC의 이 계층 계산기는 신문사가 데이터 저널리즘을 통하여 단순한 보도를 넘어 저널리즘이 앞으로 어떻게 나아가야 하는지를 보여주는 사례라고 할 수 있다.

(2) 미국

정부 차원에서 데이터를 개방하는 데 적극적으로 앞장섰던 것은 비단 영국뿐만이 아니다. 영국보다 4개월 먼저 정부 차원에서 데이터를 공개한 미국은 양질의 정보 서비스를 위한 기회를 창출하려고 노력하였다. 그 중에서도 시카고와 뉴욕이 오픈 데이터를 실천하는 데 많은 노력을 기울인 대표적인 사례라 할 수 있는데(Howard, 2011b; 2011c),

두 도시 모두 지방 정부에서 보유하고 있는 정보를 공개하여 사람들이 거기에 접근할 수 있도록 도우려는 계획을 일찍부터 세워왔었다. 이를 통해 정부 혹은 도시 자체가 하나의 큰 데이터 플랫폼으로서 기능하려 하고 있다. 저널리스트들은 이렇게 공개된 데이터에 접근하여 더 객관적인 이야기를 시민들과 함께 만들어갈 수 있는 방안을 모색하게 되었다. 이렇게 공개된 데이터의 중요성을 인식하고 데이터 저널리즘을 성공적으로 발전시켜나간 미국의 사례들을 소개한다.

- 미국 「가디언」 사례: 동성애자들의 권리(Guardian Interactive Team, 2012)

미국 「가디언」 인터랙티브 팀(Guardian US Interactive Team)은 데이

[그림 3-8] 미국 「가디언」의 동성애자들의 권리에 관한 인포그래픽

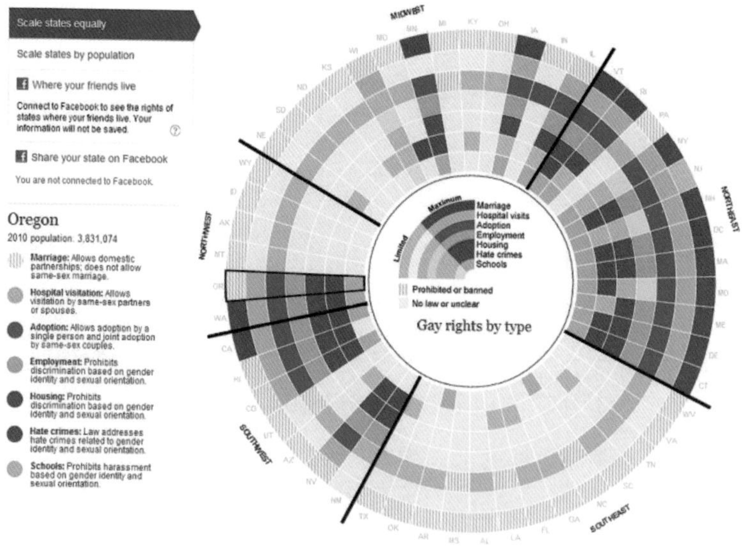

터 저널리즘을 통해 다양한 측면에서 동성애자들의 이슈를 다루고 있다. 지금까지의 정치적 담론들은 동성애자들 간의 결혼이라는 부분을 통해서만 동성애자들의 삶의 질을 결정하는 것처럼 보여왔다. 미국 「가디언」 인터랙티브 팀은 동성애자들을 둘러싼 결혼 이외에도 병원 방문권(Hospital visitation), 입양(Adoption), 주택(Housing), 취업(Employment), 학교 폭력(School bullying)이란 이슈들에 대해 법적인 제도가 얼마나 마련되어 있는지를 다루었다. 그들은 위의 이슈들에 대한 모든 법적 판례 자료를 보유한 인권 캠페인(Human Rights Campaign, HRC)으로부터 받은 자료를 최근 사실의 반영이 필요한 부분에 대해서만 일부 수정한 후에, 주 단위로 각 이슈에 대한 제도 마련 현황을 정리하였다(Cage, 2012).

- 미국 라스베가스 썬 사례: 'Do No Harm'

2010년에 썬 신문사는 3,600건 이상의 예방할 수도 있었던 부상과 감염, 수술 사고 등을 보여주는 290만 개 이상의 병원 장부들을 조사하였다. 공식적인 절차를 통해 병원으로부터 데이터를 얻을 수 있었으며, 병원의 실수로 인해 환자들이 사망한 경우를 300건 이상 발견하였다. 그들은 이 자료를 시각화하여 언제 그리고 어느 병원에서 수술로 인한 부상이 발생했는지, 병원별로 감염이 어떻게 퍼졌는지를 독자들이 상호적인 기술들을 통해 직접 다양한 관점에서 사건에 대해 접근할 수 있도록 하였다. 뿐만 아니라 이 기사는 실제로 네바다 주의 입법부가 그 사건에 대한 여섯 가지 관련 법안을 만드는 데 큰 기여를 하였다. 이 사건을 조사한 여러 저널리스트 중의 한 명은 기사를 통해 밝혀진 병원의 실수를 미연에 방지하기 위하여 관련 자료들을 병원과 주 정부에 수차례 보내기도 하였다.

[그림 3-9] 미국 썬 신문사의 Do No Harm 사례

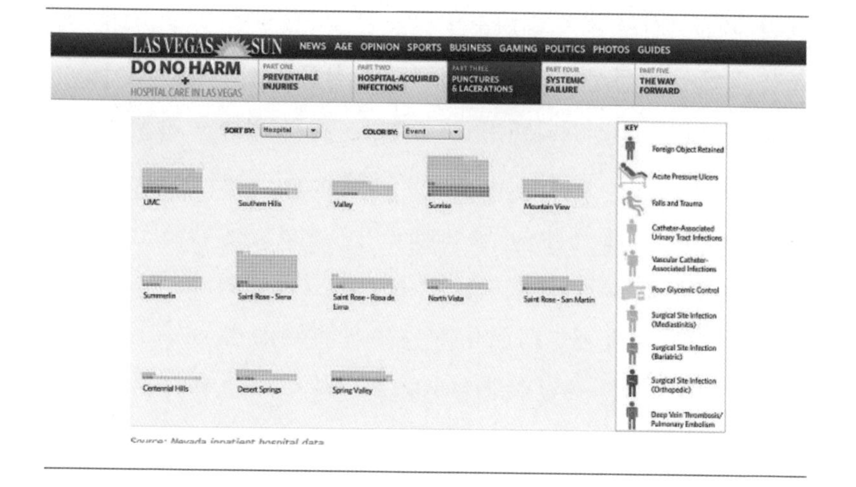

- 미국 스크립스 하워드 뉴스 서비스 사례: 살인 미스터리

살인 미스터리 프로젝트는 스크립스 하워드 신문사의 톰 하그로브(Tom Hargrove)에 의해 진행되었다. 그는 정부에 공적 기록을 요청하여 미해결로 남은 18만 5,000건 이상의 살인 사건에 관한 자료를 수

[그림 3-10] 미국 스크립스 하워드 뉴스의 살인 미스터리 보고서 표지와 내용

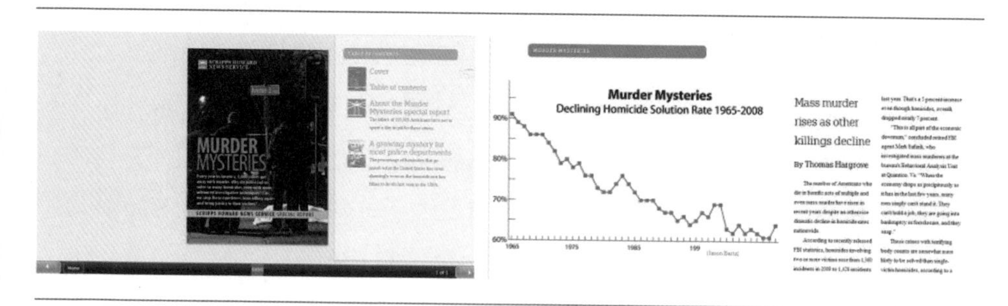

집하였다. 그런 후에 연쇄 살인범의 존재를 밝힐 패턴을 찾기 위한 알고리즘을 설계하였다. 이 보고서는 정부가 보유한 자료보다 더 많은 의미를 함축하고 있을 뿐만 아니라 사회과학적 기술을 사용한 뛰어난 분석의 사례로 소개되기도 한다. 독자들은 그가 만든 프레젠테이션을 통해 그들이 원하는 자료를 참고할 수 있다.

(3) 프랑스

미국이나 유럽 국가와는 달리 프랑스는 정부가 오히려 자료를 개방하는 데 소극적인 자세를 보여왔었다. 실제로 프랑스 정부가 국가 자료에 접근할 수 있도록 포털을 만든 것은 2012년부터이다(Summerson, 2012). 그럼에도 불구하고 비주류 혹은 독립적 기관들에 의해 데이터 저널리즘이 발달하기 시작하여 지금은 매우 수준 높은 위치에 있다. 프랑스 출신의 저명한 데이터 저널리스트 니콜라 카이저 브릴(Nicholas Kayser-Bril)은 저널리즘++(Journalism++)를 창립하여 데이터를 이용해 더 많은 이야기를 만들 수 있는 데이터 저널리스트들 간의 네트워크를 만드는 데 큰 역할을 하였다. 뿐만 아니라 위키리크스(Wikileaks)와 가까운 협력 관계를 맺고 있는 것으로 유명한 OWNI(owni.fr)는 독립적인 프랑스 데이터 저널리즘 웹사이트를 운영하면서 데이터 저널리즘의 발전에 많은 공을 세우고 있다. 주류 언론사들에 의한 전체적인 데이터 저널리즘의 성장은 매우 둔하지만, 몇몇 앞서나가는 매체 혹은 사람들에 의해 프랑스는 데이터 저널리즘 부분에서 상당한 수준을 보이고 있다.

[그림 3-11] 예술 시장을 분석한 프랑스 'Quoi?'의 인포그래픽

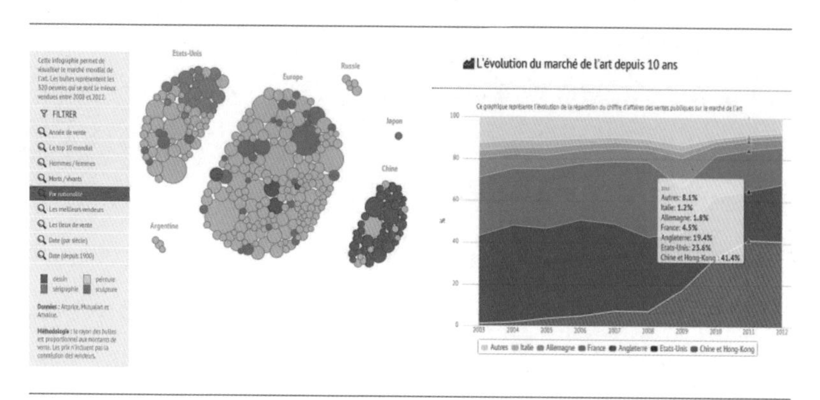

- 프랑스 'Quoi?' 사례: 죽은 사람들을 위한 예술 시장(Quoi, 2013)

보통 데이터 저널리즘이 다루는 주제가 사회적·정치적·경제적 주제라면 'Quoi?'는 예술 시장이라는 문화적 주제를 다루었다. 데이터 저널리즘이 다룰 수 있는 범위의 확장이라는 점에서 'Quoi?'의 사례는 큰 주목을 받게 되었다(Filloux, 2013). 'Quoi?'는 세계 예술 시장에서 가장 돈을 많이 버는 예술가들은 이미 죽은 사람들이라는 점을 이야기하고 있다. 그리고 그 이유에 대해서도 멋진 인포그래픽을 통해 설명하고 있다. 뿐만 아니라 중국 출신 예술가들이 예술 시장에서 갑작스러운 성장을 보이고 있음을 자료를 통해 잘 보여주고 있다.

- 프랑스 WeDoData 사례: 프랑스 남성과 여성의 임금 차이

WeDoData는 빠른 그래픽 처리와 설문조사를 통해 프랑스 사회 남성과 여성의 임금 차이를 데이터 저널리즘으로 보여주고 있다. 이들은 프랑스의 통계청인 INSEE(institute national de la statistique et des

[그림 3-12] 프랑스 남성과 여성의 임금 차이에 관한 인포그래픽

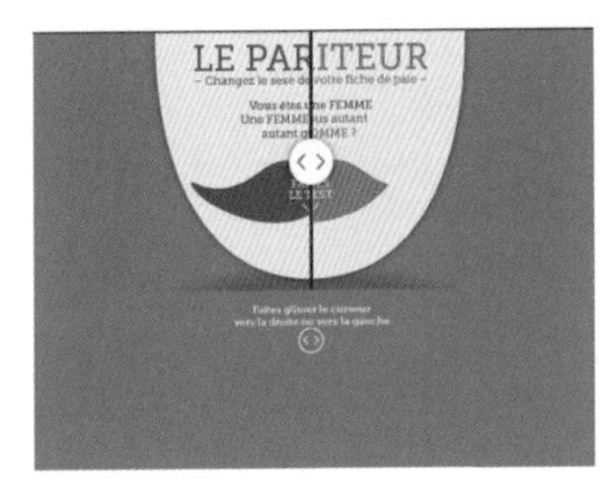

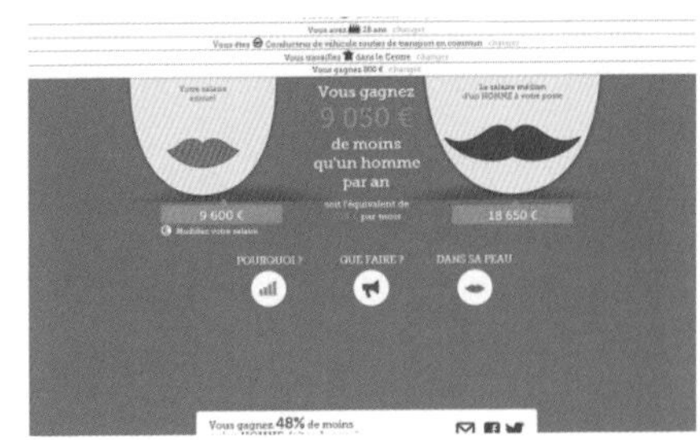

études économiques)로부터 지역별, 성별, 회사별로 모든 자료들을 수집하여 직접적인 결과를 보여주기보다는 사용자들이 직접 자신의 데이터를 입력하고, 자신의 것과 그에 해당하는 분류의 중앙값을 비교할 수 있도록 하였다. 이를 통해 사용자는 자신의 입장에서 그 자료들을 바라보면서 사회 문제를 자연스럽게 지각할 수 있다. 또한 그들은 데이터와 그래픽의 적절한 조화를 통해 사회의 성평등에 관한 이슈를 재미있게 이야기하고 있다. 이 사례는 복잡한 그래픽과 자료를 쓰지 않더라도 사용자들이 쉽고 재미있게 사용할 수 있는 인터페이스를 구현하면서 사회 문제를 정확하게 집어낼 수 있는 데이터 저널리즘의 사례를 만들 수 있는 가능성을 보여주고 있다.

(4) 아르헨티나

아르헨티나는 아직까지 정부의 데이터 포털이 없고 정보공개법이 통과되지 않는 나라들 가운데 하나이다. 그만큼 아르헨티나 정부는 데이터에 대해 제한적이고 닫혀 있는 시각을 가지고 있다고 할 수 있

다(Marshall, 2012). 이러한 악조건에도 불구하고 아르헨티나는 2013 데이터 저널리즘 어워드에서 훌륭한 기량을 선보이며 최고의 자리에 서는 영광을 안을 수 있었다. 이것을 가능케 한 주체는 아르헨티나의 대표 신문사 라 나시온(La Nacion)이었다(Dorroh, 2013). 정부의 제한적인 자료 공개에도 불구하고 라 나시온은 그들 스스로 확보한 데이터를 공개하여 많은 사람들에게 이익이 돌아갈 수 있도록 노력하였다. 이들의 노력은 반드시 모든 데이터가 공개되고 그 데이터들을 분석할 수 있는 훌륭한 도구들이 있는 환경에서만 데이터 저널리즘을 실현할 수 있는 것은 아니라는 점을 명확히 보여주고 있다. 즉 데이터에 대한 제한적 접근과 기본적인 소프트웨어의 사용이라는 환경 속에서도 지식과 자료를 공유하여 이야기를 전달하고자 하는 데이터 저널리스트들의 노력이 데이터 저널리즘을 가능하게 한다는 점을 이야기하고 있다. 대표적인 그들의 사례를 보여주고자 한다.

- 아르헨티나 라 나시온 사례: 2004~2013 아르헨티나 상원의원들의 지출

라 나시온 데이터 저널리즘 팀들이 아르헨티나 상원의원들의 지출 데이터를 처음 모으려고 시도했을 당시, 정부에서 공개한 자료는 .pdf 형식이었다. 그렇기 때문에 2004년부터 2013년까지 데이터들의 패턴을 파악하기에는 매우 제한점이 많았다. 그들은 그러한 자료들을 정리하여 상원의원들의 출장 경비가 중복 신청되었거나 허위로 신고된 것들이 많이 있다는 사실을 발견하였다. 이 자료를 통해 과도한 경비 지출이 발견된 아르헨티나의 부통령 아마도 보우도우(Amado Boudou)에 대한 사법 수사가 개시되었다(Jastreblansky, 2013).

[그림 3-13] 아르헨티나 상원의원들의 지출 분석 데이터와 인포그래픽

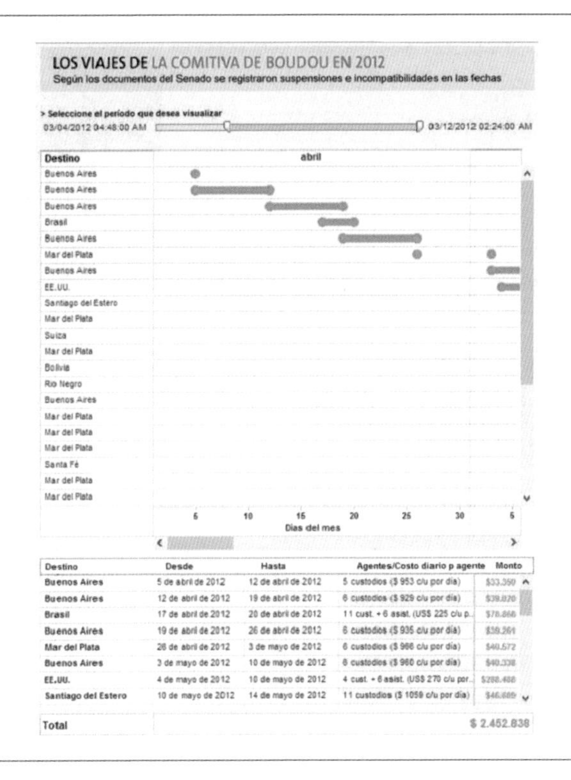

(5) 기타

위에서 언급된 국가 및 기관들 외에도 해외 언론사 중에서 데이터 저널리즘을 비교적 성공적으로 정착시킨 곳은 미국 ABC 방송사와 시카고 트리뷴(Chicago Trubune), 독일의 차이트 온라인(Zeit Online), AP 통신, 영국 BBC 방송사, 블룸버그(Bloomberg), 파이낸셜 타임스(Financial Times), 로스앤젤레스 타임스(Los Angeles Times), 뉴스위크(Newsweek), 일본의 아사히 신문(The Asahi) 등이 있다. 언론사 이외에

[그림 3-14] 해외 언론사 및 NGO, 연구기관들의 데이터 저널리즘 사례

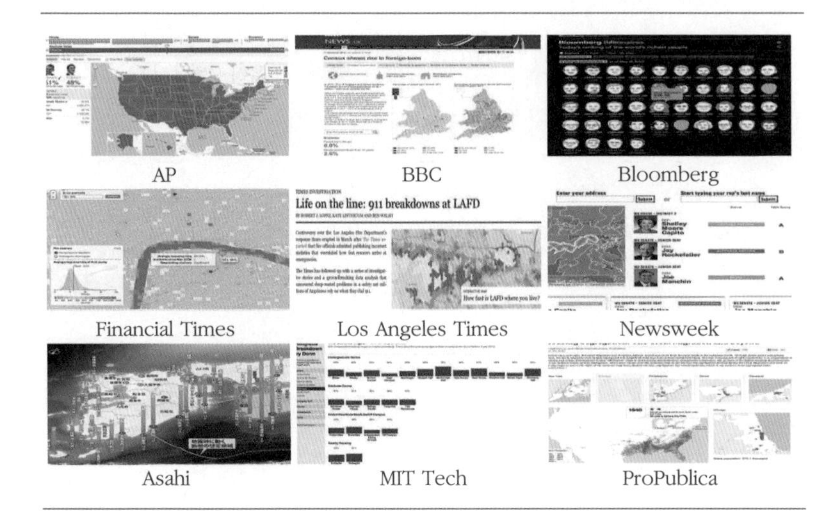

NGO나 연구기관에서도 데이터 저널리즘을 적극적으로 사용하고 있다.

2) 국내의 역사 및 현황

데이터 저널리즘은 데이터베이스 저널리즘(database journalism), 데이터 기반 저널리즘(data-based journalism), 빅데이터 저널리즘(big data journalism), 컴퓨터 활용 취재(Computer Assisted Reporting, CAR) 등으로 불리기도 하며, 특정 주제에 관한 방대한 데이터를 언론 기업이나 일반 대중이 수집, 분석한 내용을 바탕으로 기사 작성과 공표 등 언론 행위를 하는 것을 말한다. 국내에선 데이터 저널리즘을 강화해야 한다는 여러 지적에도 불구하고 언론사들 사이에서는 데이터 저널리즘

[그림 3-15]「제민일보」의 '4·3은 말한다' 기사 자료들

4·3은 말한다

위기 몰린 左派「선택」岐路에

美軍政 탄압강화 西靑핍박 가중

黨지도부「강경파」인물들로 교체

무장훈련 情報 알고도 경찰 조치 안취해

國史교과서 속의「4·3」

왜곡…편파…오류투성이

"북한공산당의 교란작전" 곡필

필자들 本紙의 해명요청에

"4·3연구 못해봤다" 실토

中央지령등 없었다는것이 韓·美학계 定說

고등학교

국 사

을 텍스트 기사 작성을 기반으로 하는 전통적 저널리즘 행위의 보조적인 수단으로 인식하는 경향이 많이 존재하였다. 과거부터 데이터를 기반으로 하는 보도는 탐사보도를 위한 하나의 방법으로 여겨졌을 뿐, 저널리즘 영역에서는 데이터를 통한 보도에 크게 관심을 기울이지 않았다.

국내에서 데이터를 이용한 보도를 하려는 움직임이 일어나기 시작한 것은 1990년대 초반부터이다. 그 가운데에서도「제민일보」의 '4·3은 말한다'라는 보도는 한국에서 데이터를 이용한 저널리즘 가운데 가장 오래된 것으로 받아들여지고 있다(김병철, 2006).「제민일보」는 1988년부터 제주 4·3 사건에 대한 객관적인 사실을 밝혀내기 위해서 대량의 문헌 자료와 증언 자료들을 컴퓨터 데이터베이스 프로그램을 만들어 관리하였다(양조훈, 2011). 이렇게 구축된 데이터베이스를 통해 수많은 자료들을 분석함으로써 데이터 분석을 통한 보도의 위력을

실감케 하였다. 이들의 보도는 지역 사회뿐만 아니라 학계를 놀라게 하였으며, 결국에는 '4·3 특별법'을 제정하는 데 큰 역할을 하였다.

그 이후로 여러 신문사들은 자신들만의 데이터를 구축해 보도하기 시작하였다. 대표적인 예들을 소개하자면, 「조선일보」는 1999년 3월 4일 기사에서 전국 16개 시-도 선관위에 제출된 국회의원들의 후원회 수입 내역을 입수하여 3년간의 정치 자금 변화 실태를 객관적인 시각에서 보도하였다(조선일보 기획취재팀a, 1999). 뿐만 아니라 이 기사에서 「조선일보」는 IMF로 힘든 경제적 상황 속에서도 국회의원들의 후원금이 늘어난 점을 보여주면서 호황을 누리고 있는 국회의원들의 주머니 사정에 대해 이야기하였다(조선일보 기획취재팀b, 1999). 이렇듯 다양한 관점에서 데이터를 들여다보면서 정치인들의 정치 자금과 관련한 이야기를 상세히 보도하였다. 2004년에는 소셜 네트워크 분석(Social Network Analysis, SNA) 기업 사이람과 함께 17대 여야 국회의원들의 교류 및 친분 관계를 분석하여 그 네트워크 안에서 중심 역할을 하는 의원들과 관계 구조에 대해 보도하기도 하였다(신효섭, 2004).

[그림 3-16] 「조선일보」의 네트워크 분석과 「중앙일보」의 GIS를 이용한 분석 사례

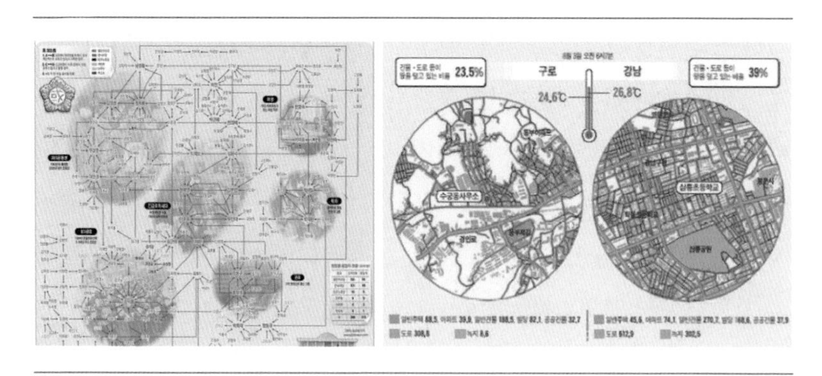

「중앙일보」의 경우, 2004년 지리정보 시스템(Geographic Information System, GIS)을 이용하여 기상청으로부터 입수한 자료 분석을 시도하였다. 그 결과, 서울 내 지역별 기온 데이터와 땅을 덮고 있는 건축물 비율 등의 자료를 토대로 서울에서 벌어진 열섬 현상의 위치와 그 정도 등을 파악하였다(손희성 & 이규연, 2004). 이를 통해 건축물이 땅을 덮는 비율이 높은 지역일수록 열대야 현상이 심하다는 사실을 보도할 수 있었다. 또한 2005년에는 다음커뮤니케이션, 사이람, 서울대 장덕진 교수와 함께 한국의 온라인 사회 지형도를 그려서 네티즌들의 유형을 파악하여 보도하였다. 기사에 따르면, 다음의 개인 미디어(플래닛)를 이용하는 네티즌들은 크게 엘리트형 대중, 아날로그형 대중, 디지털형 대중, 그리고 대중 스타의 네 가지 유형이 존재하고 있는 것으로 분석되었다(양영유, 정용환 & 민동기, 2005).

한국 언론 최초로 정치 후원금을 통해 부산 지역 정치 네트워크를 분석한 지역 일간지 「부산일보」는 지역 언론 중에서 가장 앞서나가고

[그림 3-17] 「부산일보」 탐사보도팀의 SNA와 GIS 활용을 통한 자료 분석

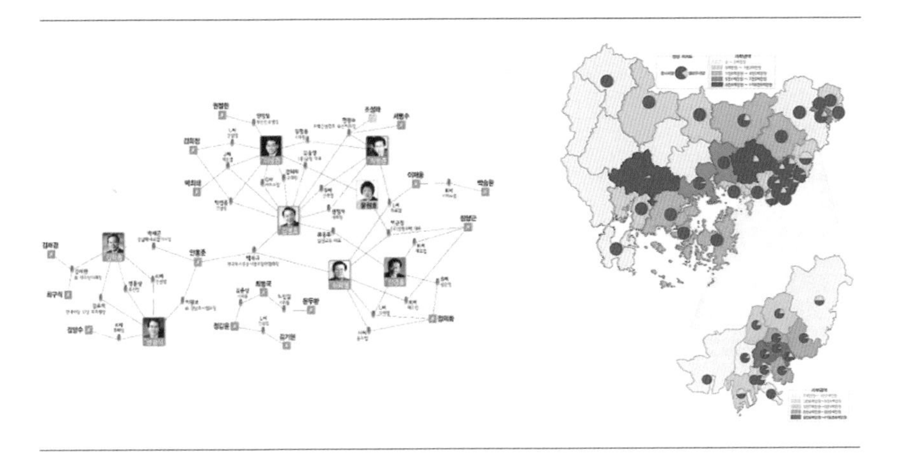

있는 신문사라고 할 수 있다. 2006년 「부산일보」의 탐사보도팀은 다양한 기법들을 동원하여 4건의 탐사보도 자료를 내보냈고, 이를 계기로 제188회 '이달의 기자상'을 수상할 정도로 우수한 기량을 선보이면서 데이터 저널리즘의 가능성을 보여주었다(김종열, 2006). 대표적인 사례들을 소개하자면, 「부산일보」는 중앙선거관리위원회가 구축한 2005년도 정당과 국회의원 후원금 내역에 관한 자료를 입수하여 지역별 정치 역학 구도가 돈의 흐름에서 어떻게 반영될 것인가를 파악하였다(부산일보 탐사보도팀, 2006). 그 결과, 몇몇 후원자들을 제외하고는 많은 수의 후원자들이 자신들의 사업장 혹은 거주지에 소속된 지역의원들을 후원하고 있는 것으로 나타났다. 또한 「부산일보」는 지역별로 후원금을 파악하여 여당의 경우 기부 비율이 농촌으로 갈수록 후원금이 전혀 없는 것으로 나타나, 지역 간 후원금의 양극화 현상이 심각하다는 점을 보도하였다.

2008년 이후로는 인터넷에 많은 데이터들이 축적되면서 인터넷 데이터의 중요성에 관한 목소리가 높아지게 되었다. 인터넷에 있는 데이터들을 수집하여 분석하려는 업체 및 기관들이 점차 생겨나기 시작하면서 자연스럽게 신문사들은 그러한 기관들과 협동하여 보도를 진행하는 경향을 보였다. 그 가운데 「동아일보」는 2008년 11월 영남대학교 박한우 교수의 연구 결과를 인용 보도하기도 하였다. 정치 커뮤니케이션과 웹보메트릭스(webometrics)[1]를 연구한 그는 2007년 제17대 대선을 앞두고 각 전당의 논평에 사용되었던 어휘들을 분석하

---

1 웹보메트릭스란 특정한 학문적 범위에 포함되지 않는 기술적 방법을 이용하여 사회과학적 연구의 목적을 달성하기 위해 양적 방법론을 사용한 웹 기반 콘텐츠에 관한 연구를 의미한다(Thelwall, 2009).

[그림 3-18] 「동아일보」의 17대 대통령 선거 전, 정당들의 논평에 대한 어휘 분석 사례

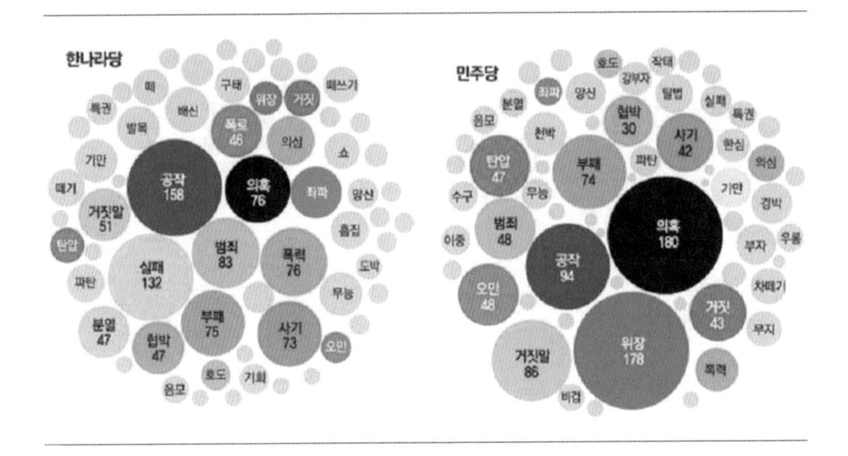

였다. 그 결과, 선진국과 달리 상대방을 무조건 공격하기 위하여 부정적 단어들을 사용하는 한국 정치 풍토를 객관적으로 보여주었다(길진균 & 권혜진, 2008).

「시사IN」은 2011년 소셜 네트워크 분석 전문업체인 트리움과 함께 2004년부터 2010년까지 7년간 박근혜 대통령의 발언들을 분석한 결과를 보도하였다. 그들은 기존 빈도 분석을 통한 연설문 분석 방법론을 극복하고자 네트워크 분석을 통해 담론의 실체를 잡아내기 위하여 노력하였다. 그 결과, 이 기간 동안 박근혜 대통령의 전략은 상대가 누구냐에 따라 다른 프레임을 형성한 것으로 나타났다. 구체적인 예로, 2010년 당시 박근혜 대통령의 브랜드로 인식되었던 '신뢰'는 노무현 전 대통령의 시기에는 등장하지 않았을 뿐만 아니라, 2004년부터 2007년까지 강조해오던 '경제'의 키워드가 대이명박 경선 전략에서는 그 중요도가 매우 감소했다는 것을 보여주었다(천관율, 2011).

이렇듯 여러 신문사에서 데이터를 이용한 보도를 시도했음에도 불

[그림 3-19] 「시사IN」의 2004~2010 박근혜 대통령의 발언 네트워크 분석 사례

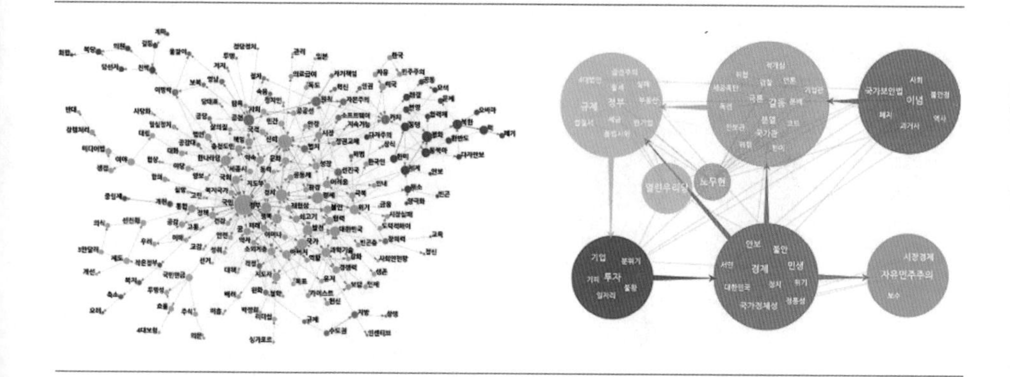

구하고 여전히 한국의 데이터 저널리즘 수준은 자체적인 데이터 저널리즘 팀이 미비하거나 자사가 가지고 있는 기사 자료에 이미지 혹은 플래시(Flash) 등의 그래픽 정보를 연결하는 정도의 아직 걸음마 단계에 머물고 있다. 뿐만 아니라 제한적인 데이터의 사용, 다양성이 결여된 퍼블리싱(Publishing)의 형태, 사용자들의 참여와 소통의 부재 등은 국내 데이터 저널리즘의 현재 수준을 가늠하게 해준다. 최근 인포그래픽(Infographic)을 강화하려는 언론사들이 늘어나고는 있지만, 저널리즘적 성격보다는 디자인과 소프트웨어에 중점을 두는 경향을 보이고 있다. 물론 이렇게 될 수밖에 없는 데에는 데이터의 중요성에 대한 인식의 부재도 있지만 정부 및 언론사 자체의 구조적인 문제가 존재하고 있기 때문이다(최진순, 2010).

여기서 구조적 문제를 조금 더 살펴보면, 데이터 저널리즘에서 분석이 가능한 데이터는 많은 출처에서 수집이 가능하지만 언론사 내부적으로는 자사에 존재하고 있는 자료와 기자들이 일차적으로 수집하고 조사한 자료를 기반으로 삼기 마련이다. 이러한 데이터를 원활하

게 이용하기 위해서는 뉴스룸(Newsroom) 자체를 온전한 디지털 미디어로 전환하는 것이 필수적이다. 하지만 뉴스룸에서 데이터를 관리하는 조사자료부나 데이터베이스부의 역량과 규모는 극히 제한적인 상황이다. 뿐만 아니라 대부분의 뉴스룸 관련 인력이 노령화되어 디지털 숙련도가 떨어지면서 데이터가 가진 잠재력을 충분히 활용해 데이터 저널리즘을 실현하기는 현실적으로 불가능에 가까워 보인다. 현재의 뉴스룸 환경은 대부분 디지털 기술과 인프라 위에서 펼쳐지는데 조직 내부의 구조와 문화는 현실적으로 이를 뒷받침하지 못하고 있는 아이러니한 상황이다.

데이터 저널리즘이 실현되기 어려운 국내 환경을 변화를 꺼려하는 언론사들의 책임만으로 돌리기에는 한계점이 많다. 현실적으로, 생존과 직결된 경제적 문제로 인한 새로운 변화에 대한 좌절감이 데이터 저널리즘이 하나의 패러다임으로 자리 잡는 데 가장 큰 장애 요인으로 작용하고 있다. 전통적 미디어 기업들의 디지털 미디어로의 전환은 새로운 콘텐츠의 발전과 같은 새로운 시도와 노력들을 요구하지만, 생존이라는 문제를 두고 경제적으로 어려움을 겪는 미디어 기업들에 있어 새로운 시도는 오히려 사치라는 인식이 자리 잡고 있다. 오랜 시간 공을 들여 작성한 기사 하나보다 연예인에 관한 폭로 기사 하나가 사람들로부터 더 많은 관심을 받기 때문에 이익을 창출해야 하는 영리 목적의 기업으로선 자원을 많이 들여야 하는 데이터 저널리즘과 같은 영역의 보도를 꺼릴 수밖에 없다.

이러한 악조건에도 불구하고 2011년 연합뉴스의 미디어랩(yonhapnews.co.kr/medialabs)에서 선보인 사례는 한국에서 데이터 저널리즘이 발전할 수 있는 가능성을 보여주고 있다(이정환, 2011). 데이터 수집부터 처리 및 분석에 이르기까지 사용자들이 직접 참여할 수 있고 미디어랩에서 제공하는 웹 기반 오픈 소프트웨어(data.yonhapnews.co.kr)를 통해 데이터의 시각화가 가능하다. 노무현 전 대통령과 이명박 대통령의 신년 연설문을 분석해 어느 단어가 가장 많이 들어갔는지를 비교한 연합뉴스 기사는 데이터 저널리즘을 잘 보여주었다. 이 분석 도구는 연합뉴스 미디어랩 홈페이지에 무료로 공개되어 있어서 다른 언론사 기자들이나 독자들도 분석할 텍스트만 입력하면 다양한 데이터를 뽑아낼 수 있다. 최근에는 트위터 아이디만 집어넣으면 최근 트윗 내용을 분석해 주요 관심 키워드를 뽑아주는 서비스도 공개했다. 또한 정부의 1년 예산안을 분석한 기사에서는 그래프를 통해 전체 예산 대비 항목별 비중을 살펴볼 수 있는 것은 물론이고 마우스를 갖다 대면 세부 항목의 비중과 금액도 확인할 수 있다. 텍스트로 풀어 쓰려면 원고지 30매로도 부족하겠지만 이 그래프는 훨씬 더 풍성한 정보를 훨씬 더 정확하고 효과적인 방식으로 전달한다. 지난 10년 동안 전국 고등학교의 서울대 합격자 수를 나타낸 그래프에는 거의 책 한 권 분량의 방대한 정보가 담겨 있다.

「헤럴드경제」는 2013년 8월에 '헤럴드경제 데이터연구소'를 출범하고 빅데이터 저널리즘을 본격 도입하고 있다. 이 연구소는 2013년 1월부터 경제 전담 기자, 분석 데이터 해석 전문가 등 사내외 7인 TF팀을 구성해 연구소 설립을 추진해왔고 빅데이터 분석을 위한 시뮬레이션과 검증도 수십 차례 거쳤다. 데이터연구소에서 수십조의 데이터를 실시간 분석하여 거시경제부터 생활경제까지 각 경제 영역별 실태와 대안을 제시하기 위해 노력하고 있다. 경제신문으로서 현실 해석력과 예측 가능성을 높일 체감도 높은 데이터의 중요성을 깨닫고 이를 위해 인포그래픽 등을 적극 활용한 비주얼 콘텐츠 페이퍼 전략을 구사하고 있다. 데이터연구소를 통해 빅데이터 경제지표(KOEPI), '마켓센싱' 산업지수인 IMI(Industrial Marker Index) 등을 소개하고, 데이터 저널리즘을 통해 독자들에게 정확한 정보를 제공하는 것은 물론 공공기관 및 지자체, 기업이 정책과 투자를 결정하는 데 도움을 주는 것을 목표로 하고 있다. 또한 「한겨레신문」의 최근 시도도 데이터 저널리즘의 진보를 보여준다. 「한겨레」는 '전두환의 숨겨진 재산을 찾아라' 기획편(김선식, 2013) 기사에서 '전두환 비자금 조성 및 관리 조력자 명단'과 '전두환 친인척 명단', '전두환 일가 재산목록', '전두환 골프장 리스트' 자료를 공개하여 독자들이 직접 참여할 수 있는 기회를 마련하는 크라우드 소싱(Crowd sourcing)을 이용했다. 그 결과, 독자들이 직접 데이터를 분석하고 부족한 데이터가 있으면 자신이 직접 보충하여 전두환의 숨겨진 재산을 찾기 위한 집단 협업을 이끌어내면서 데이터를 이용한 저널리즘을 실천하려는 노력을 보여주었다.

한국에서 데이터 저널리즘 사례를 이야기할 때 빼놓을 수 없는 단체는 바로 한국형 프로퍼블리카(ProPublica)를 표방하는 뉴스타파이다. 2011년 11월에 조직된 뉴스타파는 인터넷 독립 언론으로서 언론 본연의 역할에 충실하며 진실 보도라는 모토로 탐사보도를 지향하는 비영리 탐사보도 매체이다. 최근에 이들이 했던 작업은 국정원의 대선 개입이 SNS상에서 조직적 여론 개입의 형태로 나타났는지 여부를 보도하기 위해 트위터의 데이터를 분석하는 일이었다. 그 결과, 수백 개의 계정들이 특정 시기에 특정한 내용을 담은 메시지들을 만들고 삭제되는 패턴들을 발견하였다. 뿐만 아니라 트위터에서 리트윗(RT) 행위가 일어나는 패턴들을 분석함으로써 10개의 핵심 그룹들이 '댓글 행위'에 참여하고 있음을 발견하였다. 뉴스타파는 한국 언론사로는 유일하게 2013년 10월에 열린 글로벌 탐사저널리즘 컨퍼런스(Global Investigative Journalism Conference, GIJC)에 초대를 받아 국정원 대

[그림 3-20] 연합뉴스의 미디어랩과 「한겨레」의 기사 및 데이터

선 여론 개입을 추적한 보도 사례를 발표하기도 하였다. 뉴스타파의 이러한 노력들은 온라인 저널리즘이 빠르게 정착했음에도 불구하고 데이터 저널리즘을 제대로 실현하지 못하고 있는 한국의 상황에서 데이터 저널리즘의 발전 가능성을 엿볼 수 있는 좋은 사례가 되고 있다.

언론사에서 데이터 저널리즘을 정착시키기 위한 노력을 기울이고 있음에도 불구하고 아직까지 뉴스룸에서 기자와 기술적 지원자들 간의 협업 부족과 새로운 콘텐츠 생성을 위한 투자의 현실적 어려움 때문에 데이터 저널리즘을 실현할 수 있는 의지와 동기가 부족하다고 볼 수 있다. 뿐만 아니라 언론사는 데이터를 얻을 수 있는 정부나 각종 단체들과의 상호 협력과 개방적 정보 플랫폼을 통해 정보를 적극 교류해야 할 필요성이 대두되고 있다. 하지만 디지털 자료들을 이미 많이 보관하고 있는 해외와 달리 디지털 자료를 많이 보관하지 못하고 있는 국내 상황에선 현재 단계에서 데이터를 정리하는 것이 시급하다. 이미 공개된 자료라고 하더라도, 대통령 후보들의 선거 비용과 고위 공직자들의 재산과 같이 권력 감시에 중요하게 사용될 수 있는

자료들은 제한된 열람 기간과 불가능한 저장 및 출력, DB화하기 힘든 이미지 형식의 자료이기 때문에 데이터 저널리즘을 실천하는 데 장애 요소로 작용한다고 지적하였다. 이렇듯 경제협력개발기구(OECD)로부터 공공정보 비공개 범위가 넓고 청렴성이 미흡하다는 지적을 계속해서 받고 있는 한국 정부의 실태(윤광원, 2013)를 감안한다면 데이터 저널리즘을 정착하기 위한 갈 길이 멀게만 느껴진다.

Ⅱ. 데이터 저널리즘의 현재

1. 데이터 저널리즘의 개념

1) 데이터 저널리즘의 정의

과거부터 저널리스트들은 한 사건에 대한 사실을 증명하기 위해서 데이터와 여러 기술들을 이용해왔었다. 사실성은 저널리리스트가 작성한 이야기의 가장 근간이 되는 특징이라고 할 수 있다. 과거에 그들은 통계학자나 과학적 연구물에 이르기까지 전문가들에 의해 분석된 자료들을 인용하여 보도한 경우가 많았다. 물론 컴퓨터 활용 취재(CAR)를 활용한 저널리스트들은 그들 스스로 자료를 모아 분석할 수 있는 기술을 충분히 지니고 있었다. 하지만 컴퓨터 활용 취재는 전반적인 저널리즘을 움직이는 공정 가운데 필요한 하나의 기술일 뿐이지 과정 그 자체가 되지는 못하였다. 컴퓨터 활용 취재와 다르게 데이터 저널리즘은 다양한 데이터를 분석하는 것에서부터 시작하여 그것을 인터랙티브한 결과물로서 사람들이 이용할 수 있게 만드는 저널리즘의 전반적인 과정에 주목한다는 점에서 그 차이점이 존재한다. 즉 데이터 저널리즘은 하나의 결과물 혹은 그 결과물을 만들어내기 위한

[그림 3-21] 저널리즘 영역의 데이터 활용 변화

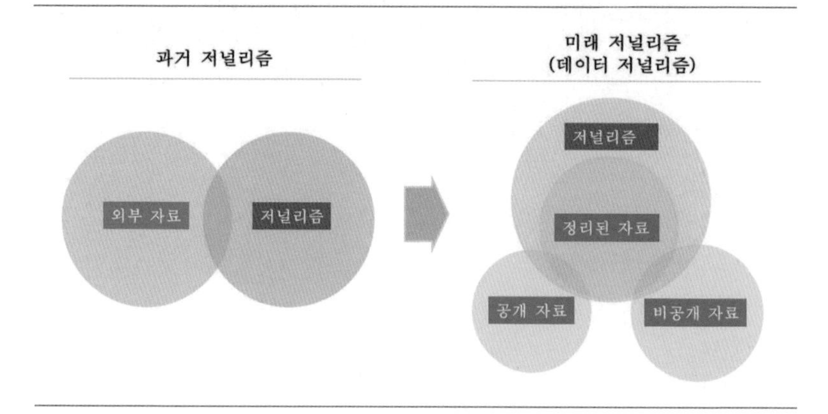

• 출처: Lorenz, 2010

기술보다는 그 결과물을 생산해내는 과정이라 할 수 있다.

데이터 저널리즘을 과정이라는 측면에서 정의한 것들 가운데 가장 힘을 얻고 있는 몇 가지에 대해 여기서 소개하고자 한다. 유명한 저널리스트이자 컴퓨터 프로그래머인 조나단 스트레이(Jonathan Stray, 2011)는 데이터 저널리즘을 일반 대중이 흥미를 느끼는 자료를 찾아서 잘 조직화하여 대중들에게 발표를 하는 일련의 과정이라고 정의하였다. 시스템 설계자이자 멀티미디어 저널리스트인 미르코 로렌츠(Mirko Lorenz, 2010)는 데이터 저널리즘(그의 발표에서는 데이터 중심의 저널리즘, 즉 data-driven journalism이란 용어를 사용하였다)을 가리켜 1) 자료에 깊게 파고들어, 2) 정보를 찾아내고, 3) 그래픽이나 멀티미디어 형식으로 정보를 시각화하여, 4) 주어진 정보와 특정한 이야기를 연결시킴으로써, 5) 독자들에게 가치 있는 매체를 만드는 모든 작업의 흐름이라 하였다. 보스(Voß, 2011)는 그의 논문에서 데이터 저널리즘은 기본적으로 데이터 분석에 필요한 통계적 방식을 기본으로 엄청난 양의 데이터를 수집하고, 걸러내어, 시각화하는 과정이라 하였다. 데이터 리포터이자 웹 전략가인 반 에스(Van Ess, 2012)는 데이터 저널리즘을 특정한 이야기를 만들어내기 전에 몇 가지 도구들로써 처리해야 할 데이터들에 기반을 두어 객관적 사실을 보여주고자 하는 저널리즘이라 정의하였다.

본 연구에서는 이상의 정의들이 갖는 공통분모를 바탕으로 "데이터의 수집, 정리, 분석, 시각화, 스토리화 등의 과정을 통해 저널리즘을 실천하는 제반 행위"가 곧 데이터 저널리즘이라고 정의하고자 한다. 이러한 정의는 데이터 저널리즘의 과정(process)에 초점을 둔 것으로 기존의 저널리즘에 관한 정의를 원용하되, 변화된 부분에 초점을

[그림 3-22] 데이터 저널리즘의 정의

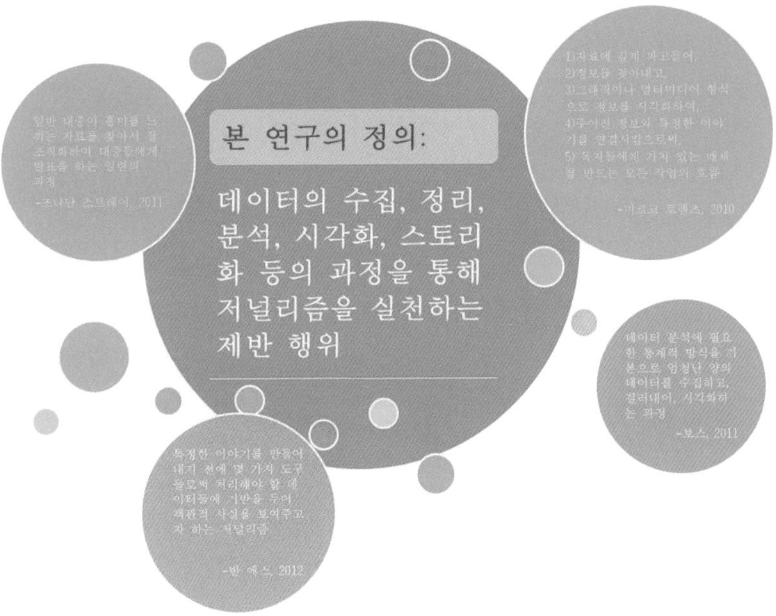

본 연구의 정의:
데이터의 수집, 정리, 분석, 시각화, 스토리화 등의 과정을 통해 저널리즘을 실천하는 제반 행위

일반 대중이 흥미를 느끼는 자료를 찾아서 잘 조직화하여 대중들에게 발표를 하는 일련의 과정
-조나단 스트레이, 2011

1)자료에 깊게 파고들어,
2)정보를 찾아내고,
3)그래픽이나 멀티미디어 형식으로 정보를 시각화하여,
4)주어진 정보와 독창한 이야기를 연결시킴으로써,
5) 독자들에게 가치 있는 매체를 만드는 모든 작업의 흐름
-미르코 로렌즈, 2010

데이터 분석에 필요한 통계적 방식을 기본으로 엄청난 양의 데이터를 수집하고, 걸러내어, 시각화하는 과정
-보스, 2011

특정한 이야기를 만들어내기 전에 몇 가지 도구들로써 처리해야 할 데이터들에 기반을 두어 객관적 사실을 보여주고자 하는 저널리즘
-반 에스, 2012

맞춘 정의라고 하겠다. 기존의 정의와 본 연구에서 시도하는 새로운 정의를 하나로 모아 정리하면 앞의 그림과 같다.

시각화(Visualization)는 복잡한 상황에 대한 명백한 이해를 돕기 위해 제공될 수 있는 하나의 방법이지만, 반 에스의 정의를 보면 시각화가 반드시 데이터 저널리즘의 필요조건은 아니라는 사실을 알 수 있다. 하지만 이러한 점을 제외하면 앞에서 언급한 정의들은 데이터 저널리즘이 기본적으로 많은 양의 데이터에 기반을 두고 자료를 수집 및 정리하여 의미 있는 정보를 만드는 것이라는 데에는 이견이 없어 보인다. 이를 통해 데이터 저널리즘의 주목적은 데이터에 기반을 두고 이야기를 전달하는 것이라 이해할 수 있다. 또한 데이터 저널리즘에서 이야기하는 데이터는 기본적으로 오픈된 프로토콜을 사용하여 누구든 데이터에 어디서든 쉽게 접근할 수 있는 오픈형 자료(Open Data)를 강조하고 있다. 데이터 저널리즘에서는 데이터에 대한 접근뿐만 아니라 분석과 시각화 작업을 위해 필요한 도구 역시 오픈 소스(Open Source)의 이용을 강조하고 있다. 데이터 저널리즘의 오픈형 개방화 움직임은 공개된 방대한 자료 분석에 독자들을 참여하게 함으로써 전통적 미디어에서 배제된 대중의 역할을 적극적인 참여로 탈바꿈시키며 미디어의 새로운 역할을 마련해나가고 있다. 궁극적으로 데이터 저널리즘은 대중의 참여를 끌어들이며 독자의 참여와 협력의 플랫폼을 제공하는 것이다. 그러한 플랫폼들이 모여 건전한 미디어의 생태계가 조성되는 것이다.

여기서 우리는 공개 데이터(Open Data)의 정의를 잠시 짚고 넘어가야 할 것 같다. 셸롱과 스티파넷(Schellong & Stepanets, 2011)이 정의하고 다시 시르쿠넨(Sirkkunen, 2011)이 정리한 공개 데이터의 정의는 다음과 같은 여덟 가지 구성요소를 포함한다. 첫째, 완전성

(completeness)이다. 모든 데이터는 프라이버시나 개인정보 보호상 문제가 없는 온전한 데이터여야 한다. 둘째, 데이터는 일차성(primacy), 즉 원천 제공원(source)으로부터 구한 것으로서 데이터 전체의 특성만을 보여주는 집약 수치 또는 가공된 형태의 것이어서는 안 된다. 셋째, 시의성(timeliness)이다. 데이터는 가치 보존을 위해 최대한 이른 시간 내에 생산된 것이어야 한다. 넷째, 접근성(accessibility)이다. 데이터는 다양한 목적에 부합되도록 만들어야 하고, 최대한 다양한 사람들이 이용할 수 있어야 한다. 다섯째, 기계 가독성(machine readability)이다. 데이터는 자동화된 시스템으로 처리 가능한 형태여야 한다. 여섯째, 비차별성(absence of discrimination)이다. 데이터는 별도의 등록 절차 없이도 누구나 사용할 수 있어야 한다. 일곱째, 비배제성(absence of propriety)이다. 데이터는 어떤 주체(정부, 기업 또는 특정 개인)도 배타적인 통제권을 가져서는 안 된다. 여덟째, 지적재산권 비통제성(absence of license requirements)이다. 데이터는 저작권, 특허, 상호권, 또는 기업 비밀(trade-secret)에 의해 통제되어서는 안 되지만 프라이버시, 정보 보호, 이용권(privilege restrictions) 등은 적절한 선에서 적용이 가능하다.

[표 3-1] 공개 데이터를 이루는 여덟 가지 구성요소

특성	설명
△ 완전성 (completeness)	모든 데이터는 프라이버시나 개인정보 보호상 문제가 없는 온전한 데이터여야 한다.
△ 일차성 (primacy)	원천 제공원으로부터 구한 것으로서 데이터 전체의 특성만을 보여주는 집약 수치 또는 가공된 형태의 것이어서는 안 된다.
△ 시의성 (timeliness)	데이터는 가치 보존을 위해 최대한 이른 시간 내에 생산된 것이어야 한다.

△ 접근성 (accessability)	데이터는 다양한 목적에 부합되도록 만들어야 하고, 최대한 다양한 사람들이 이용할 수 있어야 한다.
△ 기계 가독성 (machine readability)	데이터는 자동화된 시스템으로 처리 가능한 형태여야 한다.
△ 비차별성 (absence of discrimination)	데이터는 별도의 등록 절차 없이도 누구나 사용할 수 있어야 한다.
△ 비배재성 (absence of propriety)	데이터는 어떤 주체(정부, 기업 또는 특정 개인)도 배타적인 통제권을 가져서는 안 된다.
△ 지적재산권 비통제성 (absence of license requirements)	데이터는 지적 재산권, 특허, 상호권 또는 기업 비밀에 의해 통제되어서는 안 되지만, 프라이버시, 정보 보호, 이용권 등은 적절한 선에서 적용이 가능하다.

• 출처: 관계부처 합동, 「스마트 국가 구현을 위한 빅데이터 마스터 플랜」, 2012

데이터 저널리즘은 궁극적으로 이러한 공개 데이터를 저널리즘의 제반 활동에 적극적으로 활용하는 저널리즘을 말한다. 이제는 오픈 데이터의 시대이자 오픈 데이터 저널리즘의 시대이다. 미디어는 더 이상 일방적인 정보 전달 과정이 아니며 인터넷을 통해 누구든지 참여하고 자신의 의견을 표명할 수 있다. 대중이 온라인으로 자신의 의견과 자료를 올리는 것에 그치지 않고 디자이너나 개발자와 함께 협력하여 양방향성의 결과물을 만들어내고 그 결과물을 산업에도 활용할 수 있어야 한다. 그러한 콘텐츠 생산 과정의 선순환구조가 데이터 저널리즘의 핵심이다. 저널리즘은 바로 이런 오픈 플랫폼을 제공하는 것이고, 그런 개방형 플랫폼이 데이터 저널리즘이다.

2) 데이터 저널리즘의 범위

데이터 저널리즘의 주목적은 데이터를 바탕으로 한 이미지 스토리텔링을 통해 독자와 소통하는 것이다. 데이터 저널리즘에서 이야기를 전달하기 위해 데이터를 특정 형태로만 전달할 필요는 없다. 독자들이 쉽게 이해하도록 다양한 형식으로 자료를 요약하여 전달할 필요가 있기 때문이다. 이런 목적을 위해 데이터 저널리즘은 데이터 저널리스트라는 특정 직업군의 사람보다는 다양한 영역의 사람 간의 융합이 중요하다. 이야기를 전달한다는 데이터 저널리즘의 주목적은 무엇보다 데이터를 둘러싼 문맥을 파악하고 이야기를 전달할 수 있는 저널리스트의 역할을 강조하고 있다.

하지만 저널리스트들이 많은 양의 자료를 요약하여 오직 글로 이야기를 전달하기에는 독자들이 그 정보를 쉽게 이해하지 못할 수 있다는 한계점이 존재한다. 이런 문제점을 해소하기 위해 데이터의 시각적 표현이 중요하게 인식되었는데, 원래 복잡한 자료들을 사람들이 쉽게 이해할 수 있도록 정보를 시각적으로 표현하는 방법은 인포그래픽의 영역이었다. 데이터 저널리즘에서 많은 데이터를 설명하기 위해서는 글보다 시각적 표현이 제한된 공간 속에서 더 많은 정보를 표현할 수 있기에, 자료의 시각화가 데이터 저널리즘의 중요한 요소로 인식되면서 점차 인포그래픽은 데이터 저널리즘의 한 범위로 자리 잡게 되었다. 그래서 데이터 저널리즘은 인포그래픽을 통한 시각적 표현인 이미지 스토리텔링이 이루어지고 있다.

데이터 저널리즘이라는 용어에서도 알 수 있듯이 데이터는 이야기를 전달하기 위해 필히 존재해야만 하고 분석되어야 할 대상이다. 데이터 저널리즘의 근간이 되는 대상인 만큼 데이터의 확보는 무엇보다 중요하다고 말할 수 있다. 많은 양의 데이터를 다루기 위해서 반드시 방대한 양의 데이터로부터 유용한 정보를 추출하는 데이터 마이닝을 전문적으로 학습한 전문가가 필요한 것은 아니다. 데이터를 수집하고 처리할 수 있게 하는 기본적인 소프트웨어(예를 들면 엑셀, 구글 닥스와 퓨전 테이블 등)의 사용만으로도 데이터 활용이 가능하기 때문이다.

하지만 특정한 이슈를 보다 상세히 드러낼 수 있는 정확한 데이터의 수집 및 분석을 위해서는 아무래도 데이터 마이닝에 대한 전문적 지식을 가지고 있는 데이터 전문가 혹은 프로그래머들의 역할 역시 중요하다. 데이터 저널리즘에선 이야기(story)를 전달하는 것이 주목적이지만, 데이터의 질이 좋지 않으면 전달하고자 하는 이야기의 신뢰성이 떨어질 수밖에 없기 때문에 좋은 데이터의 확보는 무엇보다 중요하다. 저널리스트들을 통해 데이터가 해석되어 독자들에게 전달되겠지만, 데이터 저널리즘은 본질적으로 데이터를 통한 스토리텔링이라고 할 수 있다. 여기서의 데이터란 단순히 양적 데이터만 의미하지 않는다. 스토리를 구성할 수 있는 객관적인 자료는 모두 데이터라고 할 수 있다.

[그림 3-23] 데이터 저널리즘을 구성하고 있는 세 가지 영역

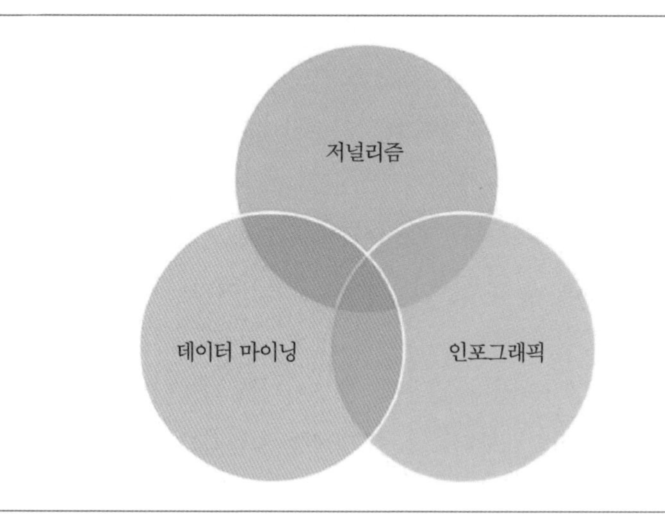

3) 데이터 저널리즘의 다양성

데이터 저널리즘과 연관된 개념들은 무수히 많다. 이 중에서도 크라우드 소싱, 온라인 저널리즘, 컴퓨테이셔널 저널리즘, 테크니컬 커뮤니케이션, 뉴저널리즘 등은 데이터 저널리즘과 일부 유사하기도 하고(컴퓨테이셔널 저널리즘, 온라인 저널리즘) 일부는 보다 더 광의의 개념으로서 데이터 저널리즘을 포괄하기도 하며(테크니컬 커뮤니케이션), 데이터 저널리즘을 구축하는 한 방식을 언급하거나(크라우드 소싱), 데이터 저널리즘이 기존의 저널리즘 프랙티스(practices)를 변화시키고 있는 데 방점을 두기도(뉴저널리즘) 한다. 이 밖에도 빅데이터 저널리즘(big data journalism)이라고 하여 요즘 각광을 받고 있는 빅데이터를 활용한 저널리즘을 별도로 묶어내는 경우도 있다. 빅데이터에 관해서는 '데이터 저널리즘의 미래' 부분에서 다시 설명하겠지만, 주로 3V(high

[그림 3-24] 데이터 저널리즘과 연관된 개념들

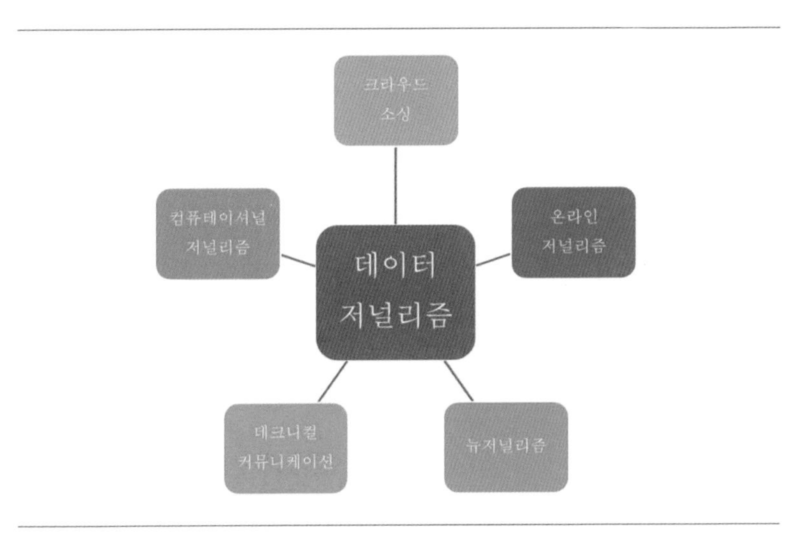

volume, high velocity, high variety)로 요약되는 특성을 갖고 있는, 수만에서 수백만 개 이상의 대형 데이터를 말한다. 빅데이터 저널리즘도 분명 데이터 저널리즘의 한 형태라고 말할 수 있을 것이다.

(1) 크라우드 소싱

크라우드 소싱(crowd sourcing)은 대중(crowd)과 아웃소싱(outsourcing)의 합성어로, 그동안 해당 업계 전문가들이나 내부자들에게만 접근 가능했던 지식을 공유하고 개발 과정에 외부 전문가와 비전문가의 참여를 유도해 혁신을 모색하는 방법을 일컫는다. 따라서 크라우드 소싱 저널리즘이라고 하면 뉴스의 생산 과정에 불특정 다수 독자들의 아이디어와 콘텐츠, 참여를 활용하는 저널리즘 방법론을 말하며, 오픈 소스(Open Source) 저널리즘이라고도 부른다.

크라우드 소싱은 기업 활동의 전 과정에 소비자 또는 대중이 참여할 수 있도록 일부를 개방하고 참여자의 기여로 기업 활동 능력이 향상되면 그 수익을 참여자와 공유하는 방법이다. '대중'과 '외부 자원 활용'의 합성어로, 전문가 대신 비전문가인 고객과 대중에게 문제의 해결책을 아웃소싱하는 것이다. 이전에는 해당 업계의 전문가들이나 내부자들만이 접근 가능했던 지식을 공유하고, 제품 혹은 서비스 개발 과정에 비전문가나 외부 전문가들의 참여를 개방하고 유도하여 혁신을 이루고자 하는 방법이다. 내부의 전문가나 해당 분야 전문가들은 소유한 자원 및 결과를 공유하고 개방하여 해당 전문가나 다른 분야 전문가 혹은 일반 대중과 함께 연구 개발을 진행하게 된다. 이를 통해 한정적인 내부의 인적 자원에만 의존하지 않고 많은 외부 인적 자원의 도움을 받을 수 있으며, 외부인은 이러한 참여를 통해 자신들에게 더 나은 제품, 서비스를 이용하게 되거나 이익을 공유하는 것도 가능하다. 웹 2.0으로 가능해진 새로운 다양한 가능성 중에서 핵심적인 것 중 하나이다. 크라우드 소싱이라는 말은 제프 하우(Jeff Howe)에 의해 2006년 6월 「와이어드(Wired)」 잡지에 처음 소개되었다.

크라우드 소싱이 저널리즘의 영역에서 중요해지기 시작한 것은 정보가 보편화되기 시작한 10여 년 전부터이다. 권력이 정보를 통제하던 시절에는 정보가 곧 권력의 기반이었으나 대부분의 기초 정보가 투명하게 공개되는 세상에서는 정보를 어떻게 효율적으로 분석하고 의미를 뽑아내느냐가 중요한 과제가 되었다. 과거에는 기자들이 정보를 취사선택해서 독자들에게 전달했지만, 이제는 독자들이 직접 필요한 정보에 접근하고 분석하며 이를 공유하는 시대가 되면서 크라우드 소싱 기법이 저널리즘에서 중요한 요소가 되었다.

크라우드 소싱은 국내 언론에선 미비하지만 외국에서는 이미 자연스러운 추세이다. 미국의 프로퍼블리카(ProPublica) 등 비영리 탐사보도기관은 물론 세계 각 매체들은 크라우드 소싱 저널리즘을 활발하게 사용하고 있다. 그 중 대표적인 사례는 영국 언론이다. 영국의 일간지 「텔레그래프」는 2009년 5월 하원의원 646명의 활동비 청구 내역을 공개해 정치권의 큰 반발을 샀지만 대중에게는 큰 환영을 받았다. 이 사건은 엄청난 반발을 불러왔고 하원의장이 책임을 지고 중도 사퇴하기도 했다. 이 어마어마한 특종을 놓친 경쟁 일간지 「가디언」은 발상을 전환하여 하원이 공개한 의원들의 청구서 45만 8,000여 건을 모두 스캔해서 인터넷 사이트에 올리고 독자들에게 기삿거리를 제보해 달라고 요청했다. 사막에서 바늘 찾기나 마찬가지인 단순하고 지루한 작업이었지만 반응은 폭발적이었다. 2만 7,000여 명이 참여해 22만 1,000여 건의 청구서에서 문제점을 찾아냈다.

「가디언」은 크라우드 소싱 저널리즘의 가능성을 보여준 사례다. 수십 명의 기자들이 덤벼들어도 몇 달이 걸렸을 작업을 불특정 다수 독자들의 힘을 빌려 손쉽게 해결했다. 방문자의 56%가 이 작업에 참여했고, 원본 문서가 공개되자마자 80시간 만에 17만 건의 영수증이 분석되었다. 당연히 수많은 기삿거리가 쏟아졌다. 깔끔한 통계 작업 덕분에 독자들은 국민이 낸 세금을 의원들이 어떻게 흥청망청 쓰고 있는지 한눈에 알아볼 수 있었다. 「가디언」은 독자들이 '재미있다', '재미없다', '재미있지만 알려진 내용이다', '추가 취재 필요' 등 네 가지 카테고리 가운데 하나를 직접 선택할 수 있도록 했다. 또한 경쟁 요소를 도입해 어떤 정당과 의원이 가장 문제가 많은지, 독자들 가운데 누가 더 많은 영수증을 분석했는지 확인할 수 있도록 했다. 미국 하버드대 부설 니먼저널리즘연구소(Nieman Journalism Lab)는 "「가디언」의 시의적절하고 발 빠른 대응이 변덕스러운 독자들을 붙잡는 데 성공했다"고 평가했다.

「가디언」은 2010년 남아프리카공화국 월드컵 보도에서도 크라우드 소싱 저널리즘을 활용해 재미를 봤다. '팬즈 네트워크(Fans' Network)'라는 페이지를 만들고 세계 전역에 걸쳐 125명의 독립 저널리스트들을 선발하여 경기 분석과 전망 등의 기사를 제공받았고, 경기가 끝나면 독자들이 직접 선수들 평점을 달도록 해 역동적인 지면을 구성했다. 사진 공유 사이트 플리커(flickr.com)에 개설한 월드컵 페이지에는 1,500장이 넘는 사진이 올라왔다.

미국의 블로그 신문 허핑턴포스트(Huffington Post)도 가디언과 비슷한 실험을 한 바 있다. 2009년 1월 버락 오바마 미국 대통령의 경기부양책과 관련해 1,400페이지에 이르는 예산안을 통째로 사이트에 올려놓고 문제가 될 만한 부분을 찾아달라고 독자들에게 요청했더

니 367명의 독자들이 응답을 보내왔다. 이 가운데 상당한 의견이 기사에 반영된 것은 물론이다. 허핑턴포스트의 창업자 아리아나 허핑턴(Arianna Huffington)은 "독자들의 지혜를 빌렸더니 훨씬 풍성한 기사가 됐다"고 털어놓았다.

미국 일간지 「뉴욕타임스」의 '모멘트 인 타임(Moment in Time)' 프로젝트는 크라우드 소싱 저널리즘이 성공하기 위해 필요한 요소가 무엇인지 말해주는 사례이다. 독자들이 보내온 사진을 지구 모양의 3차원 화면에 입체적으로 배치해보자는 장난스러운 아이디어에서 출발했는데 기대 이상으로 열광적인 반응을 불러일으켜 서버가 폭주할 정도였다. 세계 전역에서 1만 3,000장 이상의 사진이 업로드됐는데 전문가 빰치는 수준 높은 사진도 많았다.

(2) 컴퓨테이셔널 저널리즘

컴퓨테이셔널 저널리즘(Computational Journalism)은 뉴저널리즘(New Journalism)이라고도 불리는데, 컴퓨터의 알고리즘처럼 자동화된 전산처리 방식을 기사 분류에 이용하는 방법을 말한다. 컬럼비아 대학교의 저널리즘스쿨은 컴퓨테이셔널 저널리즘에 관한 대학원 강좌를 열고 있는데, 그 정의를 "Computational journalism can be defined as the application of computation to the activities of journalism such as information gathering, organization, sensemaking, communication and dissemination of news information, while upholding values of journalism such as accuracy and verifiability(컴퓨테이셔널 저널리즘이란 보도의 정확성, 객관성 등 저널리즘의 전통적 가치를 지키면서도 컴퓨터의 기술적 방법론을 저널리즘의 정보 수집, 가공, 그래

픽화, 뉴스 보도 등의 과정에 응용하는 것)"이라고 하고 있다. 컴퓨터 학문 분야의 비약적 발전은 기술적 진보를 가능케 했고 인공지능, 내용 분석, 시각화, 정보 검색, 추천 시스템 등의 기술적 기교를 응용하게 된 것이다.

듀크대 사라 코헨(Sarah Cohen) 교수를 단장으로 하는 연구팀은 "Accountability Through Algorithm: Developing the Field of Computational Journalism"라는 보고서를 발표하고 컴퓨터와 네트워크를 활용해 데이터를 추출하고 가공하며 독자들과 소통하기 위한 개념과 방법을 제시하고 있다. 사라 코헨은 듀크대 저널리즘 스쿨 내에 '미디어와 민주주의 연구를 위한 드윗 월리스 센터(DeWitt Wallace Center for Media and Democracy)'라는 연구소를 창설하여 저널리즘에서 컴퓨터 기술을 응용한 보도기법을 연구하고 있으며, 이 기여로 'Knight Journalism Chair' 수상을 하였다. 2012년부터는 「뉴욕타임스」에 발탁되어 언론 현장에서 실제 컴퓨테이셔널 저널리즘을 적용하고 있다.

컴퓨테이셔널 저널리즘의 한 예는 방대한 기사의 분류 작업을 들 수 있다. 생산된 기사가 어떠한 맥락(혹은 현안)에 해당되는지 판단하는 행위나, 기사 각각에 일정한 태그를 부여하는 행위라고 할 수 있다. 일반적 저널리즘이 편집자들의 판단에 의거해 일정 기사를 사회면 기사나 경제면 기사로 분류한다면 컴퓨테이셔널 저널리즘은 특정 단어의 횟수나 중요도를 컴퓨터가 판단하여 분류하는 것이다. 하지만 이 자동 분류 체계가 생각만큼 단순한 문제는 아니어서, 예를 들어 선거나 비자금 조성 등 대형 안건의 경우 정치면에서부터 경제면, 사회면까지 나오는 것이 가능하기 때문에 상당히 애매한 문제가 된다. 예를 들어 이 기사는 아프가니스탄 전쟁 기사라는 점에서 이 기사와 동일한 맥락을 공유하지만, 한편으로는 트위터라는 매체를 다루고 있다는 점에서 이 기사와도 맥락을 공유한다. 즉 이 기사는 '아프가니스탄 전쟁', '트위터'라는 맥락을 가진 기사라고 할 수 있다. 이렇게 기사에서 맥락을 판별해내는 행위를 분류로 정의한다.

따라서 분류 과정에서 중요한 것, 필요한 것은 두 가지이다. 첫 번째는 맥락 정보를 추후 재이용이 가능할 수준으로 판별해내야 한다는 것. '사회', '정치' 정도 수준의 맥락 정보뿐이라던가, '트위터', 'twitter' 하는 식으로 제각각 저장되어 있으면 안 된다는 것이다. 두 번째는 이러한 판단 알고리즘이나 데이터가 편집 담당자의 머릿속에서 벗어나 전자적인 형태로 저장되어 있을 필요가 있다는 것이다. 그러므로 컴퓨테이셔널 저널리즘은 자동화된 전산 처리를 가능하게 한다.

- 컴퓨테이셔널 저널리즘의 역사

컴퓨테이셔널 저널리즘은 비교적 새롭게 나온 분야이다. 2006년 조지아공대(Georgia Institute of Technology)의 Irfan Essa 교수가 컴퓨테이셔널 저널리즘 강의를 개설하면서 이 용어가 일반화되기 시작하였다. Irfan Essa 교수는 강의에서 컴퓨터의 데이터베이스를 이용한 기사 작성 방법론을 소개하기 시작하였고, 이후 그래픽이나 시각화를 통해 기사를 작성하는 방법을 소개하기 시작하였다. 강의가 좋은 반응을 얻자, 조지아공대는 2008년 2월 전국적 심포지엄(Symposium on Computation and Journalism)을 애틀란타에서 열고 컴퓨터 학자와 저널리스트를 초청하여 저널리즘과 컴퓨터의 접점 가능성을 논하였다. 이 심포지엄은 2013년 2월에도 같은 장소에서 열렸는데 컴퓨터 학자뿐만 아니라 저널리즘 학자도 많이 참석하였다(http://computation-and-journalism.com/symposium2013/).

이 심포지엄의 성공적 개최에 영감을 받아 스탠퍼드 대학교 행동과학고등연구센터(The Center for Advanced Study in the Behavioral Sciences, CASBS)가 컴퓨테이셔널 저널리즘 워크숍(A Workshop on Computational Journalism)을 개최하면서 컴퓨테이셔널 저널리즘은 실리콘밸리의 기술기업에 더 알려지게 되었다. 2012년에는 컬럼비아대 저널리즘스쿨에서 'Frontiers of Computational Journalism' 강좌가 정식 개설되어 컴퓨터사이언스학과와 저널리즘학과의 학생들이 교차 수강할 수 있게 되었고, 양 학과 간 복수전공 커리큘럼에 필수과목으로 지정되었다.

(3) 온라인 저널리즘

온라인 저널리즘(Online Journalism)은 인터넷 기술을 매개로 한 정보 공간을 통해 뉴스를 생산하고 배포하는 일련의 저널리즘 활동을 총칭한다. 인터넷이 갖는 기술 특성으로 인해 좀 더 상호작용적이고 참여적이며, 시간과 공간에 제약되지 않고 정보가 맥락적으로 제공될 수 있어서 온라인 저널리즘은 전통 저널리즘과 다른 새로운 잠재력을 갖고 있다. 온라인 생산 체계, 온라인 저널리스트의 역할과 규범, 그리고 온라인 시장과 수용자 참여 방식 등 다양한 측면의 키워드로 온라인 저널리즘을 다룬다. 온라인 저널리즘과 비슷한 의미로 '디지털 저널리즘', '인터넷 저널리즘', '웹 저널리즘', '사이버 저널리즘' 등 다양한 명칭들이 새롭게 생겨나고 있다.

사실 또는 사건에 대한 보도가 인터넷을 통해 생산 및 유포되는 것을 가리키는 용어로 보는 간략한 정의도 있다. 새로운 유형의 저널리즘으로 인식하고 있으며, 수용자의 대상이 온라인 이용 독자로 한정되는 것이 온라인 저널리즘과 다른 저널리즘을 구분 짓는 가장 중요한 요소이다. 온라인 저널리즘은 인터넷을 '많은 사람들이 여러 경로를 통해 정보에 접근하고 서로 소통할 수 있도록 하며, 시간과 공간을 동등하게 공유하고 참여가 가능한 플랫폼'이라고 보는 시각에 기반을 두고 있다.

온라인 저널리즘이라는 용어는 넓게 사용된다. 인터넷을 통한 취재, 인터넷상에 나타나는 새로운 형태의 뉴스 서비스, 더 나아가서는 뉴스 그룹 서비스나 게시판, 그리고 공공문제를 다루는 토론방 등과 같이 정보 공간에서 일어나는 교환 행위까지 포괄하는 광범위한 개념이다. 또한 온라인 기술이나 웹 기술의 발전에 따라 온라인 저널리즘의 형태도 바뀌어가며 그 개념 자체도 가변적이라 할 수 있다. 따라서 온라인 저널리즘은 학자마다 그 정의가 다른데, 롤랜드 월크(Roland De Wolk)는 "사람들이 컴퓨터나 다른 유사한 장치를 통해 읽거나 보고 들을 수 있는 인터넷, 특히 월드 와이드 웹에 오른 뉴스와 정보"라고 정의한다. 한편 듀즈(M. Deuze)는 저널리스트에 의해 생산되는 콘텐츠 영역은 물론이고 진입 장벽 없이 공적 커뮤니케이션을 할 수 있는 개인들 사이의 공공적 연계성(public connectivity) 영역으로 확장해 설명한다. 그러나 온라인 저널리즘의 영역을 지나치게 광범위하게 규정할 경우 온라인상에서 유통되는 모든 형태의 정보 교환, 즉 온라인이라는 수단을 이용해 정보를 제공하는 여타의 온라인 정보 제공 서비스와 우리가 통상적으로 생각하고 있는 저널리즘 간의 구분이 애매모호해질 수 있다. 정치, 경제, 사회, 문화, 시사 등에 관한 보도, 논평 및 여론 등을 전파하기 위한 목적으로 인터넷과 같은 가상공간을 활용해 온라인 이용자에게 전문적으로 정보를 제공하는 저널리즘으로 축소해 보는 시각도 있다. 좀 더 상세히 접근하면 온라인 저널리즘은 전통 저널리즘의 원칙에 기반하고, 공공적인 이익을 다루는 소통에 근거한 보도, 논평 및 여론 등을 전파하기 위한 목적으로 인터넷과 같은 가상공간을 이용해 정보를 제공하는 저널리즘이라고 할 것이다.

- 온라인 저널리즘의 유형

온라인 저널리즘은 어디에 분류되느냐에 따라 매체의 기능이나 성격이 크게 차이 난다. 다루는 뉴스의 가치 기준, 조직의 규모와 성격, 저널리즘 모델, 이용자 참여의 수준, 공적 책무 등 거의 많은 측면에서 뚜렷한 차이를 보인다. 따라서 온라인 저널리즘 연구라고 하더라도 연구자들마다 어떤 분석 대상을 채택했는가에 따라 전혀 다른 논의 전개가 가능하다.

온라인 저널리즘은 다양한 유형 분류가 가능하지만, 황용석(2013)은 조직의 특성과 제공되는 뉴스의 특성에 따라 크게 네 가지로 나누고 있다. 오프라인 종속형으로 ① 언론사 닷컴, ② 언론사 조직 내 인터넷 뉴스(중앙, 지방, 지역), 그리고 온라인 독립형으로 ③ 순수 인터넷 뉴스 닷컴, ④ 순수 인터넷 종합뉴스로 구분할 수 있다. 온라인 독립형은 다시 순수 인터넷 전문뉴스와 순수 인터넷 시사뉴스로 구분할 수 있다. 포털 뉴스를 의미하는 목록형에는 편집 모델, 부분편집 위임형 모델, 기계적 배치 모델로 구분된다. 마지막으로 블로그와 같은 개인 미디어형 온라인 저널리즘이 있다.

학문적 시각에서 온라인 저널리즘의 유형을 분류하려는 시도도 있다. 치와 실비(Chyi & Sylvie, 2000)는 온라인 뉴스 시장을 구분하기 위해 전통적으로 신문 시장을 구분하는 모델, 즉 전국 · 국제 모델, 지역 모델, 커뮤니티 모델, 전문화 및 니치 모델로 나누었다. 리(Li, 1998)는 온라인 저널리즘을 상호작용성 모델, 새로운 혼합 모델, 그리고 미디어 처리(transaction) 모델로 유형을 분류했다. 연결성과 콘텐트 모델(connectivity and content models)로 불리는 듀즈(Deuze, 2001)의 모델은 전통적 신문과 방송이 제공하는 주류 미디어, 포털 사이트와 같은 인덱스와 카테고리 사이트, 메타와 코멘트 사이트, 공유와 토의 사이트 등 네 가지로 구분하고 있다. 국내에서는 황용석 교수가 온라인 저널리즘을 심도 있게 연구해왔다. 황용석(2004)은 온라인 저널리즘을 주류(종속형) 언론, 인덱스형 언론, 독립형 언론, 토론형·패러디형 언론으로 구분하고 있다.

(4) 뉴저널리즘

뉴저널리즘(New Journalism)은 1960년대 이후 미국에서 나타난 새로운 보도 방법이다. 뉴저널리즘의 원류는 1880년대 영국으로 볼 수 있고, 이는 신문의 새로운 발전 양상을 이르는 말이었다. 정치 세력에 의존하던 이전 정론지의 위상에서 벗어나 신문이 정치적으로 중립의 태도를 취하게 된 보도 경향을 뜻했다. 그러나 1960년대 이후 미국에서 르포르타주(reportage)의 새로운 양식으로 발전되었다. 즉 보도양식의 변혁으로서 기성 저널리즘의 단편적 · 상투적 수법 때문에 생기는 결함을 극복하고 사실에 대한 구체적 묘사와 표현을 목표로 하는 개념으로 정착되었다. 이는 기존 저널리즘의 단편성과 상투적 수법에서 오는 결함을 피하고 대상에 깊이 밀착하면서 사실을 파헤치며, 소설 수법으로 실감 있게 전하는 특징이 있다. 즉 미국에서의 뉴저널리즘은 전통적인 저널리즘의 객관성을 거부하면서 기자나 언론사의 의견을 곁들여 심층적이고 해설적인 보도를 하자는 취지였다. 뉴저널리즘의 좋은 예는 캔자스 주에서 일어난 살인사건을 다룬 트루먼 커포티

(Truman Capote)의 다큐멘터리 소설 「냉혈」(1966년)과 워터게이트 사건 폭로기사를 들 수 있다.

뉴저널리즘에서는 기사가 단순한 정보 전달의 채널을 넘어 취재 대상과 개인적인 관계를 맺음으로써 사건과 생활의 실감을 전달하고자 하는 것이기 때문에 종래 보도의 핵심 요소이던 속보(速報)·객관성·간결성을 무시하는 경향이 있으며, 논픽션 기법으로 주관적 현실을 묘사하고 있다. 이 주관성이 뉴저널리즘을 특징짓는 상징성이 되었지만, 동시에 무책임한 보도를 양산한다는 비판이 제기되었다. 때로는 언론사가 뉴저널리즘을 통해 어떤 사안에 대해 특정 이해당사자의 이해를 대변한다는 비판이 일었다. 그로 인한 소송과 비난이 늘자 뉴저널리즘은 실질적으로 많이 쇠퇴하였다. 즉 뉴저널리즘의 부작용이 심화되면서 블랙 저널리즘이라고 불리게 되었다. 단순한 정보 매체로서의 역할을 넘어 취재 대상과 개인적인 연관을 성립시킴으로써 생활의 실감을 전달하려고 하려는 뉴저널리즘이 때로는 블랙 저널리즘으로 전락하는 것이다. 블랙 저널리즘의 경우 감추어진 이면적 사실을 드러내는 정보 활동의 영역으로 일반인에게 드러난 저널리즘이 제대로 그 역할을 하지 못하면서 성행한다. 뉴저널리즘이 때론 특정한 조직이나 집단, 개인이 가지고 있는 약점을 확보하여 공개 보도하겠다고 위협하거나, 특정한 이익을 얻으려 하는 도구로 이용되기도 하였다. 현재는 심층보도, 탐사보도 형식으로 뉴저널리즘이 남아 있다고 볼 수 있다. 일부 학자는 뉴저널리즘이 심층보도나 탐사보도의 원형이라고 말하기도 한다.

(5) 테크니컬 커뮤니케이션

데이터 저널리즘과 혼동하기 쉬운 분야로 테크니컬 커뮤니케이션(Technical Communication)이 있다. 테크니컬 커뮤니케이션은 넓게는 직업 환경에서 이루어지는 의사소통이자, 이 의사소통 능력을 향상시키는 방안과 효과를 연구하는 분야이다. 좁은 의미는 문자 그대로 기술 소통으로 독자, 대중, 청중을 대상으로 한 매체를 통해 기술 정보가 전달되는 과정을 지칭한다. 이 과정에서 기술에 관한 정보가 좀 더 이해되기 쉽고 소통이 쉬운 방안으로 전달되게 하는 것을 말한다.

정보는 목표로 하는 청중이 정보를 바탕으로 행동을 실행하거나 결정을 내릴 수 있게 할 경우에 유용하다(Johnson-Sheehan, 2007). 기술 커뮤니케이터는 종종 종이, 영상 및 인터넷을 포함한 각종 매체를 위한 딜리버러블스(Deliverables) 제품을 창조하기 위하여 협동적으로 작동된다. 딜리버러블스는 온라인 도움말, 사용자 매뉴얼, 기술 매뉴얼, 정부 발행 백서(White papers), 시방서, 프로세스와 절차 설명서, 참고 카드, 데이터시트, 신문 기사, 특허, 훈련, 사업용 서류 및 기술적인 보고를 포함한다. 기술 영역은 소프트 & 하드 과학, 컴퓨터와 소프트웨어를 포함한 첨단 기술, 가전제품 그리고 비지니스 프로세스와 사례들을 포함하는 어떤 종류의 것이라도 될 수 있다.

기술 소통의 기원은 고대 그리스, 르네상스 및 20세기 중세에 걸쳐 다양하게 나타나고 있다. 그러나 군사, 제조업, 전자 및 우주 산업의 기술 기반 문서를 작성하기 위한 필요에 의해 성장한 첫 번째 세계대전에서부터 시작된 전문적인 분야에서 분명한 경향이 나타난다. 1953년에는, 기술 소통의 사례를 향상시키는 것을 고려하는 '기술 작성자 사회'와 '기술 작성자와 편집자 연합'이라는 두 조직이 미국 동부에 설립되었다. 이 두 조직은 1957년에 합병되어 현 기술 소통을 위한 사회의 절차(STC)인 기술 작성자와 편집자의 사회(the Society of Technical Writers and Editors)라는 단체를 형성하게 된다.

이 테크니컬 커뮤니케이션 분야가 최근 저널리즘 영역에서 수용되고 있다. 정보기술이 급격히 발전하여 기술이 다양화되고 고도화되면서 일반 저널리즘 훈련을 받은 기자들이 기술 정보를 효과적으로 독자에게 전달하지 못하는 경우가 생기고 있다. 이런 분야에서 테크니컬 커뮤니케이션 기법을 적용하여 기술 글쓰기, 기술 관련 기사 작성에 도움을 주고 있다. 데이터 저널리즘 분야도 이 테크니컬 커뮤니케이션의 기법을 적극 활용할 수 있다. 기술적인 콘텐츠를 다루는 기사 작성에서 기술, 제품, 사용자, 테스크 등에 대한 분석과 효율적인 정보 전달을 위한 전체적 기획을 하는 과정을 벤치마킹할 수 있다. 즉 테크니컬 커뮤니케이션에서 기술적 정보를 저작하는 작가를 Technical Writer/Editor라고 하는데 이 역할을 데이터 저널리스트가 수행할 수 있다. 스마트 시대에 기술의 진보로 데이터 저널리스트들이 이해하기 쉽고, 독자가 보기 좋게 기술 정보를 풀어서 작성할 수 있는 테크니컬 라이팅(Technical Writing) 소양이 요구되고 있다.

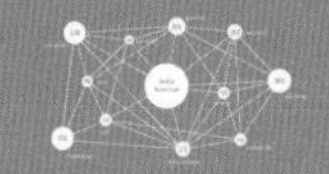

2. 데이터 저널리즘의 의의

1) 데이터 저널리즘의 필요성

(1) 정보 불평등의 해결책

커뮤니케이션학이나 사회학을 전공하는 학자들은 정보 불평등의 원인을 규명하기 위해 많은 노력을 해왔었다. 처음 그들이 접근한 것은 기술의 접근이었다. 하지만 인터넷에 접근할 수 있는 기기들이 거의 전국적으로 보급된 상황에서 기술의 접근만으로 정보 불평등을 이해하기는 힘들어졌다. 심지어 스마트폰의 경우 이미 많은 사람이 이용하는 추세로, 한 자료에 따르면 한국의 스마트폰 보급률은 69%로 전 세계에서 가장 높은 비율을 보인다고 하였다(전병역, 2013). 기술적 접근이라는 변인이 정보 불평등에 미치는 영향력이 계속해서 줄어들면서 경제적·지역적·신체적 요건 등 다양한 요인이 제기된 가운데, 그 가운데에서도 개개인들의 정보 활용 능력이 큰 주목을 받고 있다. 정부와 기업이 사용자들의 정보 활용 능력을 높이기 위해 정보화 교육,

IT 교육을 실시하기 위해 많은 노력을 기울이고 있지만, 여전히 정보 불평등은 해결하기 힘든 과제로 여전히 한국 사회에 존재하고 있다.

최근 들어 인터넷과 연결된 정보기술과 센서 기술을 적극적으로 사용하여 실시간 데이터를 얻으려는 노력이 계속해서 일어나고 있다. 정부나 기업, 여러 단체에서는 그런 동적인 자료들뿐만 아니라 아날로그화 정보를 디지털로 전환해 많은 사람과 공유하는 오픈 데이터(Open Data)의 방향으로 발전해 나가고 있다. 그러한 정보들은 하나의 사건 혹은 사회의 모습을 정확하고 객관적으로 보여줄 수 있어 매우 유용하게 사용될 수 있다. 하지만 개인들의 정보 활용 역량 문제가 해결되지 않는 상황에서 더 많은 정보의 등장은 곧 더 심각한 정보 불평등을 초래하게 될지도 모른다. 정보를 활용하고 해석할 줄만 아는 사람들은 그러한 정보를 통해 사회적·경제적 힘을 가짐으로써 정보를 이용하지 못한 사람들과의 사회적 격차는 더 커져만 갈 것이다. 경제학에서는 이러한 문제를 가리켜 정보 비대칭성이라고 표현한다. 정보 비대칭성은 정보가 넘치는 상황에서 그 많은 정보를 빨리 받아들이고 처리하지 못한 사람들이 살아가는 데 중요한 결정을 내리는 것을 어렵게 만든다고 한다.

데이터 저널리즘은 사람들에게 많은 정보 속에 감쳐진 이야기를 파악하게 함으로써 정보 불평등 혹은 정보 비대칭성을 해결하는 데 큰 역할을 할 것으로 기대된다(Tom Fries, 2013). 정량된 데이터를 분석하고 그 속에 감쳐진 이야기를 발굴함으로써 이야기를 만들어가는 데이터 저널리즘의 특성은 데이터를 해석하지 못하고 활용하지 못하는 사람들이 데이터를 이해할 수 있도록 보장해줄 수 있다. 그뿐만 아니라 시민들과의 데이터 공개 및 데이터 분석이란 공유된 장을 보장하고 있는 데이터 저널리즘의 특징은 참여자들에게 데이터 관리, 처리,

[그림 3-25] 데이터 저널리즘이 독자에게 주는 가치들

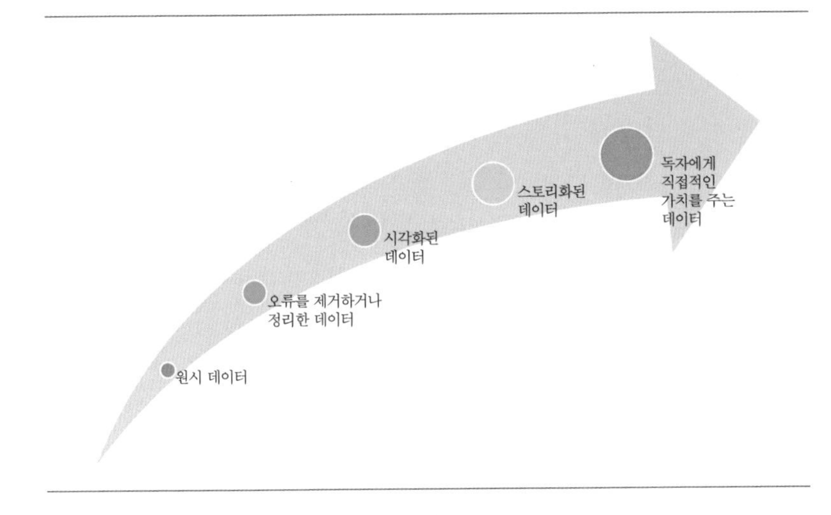

해석에 관한 기회를 제공해줌으로써 데이터를 활용할 수 있는 능력을 키우는 교육의 장으로 이용될 수 있다.

데이터 저널리즘이 독자에게 주는 가치는 다음과 같이 정리할 수 있다. 복잡하고 미처 정리되지 않은 원시 데이터를 그대로 독자에게 제시하면 독자가 느끼는 가치는 극히 미미할 것이다. 다음 단계로, 오류를 제거하고 완전히 정리한 데이터는 조금 더 나은 가치가 있다. 하지만 여전히 이 단계에서도 부족한 점이 많다. 독자는 여전히 데이터 그 자체가 아니라 데이터가 무엇을 말하는지를 알고 싶어 할 것이다. 여기에 시각화가 도입되면, 직관적으로 한눈에 데이터의 의미를 파악할 수 있으므로 독자의 이해도가 급격히 올라가게 될 것이다. 한 걸음 더 나아가, 시각화된 데이터를 포함하면서도 데이터가 그러한 경향성을 보여주게 된 연유까지 독자가 쉽게 이해할 수 있도록 이야기 형식으로 구성한다면(이른바 이미지 스토리텔링), 데이터 저널리즘의 효과는

배가 된다. 마지막으로, 독자에게 직접적인 가치(예를 들어, 충족감이나 경제적/비경제적 이익)를 줄 수 있는 저널리즘은 데이터 저널리즘이 독자와 긴밀하게 연결되어 직접적인 혜택을 줄 수 있다는 점에서 가장 긍정적인 인상을 남길 수 있는 결과물이 될 것이다.

(2) 저널리즘의 객관성과 신뢰도 향상

뉴스 소비에 관한 한 연구에 따르면(AP & CBRG, 2008), 다양한 기기를 통해 뉴스를 접할 수 있는 환경 때문에 사람들은 빈번하게 뉴스를 자주 확인한다고 한다. 이 결과만 보면 매우 긍정적인 현상이라 생각할 수도 있지만 사실은 그렇지 못하다. 사람들은 시간을 보내거나 지루함을 달래기 위해서 최근 기사 혹은 헤드라인만 확인하는 경우가 많고 자주 기사를 보기는 하지만, 주의 깊게 기사 내용 전부를 읽는 것은 아니라고 한다. 연구에 참여한 사람들 가운데 한 사람은 자신이 관심 있는 주제를 다룬 기사를 읽는다고 하더라도 전체 기사를 주의 깊게 읽지 않는다고 답하였다. 이러한 결과는 뉴스 생산자들에게 많은 의미를 제시하고 있다. 뉴스 생산자들은 사람들이 기사에 더 몰입할 수 있는 방법을 찾아야 한다는 것이다. 그 방법은 더 나은 뉴스 환경에서 사람들 스스로가 기사를 탐색할지의 여부를 빠르게 결정하도록 도와야 한다. 하지만 최근 한 프로그램 개발자가 언론사들의 기사 제목을 분석한 결과(http://hot.coroke.net)는 언론사들이 아직까지도 기사 제목을 '충격', '황당' 혹은 '경악' 등의 선정적이고 자극적인 단어들로 구성하여 독자를 끌어들이는 비성숙한 관행들이 나타나고 있음을 보여준다.

처음에 언급하였던 뉴스 소비에 관한 연구는 또 다른 결과를 보여준다. 연구에 참가한 사람들은 비록 주요 뉴스와 기사 제목만 훑어보는 행동을 보이기는 하였지만, 동시에 사람들은 깊이가 있는 정보를 더 원한다고 답변하였다. 그들은 한 주제에 대한 특별한 견해를 얻기 위해 기사를 보지만 매번 새로운 것을 얻지 못해 좌절감을 경험하였다고 한다. 이렇듯 기사를 통해 새로운 견해를 얻지 못함으로써 축적된 부정적 경험은 곧 기사에 대한 신뢰성을 떨어뜨리고 결국에는 깊게 기사를 읽지 않게 되는 행동을 야기하게 되었다. 실제로 한국언론진흥재단(2012)이 조사한 자료를 보면, 1990년대 가장 신뢰받는 미디어로 꼽히던 신문이 2000년(24.3%) 들어 급격하게 신뢰도가 떨어지면서 2010년(13.1%)에는 크게 내려앉은 상황이 되었다. 물론 위의 연구결과가 한국의 저널리즘에 대한 신뢰도를 떨어뜨린 근본적인 이유라고 이야기할 수는 없지만, 뉴스의 신뢰도와 소비에 영향을 미치는 것은 깊이 있고 객관적인 기사 내용이라는 점을 시사해주고 있다. 「워싱턴포스트(Washington Post)」의 전(前) 데이터베이스 편집장이자 관리자인 할 스트라우스(Hal Straus)는 사람들은 그들 주변에서 일어나는 것들에 대해 정말로 객관적인 정보를 원한다고 말하였다(White, 2002).

데이터를 활용하여 기사를 작성하는 데이터 저널리즘은 저널리즘의 중요한 원칙인 객관성을 잘 보장해줄 수 있는 수단이 될 수 있다. 누구든지 데이터를 분석하고 관련된 정보를 찾을 수 있도록 데이터뿐만 아니라 관련된 도구 및 기술, 방법론까지 독자와 공유하도록 하는 데이터 저널리즘의 특징은 데이터의 질적인 부분의 문제점을 극복하게 해준다. 이처럼 독자의 참여를 가능하게 하는 데이터 저널리즘은 더 신뢰할 수 있는 정보와 견해를 사람들에게 전달해주고, 이는 곧 저널리즘을 통한 새로운 비즈니스 모델과 수익을 창출하는 기회로 발전하는 좋은 기회가 될 것이라 예상된다.

[그림 3-26] 연도별 신문 신뢰도 추이

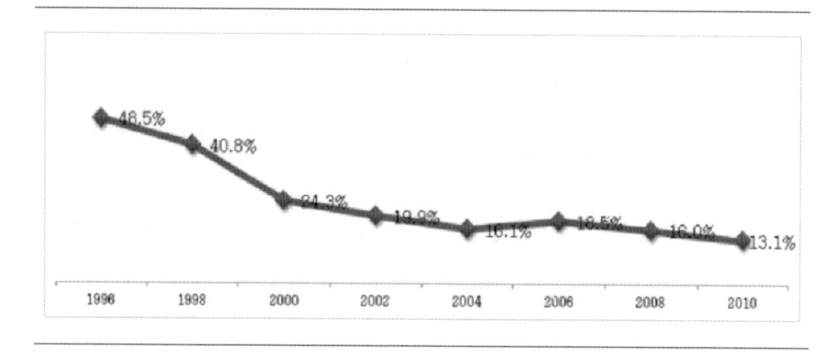

• 출처: 한국언론진흥재단(2011), 한국의 뉴스 미디어 2011

(3) 독자에게 적합한 문맥 제공

국내 저널리즘은 신문 구독률의 급격한 감소와 신문 이용 시간의 감소 등으로 인하여 심각한 위기에 봉착해 있다. 한국언론진흥재단의 〈2012 언론수용자 인식조사〉 자료에 따르면, 2012년으로 갈수록 신문의 구독률과 신문의 이용 시간이 계속해서 줄어들고 있는 것으로 나타났다(한국언론진흥재단, 2012). 이러한 상황에서 독자층과 광고에 기반을 두지 않는 비즈니스 모델의 발굴도 중요하겠지만, 그보다 더 중요한 것은 현재 신문이 전달하는 정보, 즉 콘텐츠에 대한 고민이다. 어떠한 비즈니스 모델에서든 수익을 창출하기 위해선 독자의 콘텐츠 이용이 반드시 전제되어야 하기 때문에 콘텐츠에 대한 고민은 필수요소라고 할 수 있다.

현재 작성되는 기사들은 특정한 사례를 통해 사회의 전반적인 문제를 보여주거나 통계 자료에 기초하여 기자와 신문사의 주관적 판단에 의해 자료의 일부분만 해석되어 독자에게 전달되어왔었다. 하지만

[그림 3-27] 신문 가구 정기구독률 변화 추이

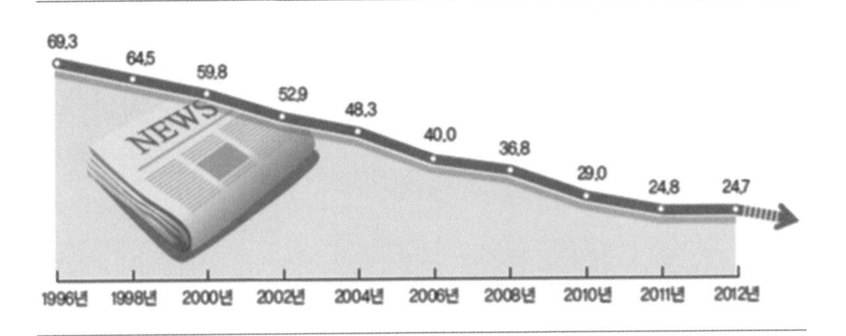

• 출처: 한국언론진흥재단(2012)

[그림 3-28] 하루 평균 신문 이용 시간 변화

연도	1993	1996	1998	2000	2002	2004	2006	2008	2010	2011	2012
분	42.8	43.5	40.8	35.1	37.3	34.3	25.1	24.0	13.0	17.5	15.7

• 출처: 한국언론진흥재단(2012), 2012 언론수용자 인식조사

이러한 전달 방식은 독자에게 자신과 적절하다고 판단될 수 있는 기사의 전달에 있어 큰 의문을 제기해주고 있다. 독자와 동떨어진 아젠다의 설정과 특정 구독자 시장의 형성은 신문사의 수익에 악영향을 줄 수밖에 없으며, 특정 독자만을 위한 아젠다 설정은 신문사가 제공하는 정보 습득에 충분한 동기를 제공해주고 있지 못한 듯 보인다.

물론 모든 사람을 위한 정보 제공이란 쉽지가 않다. 하지만 한 사건을 전달하더라도 많은 사람의 입장을 보여줄 수 있는 정보의 전달은, 똑같은 사건에 대해 이야기를 하더라도, 더 많은 사람에게 그 정보를 읽을 충분한 동기를 제공해줄 수 있다. 데이터 저널리즘은 독자 스스로가 자신이 처해 있는 환경과 관련된 관점에서 한 사건을 바라볼 수 있게 해주고 사건과 자신을 관련 지음으로써 기사를 읽는 충분한 동기를 마련해줄 수 있다. 이는 곧 한 기사를 많은 독자가 읽게 함으로써 신문사의 수익을 창출하는 데 큰 도움을 줄 것으로 기대된다.

2) 데이터 저널리즘의 역할

몇몇 학자는 정부가 공개하는 자료의 양이 증가하면 할수록 데이터 저널리즘은 저널리즘이 민주주의에 기여할 수 있는 역할을 증대할 것이라고 주장하였다(Parasie & Dagiral, 2012). 그뿐만 아니라 데이터 저널리즘은 다음 세 가지 역할을 담당할 것으로 보인다.

첫째, 데이터 저널리즘은 저널리즘의 객관성을 강화하는 데 이바지한다. 과거에는 기사를 쓰기 위해서 직접 사람들을 만나고 이야기를 하면서 자료를 얻을 수 있었다. 하지만 이렇게 얻은 자료는 한 주제에 대한 다양한 관점을 얻기에는 턱없이 부족할 수밖에 없었다. 이에 비해 한 주제를 둘러싼 다양한 출처에서 얻은 데이터 분석은 다양한 시각에서 한 사건을 객관적으로 분석할 수 있는 시각을 제공하게 해준다. 인터넷의 창시자인 팀 버너스 리(Tim Berners-Lee)는 향후 사람들이 원하는 것을 보는 데 도움을 주고 전 세계에서 일어나는 일들을 명확히 보여주기 위해 데이터를 분석할 수 있는 능력을 갖춘 저널리스트들의 역할을 강조하였다(Arthur, 2010).

둘째, 데이터 저널리즘은 오픈 데이터를 통해 정부의 투명성을 높이는 효과가 있다. 정부가 자신의 의무를 다하기 위해서는 뉴스 기관에 새로운 도구를 제공할 필요가 있다(Hamilton & Turner, 2009). 그러한 도구들은 뉴스 기관들이 경제적으로 부담이 덜 되고 더 쉽게 심층적인 보도를 하는 데 도움을 준다(Cohen et al., 2011). 영국 정부는 오픈데이터가 정부의 투명성을 제고하는 데 촉매제가 됨을 인지하고 데이터를 공개하려는 노력을 꾸준히 기울이고 있다(Howard, 2012d).

마지막으로, 데이터 저널리즘은 데이터 수집과 분석에 독자가 참여하게 함으로써 사람들의 정치적 참여를 장려하는 역할을 한다(Daniel & Flew, 2010). 데이터 저널리즘에서 저널리스트들의 역할은 질 좋은 데이터를 수집하고 분석하는 것이지만, 한 단계 더 나아가, 사람들이 많은 양의 데이터를 쉽게 이해하고 수집하는 장벽을 낮추는데 도움을 줄 수 있어야 한다. 그래서 독자가 직접 데이터를 다뤄 이야기를 만들어낸다면 사회적 토론에 참여하는 사람이 늘어날 것으로 기대된다. 그간 기존 언론 패러다임에서는 저널리스트들이 특권의식으로 정보를 독점하거나 엘리트 의식이 강했는데 데이터 저널리즘으로 독자, 대중과 협력관계를 기대할 수 있게 됐다. 독자도 스스로 뉴스 콘텐츠 제작에 참여하고 기여한다는 자부심이 전체 사회적 디지털 문화의 성숙에 기여하여 건전하고 건강한 디지털 생태계 형성과 유지에 도움이 될 수 있다.

3. 데이터 저널리즘과 관련된 연구들

1) 데이터 저널리즘의 학술적 연구

데이터 저널리즘은 이전에도 컴퓨터 활용 취재(Computer Assisted Reporting, CAR) 등의 형태로 존재하였으나, 접근 가능한 데이터의 대규모성과 잦은 갱신 주기, 수백만 건의 데이터를 분석해야 하는 시간적·경제적 비용 등을 특징으로 하는 빅데이터의 등장으로 변화의 전기를 맞이하고 있다. 따라서 이 연구는 컴퓨터 활용 취재 시절부터 지속되어온 데이터 기반의 저널리즘이 어떻게 진화하여오고 있는지 이론적, 기술적으로 고찰하고 앞으로 이러한 저널리즘을 어떻게 활용하여야 뉴스 콘텐츠의 부가가치를 높일 수 있을지 정책적으로 또한 실질적으로 제안하고자 한다.

데이터 저널리즘은 저널리즘의 새로운 양식인 디지털 기반 취재, 보도의 대표적인 사례이다(Briggs, 2013). 예를 들어 2009년 11월에는 기후변화를 주장하는 학자들 간에 오고 간 1,000통 이상의 이메일이 공개되어, 대중의 커다란 관심을 불러일으켰다. 일부 기후변화 회의론자들은 과학자들이 일반 대중을 수십 년간 속이면서 기후변화라는'허구의' 사건을 만들어냈다고 보았다. 이런 논쟁 자체가 데이터 저널리즘이 일으킨 새로운 형식의 토론이라고 할 수 있다(Holliman, 2011).

아이타멀토 등(Aitamurto et al., 2011)은 그의 'Trends in data journalism'이라는 보고서에서 오늘날 대부분 기자가 어떤 형태로든 데이터에 관련된 다양한 업무에 관여하고 있다면서 언론사의 본질이 이전의 '뉴스와 정보의 공간(a news-and-information site)'에서 '상호작용적인 뉴스와 정보의 플랫폼(a more interactive news-and-information platform)'으로 진화하고 있다고 주장했다.

드레이푸스 등(Dreyfus, et al., 2011)은 위키리크스를 둘러싼 사회적 논쟁에서 '국가안보(national security)' 논쟁이 일어나는 것은 추악한 진실을 덮으려는 사람들이 방패막이로 이용하려는 것이며, 실질적으로 정부 내 기밀사항 보호가 민주주의를 억압하는 도구로 사용되고 있다고 주장했다. 이러한 논쟁은 데이터 저널리즘이 국가안보뿐만 아니라 국익, 프라이버시, 국민의 알권리, 표현의 자유 등 다양한 가치와 충돌할 수 있음을 잘 보여준다.

레토넨(Lehtonen, 2011)은 핀란드에서의 데이터 개방(Open Data) 논쟁을 요약한 보고서에서 법률 미비, 기존의 관행과 데이터 활용 방식 등이 데이터 개방을 실현하는 데 커다란 장애로 작용하고 있다고 지적했다.

러시 등(Rusch et al., 2011)은 아프가니스탄 전쟁에서 발생한 인명 희생(mortality)이 어떤 통계적 분포를 갖는지 분석하고, 앞으로 발생할지도 모를 무력 분쟁에서 인명 사상을 예측하려는 시도를 보여주었다. 이 연구는 위키리크스를 바탕으로 「가디언」과 「뉴욕타임스」가 공개한 아프가니스탄 전 사상자 데이터를 바탕으로 이루어져서, 데이터 저널리즘이 어떤 산물을 파생해낼 수 있는가를 보여주는 좋은 사례라고 할 수 있다.

슈뢰더 등(Schröder et al., 2011)은 인터넷 시대의 기자들은 사실여부를 체크하거나 정보 출처를 확인하는 데 예전의 기자들보다 오히려 적은 시간을 소비한다고 하면서, 인터넷 덕분에 정보 확인이 쉬워진 측면도 있지만 저널리즘 윤리상 문제의 소지도 있다고 지적한다. 이들은 디지털 시대의 탐사보도는 정보출처나 특정인의 실명을 보호하는 게 더 어려워지는 측면도 있다고 주장한다.

한센(Hansen, 2012)은 데이터 저널리즘을 결코 기자들이 마치 온라인 정보를 편집하는 편집자이자 조정자 역할만 하는 것으로 오해해서는 안 된다고 주장한다. 오히려 이슈에 관한 다양한 관점 중에서 사회적 약자의 입장에 더 집중하고 그들에게 단지 목소리를 낼 기회를 주는 데 그치지 않고 대화(dialogue)의 일원으로 참여할 수 있도록 보장하는 게 중요하다고 주장한다.

브라운슈바이크 등(Braunschweig et al., 2012)은 데이터 저널리즘, 시민의 정책결정과정 참여 등을 촉진하기 위해서는 데이터에 아무런 식견이 없는 비전문가들도 공공데이터에 자유로이 접속하여 효율적으로 정보에 다가갈 수 있어야 한다고 주장한다.

바악(Baack, 2012)은 위키리크스가 기존 언론의 보도 관행에 경종을 울리면서 데이터 기반 저널리즘이라는 새로운 흐름을 명확히 제시하고 있다고 본다. 기자들이 위키리크스가 주는 교훈, 즉 여러 나라 미디어의 공조, 새로운 형식의 일러스트레이션과 웹 애플리케이션 활용, 독자의 참여 유도 등을 활용해서 새로운 저널리즘 형식에 적극적으로 대비해야 한다고 주장한다.

시모니트(Simonite, 2012)는 데이터 저널리즘 기법을 교육현장에 적용해본 사례를 보고하고 있다. 학생들이 방대한 데이터에 접근해서 스스로 탐구할 수 있는 문제를 추출해보도록 유도했다. 그리고 그 문제를 바탕으로 데이터를 시각화(Visualization)하고 온라인상에 기사나 블로그 형식으로 제시할 수 있도록 교육했다. 이런 과정에서 학생들은 데이터 분석, 연구문제의 추출, 논점의 기술 등을 통해 데이터 저널리즘을 실제로 구현하는 능력을 갖추게 되었다.

웨버와 럴(Weber & Rall, 2012)은 데이터 저널리즘을 구현하는 데 참여하는 독일, 스위스, 미국 등의 그래픽 디자이너, 프로그래머, 언론인 등을 대상으로 과연 성공적인 데이터 저널리즘 구현에 필수적인 것은 무엇인가를 질문하였다. 그들은 직종이 무엇이건 간에 저널리스트로서의 자세를 얼마나 갖고 있느냐가 가장 중요하다고 답했다. 저자는 「뉴욕타임스」 뉴스룸의 사례를 들어 이 인터뷰 결과를 뒷받침했다.

모레이라와 그란딘(Moreira & Grandin, 2012)은 직업으로서 언론인의 미래상이 데이터 저널리즘의 등장으로 극적으로 변화하고 있다고 주장했다. 새로운 기술과 테크닉뿐만 아니라 데이터 저널리즘에 맞는 새로운 언어로 무장해야 하는 도전이 언론인들 앞에 놓여 있으며, 그러한 변화의 흐름에 「뉴욕타임스」나 「가디언」은 위키리크스 보도, 2012년 미국 대통령 선거 보도 등에서 훌륭하게 적응해왔다고 본다. 웨버와 럴(Weber & Rall, 2013)은 후속연구를 통해 데이터 시각화와 데이터 스토리텔링을 기반으로 하는 새로운 상황 속에서 과연 프로그래머나 그래픽디자이너들이 하는 일이 고전적인 언론인의 역할을 대체할 수 있는지, 그리고 만약 그런 대체가 이뤄지고 있다면 과연 언론윤리나 취재기법 차원에서 정당한지 「뉴욕타임스」 뉴스룸의 사례를 중심으로 재검토하고 있다.

파월과 브리지(Powell & Bridges, 2013)는 증강현실(AR, Augmented

Reality) 기술이 언론의 스토리텔링을 어떻게 바꿔나가고 있는지 분석했다. 그들은 증강현실이 콘텍스트, 뉘앙스, 텍스처의 측면에서 수용자들에게 저널리즘을 새로운 방식으로 경험하도록 돕는다고 주장했다.

기닐드(Gynnild, 2013)는 「네이처(Nature)」에 발표한 '과학 커뮤니케이션: 페이지에서 스크린으로(Science communication: From page to screen)'라는 글에서 데이터베이스를 기반으로 한 새로운 양식의 과학 저널리즘에 주목한다. 데이터를 검색할 수 있도록 형태를 변환하고, 데이터에서 나오는 의미 있는 결과를 시각화하는 등 기존의 저널리스트들이 하지 않았던 새로운 일들을 하기 위해 새로운 인력들이 언론계로 진입하고 있으며, 미국의 독립 언론이자 탐사보도 매체인 프로퍼블리카는 새로운 트렌드를 잘 보여주고 있다. 이러한 흐름은 인쇄매체에서 온라인 매체로의 대이동을 바탕으로 한다.

니(Nee, 2013)는 소셜 미디어와 디지털 미디어가 기존 언론에 커다란 변화를 요구하고 있지만, 비영리 소규모 매체들에게는 기존 저널리즘을 타파하고 새로운 모델의 저널리즘을 통해 주역으로 부상할 수 있는 기회를 제공하고 있다고 본다. 그는 이러한 측면을 창조적 파괴(creative destruction)와 파괴적 혁신(disruptive innovation)으로 개념화하면서, 기존 미디어 질서가 역설적으로 새로운 미디어에 의해 붕괴되고 있음을 지적한다.

파블릭(Pavlik, 2013)은 최근의 뉴미디어 연구가 네 가지 이슈에 주목하고 있다고 본다. 시민 참여(citizen engagement), 조직 혁신(organizational innovation), 이동성(mobility), 콘텐츠의 컴퓨터화(contents computerization)가 그것이다. 여기서 데이터 저널리즘은 시민 참여에서 컴퓨터화에 이르는 전 분야에 연계되어 있으며 아주 근본적인 패러다임의 전환이기도 하고 일정한 한계를 갖는 측면도 있다고 주장한다.

CEJ(Computational exploration in journalism)란 기자들이 보도와 스토리텔링을 하는 과정에서 데이터를 분석하는 알고리즘, 데이터 그 자체, 그리고 사회과학적 방법을 적용하려는 제반 시도를 의미한다(Gynnild, 2013). Gynnild(2013)는 CEJ가 언론인들이 새로운 기술을 채택하는 데 그치지 않고 기존 저널리즘에 대비해 보았을 때, 혁신적인 새로운 양식의 저널리즘을 만들어내고 있다고 주장한다.

[표 3-2] 데이터 저널리즘과 관련된 기존 연구들

연구자	연구내용
△ Aitamurto et al.(2011)	데이터 저널리즘의 도입으로 언론이 '상호작용적인 뉴스와 정보의 플랫폼'으로 진화하게 됨
△ Dreyfus et al.(2011)	국가안보 논쟁은 데이터 공개를 막으려는 논리로 작용하지만 그 실효성은 의문
△ Lehtonen(2011)	핀란드의 경우 데이터 개방을 위한 법률 미비, 기존의 관행과 데이터 활용방식 등이 커다란 장애로 작용
△ Rusch et al.(2011)	빅데이터와 데이터 저널리즘의 내용을 바탕으로 실제 전쟁 상황에서 인명사상자 수 예측을 위한 모델 수립
△ Schröder et al.(2011)	디지털 시대의 탐사보도는 정보원 실명 보호나 사실 여부 확인 등에서 더 어려워진 측면도 있다고 주장
△ Hansen(2012)	데이터 저널리즘에서 다양한 입장을 가지고 사회적 약자들에게 귀를 기울이며 그들에게 더 많은 참여의 기회를 보장할 수 있는 기자의 역할을 강조
△ Braunschweig(2012)	데이터에 전문적인 지식을 가지고 있지 않은 사람들의 자유로운 공공데이터 접근을 주장
△ Baack(2012)	위키리크스 이후 데이터 저널리즘 형식에 적극적인 준비의 필요성 주장
△ Simonite(2012)	데이터 저널리즘을 교육현장에 적용한 사례 보고
△ Weber & Rall(2012)	전문가 인터뷰를 통한 데이터 저널리즘 구현을 위한 필수적인 조건들을 발견

△ Moreira & Grandin(2012)	데이터 저널리즘의 등장으로 인한 언론인들의 미래상에 대한 변화 주장
△ Moreira & Grandin(2013)	데이터 저널리즘과 관련된 새로운 직군의 역할과 정당성에 대한 고찰
△ Powell & Bridges(2013)	수용자들이 증강현실을 통해 저널리즘을 경험하는 새로운 방식 주장
△ Gynnild(2013)	언론인들에 의한 새로운 양식의 저널리즘의 탄생을 주장
△ Nee(2013)	기존 미디어 질서가 소셜 미디어와 디지털 미디어와 같은 새로운 미디어에 의해 붕괴되고 있음을 지적
△ Pavlik(2013)	뉴미디어 연구의 네 가지 이슈를 소개하며, 그중에서 많은 부분과 연계되어 있는 데이터 저널리즘의 역할과 한계점을 주장

2) 데이터 저널리즘 관련 보고서 및 서적

현재 데이터 저널리즘에 대해서 가장 정리가 잘 되어 있는 것은 아무래도 최근 오라일리(O'Reilly)에서 출판된 『The Data Journalism Handbook』일 것이다. 이 책은 2011년에 열린 모질라페스티벌(MozFest)에서 Open Knowledge Foundation과 European Journalism Centre의 구성원 및 관련 전문가들이 협력하여 제작하였다(Cocco, 2011). 열린 지식이라는 그들의 이상처럼 그들의 책 역시 데이터 저널리즘에 관심 있는 모두에게 공개되어 있다. 오프라인에서 책을 구매할 수도 있지만 온라인을 통해 자유롭게 아무런 비용 없이 책의 내용을 볼 수 있다.

이 책은 데이터 저널리즘에 대한 소개와 더불어 전 세계 몇몇 언론사가 데이터 저널리즘을 위해 어떻게 팀을 구성하고 있으며, 어떤 과

[그림 3-29] 데이터 저널리즘 핸드북 표지와 2011 MozFest에서 책 제작을 위한 노력

정을 거치는지를 자세히 설명하고 있다. 그뿐만 아니라 데이터 저널리즘이 잘 실현된 사례를 보여주면서, 데이터 수집에서 데이터의 시각화에 이르기까지 데이터 저널리즘에 필요한 작업의 세부적인 사항을 자세히 소개하고 있다. 현재까지 발표된 보고서와 서적을 통틀어 데이터 저널리즘을 가장 잘 설명한 책이라고 할 수 있다.

유럽저널리즘센터(European Journalism Centre, EJC)는 2010년 네덜란드 암스테르담에서 열린 회의 자료를 토대로 데이터 저널리즘(여기선 Data Driven journalism이라 표현하였다)에 관한 보고서를 발간하였다. 'Data-driven journalism: What is there to learn?'이라는 제목의 보고서는 각 분야 전문가들의 이야기를 토대로 데이터 저널리즘에 관해 전반적으로 설명하고 있다. 세부적인 내용으로는 데이터가 저널리즘에서 갖는 의미와 오픈 데이터의 중요성, 데이터 시각화, 데이터를 통한 이야기 전달, 데이터 저널리즘의 전망 등을 담고 있다. 이 당시만 하더라도 정부가 데이터를 공개한 나라는 미국과 영국밖에 없었기 때문에 오픈 데이터에 대한 담론의 형성이 전 세계적으로 중요한 시

기였다. 유럽 저널리즘 센터는 오픈 데이터의 중요성과 더불어 앞으로 저널리즘이 나아갈 방향에 대한 방책으로 데이터 저널리즘을 제시하고 있다.

국제저널리스트센터(International Center for Journalists, ICFJ)는 'Integrating Data Journalism into Newsrooms'이라는 제목으로 데이터 저널리즘에 관한 보고서를 발행하였다. 이 보고서는 유럽 저널리즘 센터의 보고서와 달리 데이터 저널리즘을 잘 정착시킨 언론사들에 초저을 두고 있다. 데이터 저널리즘을 잘 실천하고 있는 언론사들의 팀과 작업 과정, 자원 등을 중심으로 뉴스룸에서 데이터 저널리즘 팀이 효율적으로 관리될 수 있는 실마리를 제공하고 있다.

이들 보고서의 주요 결과물을 소개하면 다음과 같다. 우선, 데이터 저널리즘 팀을 뉴스 데스크와 가깝게 두어야 한다는 점이다. 데이터 저널리즘 팀과 편집자, 리포터의 협업을 강화하기 위해서이다. 두 번

[그림 3-30] 유럽저널리즘센터(좌)와 국제저널리스트센터(우)의 데이터 저널리즘 보고서

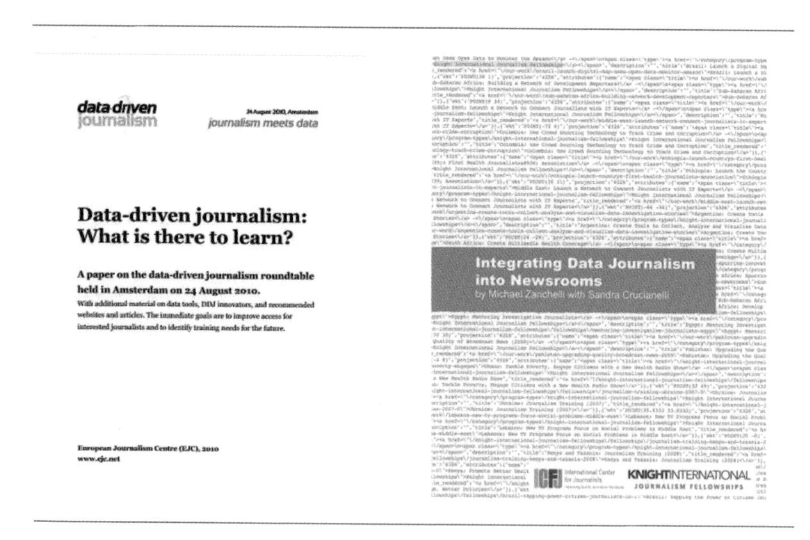
data driven journalism

24 August 2010, Amsterdam
journalism meets data

Data-driven journalism: What is there to learn?

A paper on the data-driven journalism roundtable held in Amsterdam on 24 August 2010.
With additional material on data tools, DDJ innovators, and recommended websites and articles. The immediate goals are to improve access for interested journalists and to identify training needs for the future.

European Journalism Centre (EJC), 2010
www.ejc.net

Integrating Data Journalism into Newsrooms
by Michael Zanchelli with Sandra Crucianelli

ICFJ International Center for Journalists

KNIGHT INTERNATIONAL JOURNALISM FELLOWSHIPS

째는 리포터와 개발자가 데이터를 통해 이끌어낼 수 있는 이야기와 관련된 아이디어를 도출해내기 위해 협업이 이루어질 필요가 있다고 한다. 세 번째는 기술의 차이를 좁힐 수 있는 리포터와 개발자의 채용이 중요하다고 말한다. 마지막으로, 기사를 통해 데이터가 의미하는 바와 그것이 왜 독자에게 중요한지를 정확히 이야기해주어야 한다는 점이다. 이들의 보고서는 데이터 저널리즘에 관해 뉴스룸에서의 데이터 저널리즘의 활용이란 실질적인 정보를 제공하고 있다.

유럽 공공부문 정보 플랫폼(European Public Sector Information Platform, ePSI Platform)은 유럽의 공공부문 정보의 재사용과 오픈 데이터 계획을 격려하고 홍보하고자 설립된 기관이다. ePSI 플랫폼은 새로운 개념을 쉽고 빨리 이해할 수 있도록 작성한 1장짜리 보고서인 'Fact Sheets'를 발행하고 있다. 2012년 5월에 발행된 자료에서는 데이터 저널리즘에 대해 설명하고 있다. 이 보고서는 데이터 저널리즘과 오픈 데이터의 가까운 관계에 중점을 두고 있다. 보고서의 내용은 데이터 저널리즘에 대한 간단한 의미 설명과 함께 정부의 오픈 데이터를 활용한 저널리즘의 역할을 강조하고 있다.

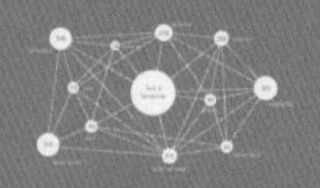

4. 데이터 저널리즘의 기존 미디어에서의 응용방안

1) 신문과 데이터 저널리즘

신문사의 데이터 저널리즘 활용은 지상파, 케이블, DMB 등 다양한 영상매체와 경쟁을 벌이고 있는 현재의 상황에서 뉴스 자체의 질을 높일 수 있는 좋은 계기가 될 수 있다. 「파이낸셜타임스(Financial Times, FT)」와 탐사저널리즘협회(Bureau of Investigative Journalism, BIJ)가 유럽 구조조정 펀드(European Structural Funds)의 낭비와 사기를 폭로했던 사례를 들 수 있다(O'Murchu, 2012). 「파이낸셜타임스」와 탐사저널리즘협회는 12명의 기자와 1명의 코더를 활용하여 다음의 4단계를 거쳐 데이터 저널리즘을 활용하였다. 첫 번째, 데이터의 소재를 확인하고 어떤 형태로 관리되고 있는지 파악한다. 두 번째, 데이터를 내려받아 분석 가능한 형태로 가공한다. 세 번째, 데이터베이스에 가공된 데이터를 입력한다. 네 번째, 데이터를 더블체크하고 분석한다(O'Murchu, 2012). 이러한 단계를 거친 데이터 분석은 다양한 형태로 기사화되어 「파이낸셜타임스」와 탐사저널리즘협회의 기사는 물론이요, BBC의

라디오 다큐멘터리로도 소개되었고, 여러 편의 다른 텔레비전 다큐멘터리에도 소개되었다. 소위 원소스 멀티유즈(One source multi use)로서 매체 자체의 명성과 위상을 높임은 물론, 독자와 시청자들에게도 많은 호응을 불러일으킬 수 있었다. 「파이낸셜타임스」에서만 해도 유럽 구조조정 펀드에 관해 2010년 11월 29일에 처음 보도를 시작하여, 2013년 6월 17일까지 무려 34건의 보도를 생산해내면서 깊이 있는 장기 탐사보도에 성공했다. 목록의 일부는 [그림 3-31]에서 볼 수 있다(O'Murchu, 2012).

구체적으로 「파이낸셜타임스」의 보도를 살펴보면 다양한 그래픽을 이용한 〈interactive〉 기사는 물론이요, 기자가 직접 그래픽을 배경으로 내레이션까지 삽입한 〈audio〉 버전도 웹사이트에 올렸다. 이러한 노력은 신문은 인쇄매체라는 오랜 관념을 깨뜨리는 신선한 도전으로 여겨진다. 유럽 구조조정 펀드의 구조를 아주 쉽게 설명하고, 어떤 도

[그림 3-31] FT의 유럽 구조조정 펀드에 관한 탐사보도 기사 목록

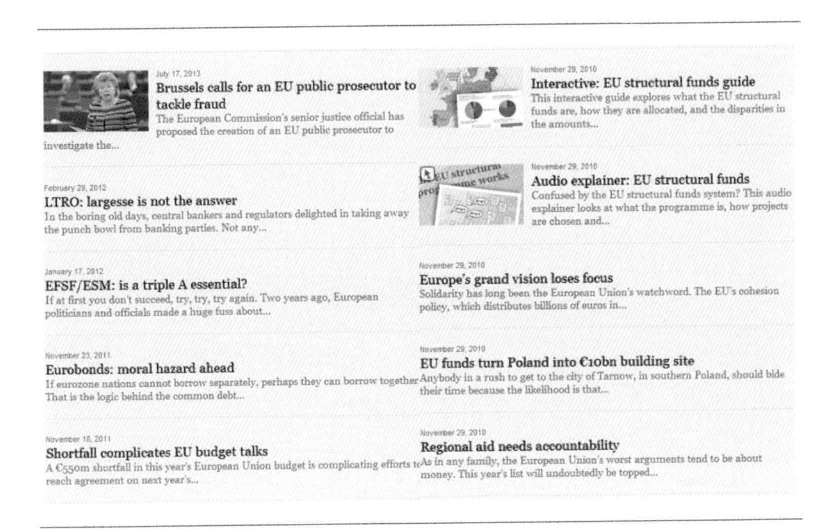

July 17, 2013
Brussels calls for an EU public prosecutor to tackle fraud
The European Commission's senior justice official has proposed the creation of an EU public prosecutor to investigate the...

February 29, 2012
LTRO: largesse is not the answer
In the boring old days, central bankers and regulators delighted in taking away the punch bowl from banking parties. Not any...

January 17, 2012
EFSF/ESM: is a triple A essential?
If at first you don't succeed, try, try, try again. Two years ago, European politicians and officials made a huge fuss about...

November 23, 2011
Eurobonds: moral hazard ahead
If eurozone nations cannot borrow separately, perhaps they can borrow together. That is the logic behind the common debt...

November 18, 2011
Shortfall complicates EU budget talks
A €550m shortfall in this year's European Union budget is complicating efforts to reach agreement on next year's...

November 29, 2010
Interactive: EU structural funds guide
This interactive guide explores what the EU structural funds are, how they are allocated, and the disparities in the amounts...

November 29, 2010
Audio explainer: EU structural funds
Confused by the EU structural funds system? This audio explainer looks at what the programme is, how projects are chosen and...

November 29, 2010
Europe's grand vision loses focus
Solidarity has long been the European Union's watchword. The EU's cohesion policy, which distributes billions of euros in...

November 29, 2010
EU funds turn Poland into €10bn building site
Anybody in a rush to get to the city of Tarnow, in southern Poland, should bide their time because the likelihood is that...

November 29, 2010
Regional aid needs accountability
As in any family, the European Union's worst arguments tend to be about money. This year's list will undoubtedly be topped...

[그림 3-32] FT의 유럽 구조조정 펀드에 관한 기사(좌)와 오디오 설명을 첨부한 기사(우)

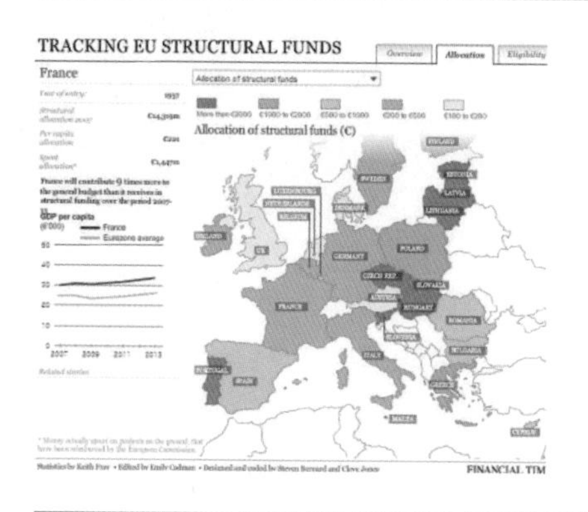

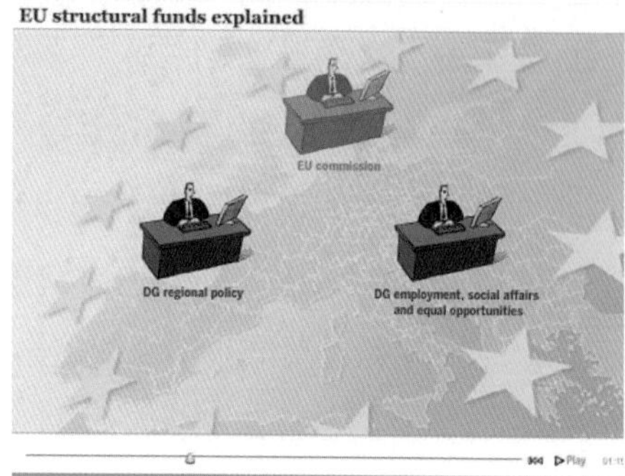

덕적 해이가 발생했는지를 친절하게 설명해주는 멀티미디어형 기사는 그 자체가 데이터 저널리즘의 한 단면을 보여준다.

또 다른 예로 영국의 「가디언」이 위키리크스의 내용을 토대로 만든 'Wikileaks War Logs'라는 데이터베이스를 들 수 있다(Rogers, 2012). 이 데이터는 앞으로도 무궁무진한 기사가 나올 수 있는 그야말로 정보의 보고이다. 그렇기 때문에 최고의 정론지로 불리는 「뉴욕타임스」와 독일의 「슈피겔」(Der Spiegel), 그리고 많은 다른 매체가 이 데이터를 바탕으로 기사를 작성해오고 있다(Rogers, 2012). 「가디언」의 작업([그림 3-33] 참조)에서는 IED(Improvised Explosive Devices)라 불리는 사제 폭탄으로 무려 1만 명 이상이 사망한 아프가니스탄 전을 폭탄이 터진 월(시점), 피해 당사자(군인, 민간인 등), 폭탄이 발견된 위치 등으로 세밀하게 표기하고 있다. 특히 구글 맵을 이용하여 위치정보와 시간정보, 사상자 정보를 동시에 보여줌으로써 사태를 한눈에 파악할 수 있도록 한 배려가 돋보인다(Rogers, 2012).

이 데이터를 구축하는 과정에서 특이한 점은 아직 진행 중인 전쟁

[그림 3-33] 「가디언」의 아프가니스탄 전쟁 기록에 관한 데이터 저널리즘 사례

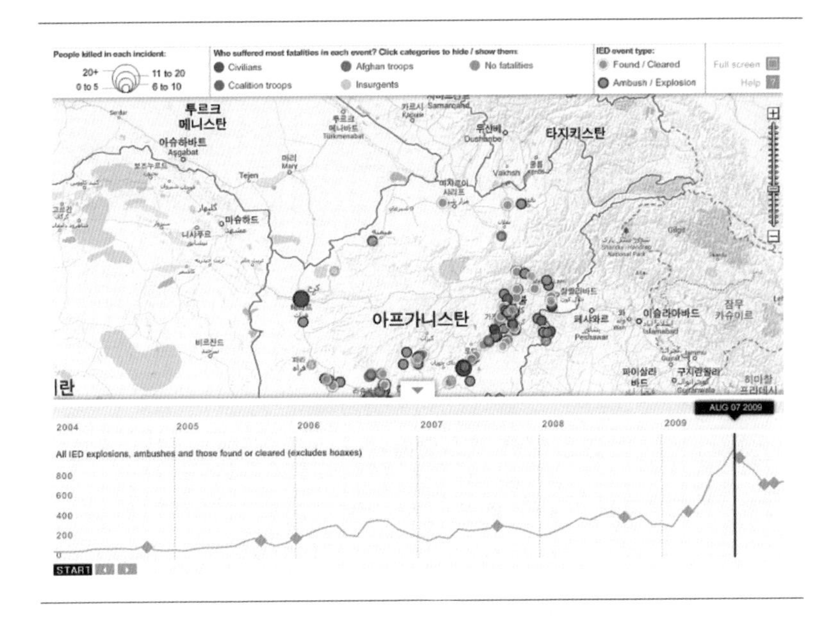

임을 고려, 현지인 정보원의 신분을 노출하거나 진행 중(또는 예정)인 작전에 관한 정보는 철저히 걸러냈다는 점이다. 동시에, 정리된 전쟁 관련 정보를 엑셀 파일 형식으로 공개해 데이터의 투명한 공개라는 빅데이터의 기본적 취지는 잘 살려냈다(Rogers, 2012). 또한 250여 해외 공관 또는 외국 정부와 오고간 25만여 개의 통신 내역도 계속 분석 중이며, 아마도 그 작업을 끝내기까지는 엄청난 시간이 필요할 것이라고 한다(Rogers, 2012).

정치인과 제휴해서 흥미로운 특집기사를 구성한 경우도 있다. 바로 독일 「차이트(Zeit)」의 온라인 버전인 차이트 온라인(Zeit Online)이 녹색당 정치인 말테 스피츠(Malte Spitz)와 제휴한 'Tell-all Telephone' 이라는 기사이다(Venohr, 2012). 스피츠는 독일통신(Deutsche Telekom)

측에 지난 6개월간 자신이 통화한 내역을 모두 넘겨달라고 소송을 걸었다. 여기서 받아온 정보를 바탕으로 유선전화, 무선전화, 인터넷, 소셜 미디어를 사용한 위치, 시간, 목적지 등을 구글 지도상에 표시함으로써 일종의 온라인 생애기록(life record)이라고 할 수 있는 인류학적이고도 민속지학적(ethnographic)인 결과물을 만들어냈다(Venohr, 2012). 누군가의 삶을 시간 단위로 일일이 추적할 수 있다는 것은 독자의 호기심을 자극하는 소재인 동시에, 누구나 악한 의도를 가진 사람에 의해 상시적으로 추적될 수 있다는 사실을 깨닫게 하는 효과를 의도했다고 볼 수 있다. 이런 시도야말로 실증적인 사실을 기반으로 대중의 각성을 촉구하는 일종의 캠페인 효과를 누릴 수 있고, 언론사 입장에서는 매체의 위상을 제고하는 기회가 될 수 있다(Venohr, 2012).

그렇다면 이런 빅데이터 분석은 빅데이터가 의미 있는 데이터 수

[그림 3-34] 차이트 온라인의 Tell-all telephone에 관한 데이터 저널리즘 사례

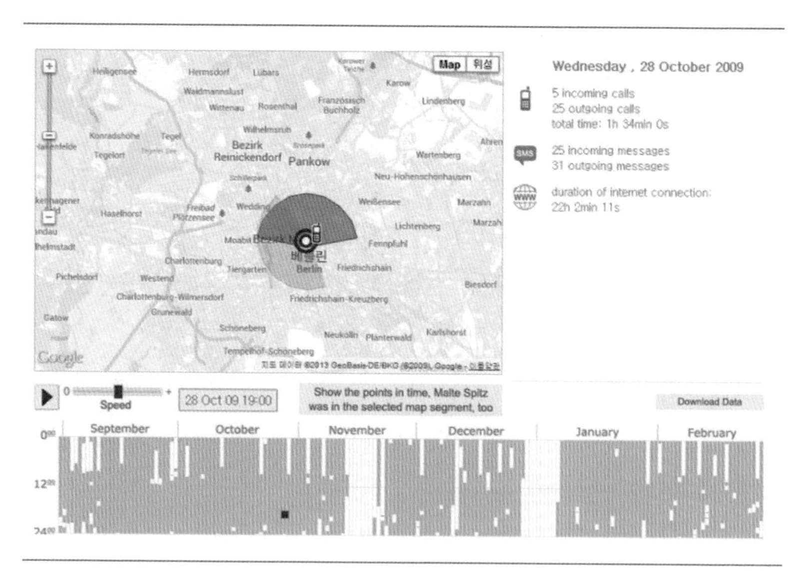

집 방법론으로 자리 잡은 시점, 다시 말해 구글랩(Google Lab)이 「네이처(Nature)」에 구글 검색어 빈도와 검색지역 병원 방문 횟수를 연계한 연구 결과를 발표한 2009년 이전에는 없었던 것일까? 결코 그렇지 않다. 우리나라의 사례를 들어보면 알 수 있다. 2006년 「동아일보」에서는 이전 10년간의 주유소 기름 값과 당시 전국 주유소의 기름 값을 모아서 컴퓨터 활용 취재라는 기법하에 보도했다(홍수용, 김선우, 김아연, 2006). 자료의 출처는 한국석유공사가 제공한 '1997-2006년 휘발유, 경유, 등유의 유통단계별 가격추이'와 석유제품 가격정보 제공업체인 '오일 프라이스 워치'와 함께 정리한 1만 1,283개 전국 주유소의 가격 동향이었다. 당시 보도의 주요 내용은 1) 서울, 부산 등 대도시에서는 휘발유와 경유의 유통 마진과 비용이 모두 증가한 반면, 전남, 충남, 경북 등 지방은 오히려 감소함 2) 전국 주유소 휘발유 값에 포함된 유

[그림 3-35] 「동아일보」의 지역별 휘발유 가격/유통 마진(좌)과 휘발유 값 동향(우) 보도자료

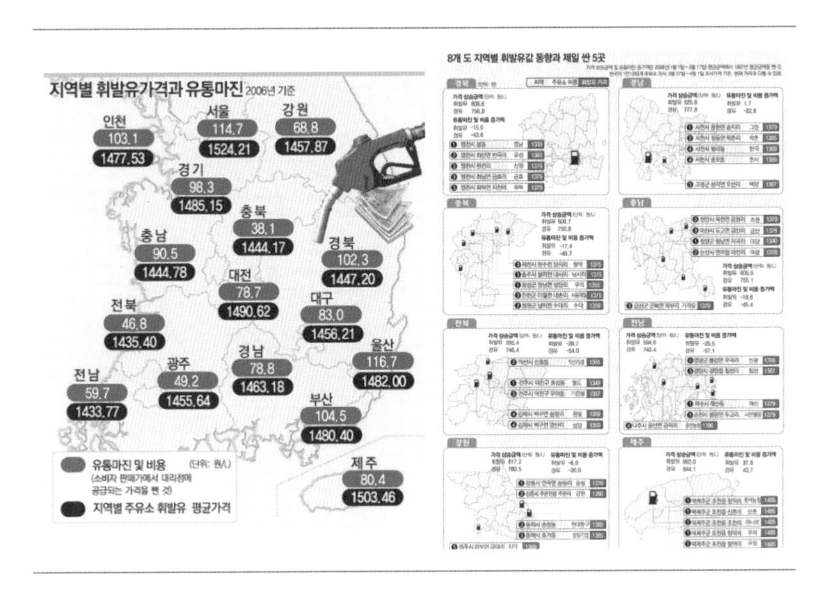

통 마진과 비용이 2006년에는 리터당 평균 82원으로 1997년 이래 가장 크다는 것 등이다. [그림 3-35]에서 알 수 있듯이 지역별 유통 마진, 비용, 판매 가격 등을 한눈에 볼 수 있게 잘 정리해놓았다.

다시 말하면, 빅데이터 분석이 본격적으로 등장하기 이전에도 전수(全數) 또는 그에 준하는 크기의 데이터를 확보해서 독자에게 체계적인 정보를 전하려는 시도가 분명히 존재했다는 것이다.

영국 「가디언」은 자사가 보도에 활용한 빅데이터 830여 세트를 웹사이트에 공개하고 있다. 데이터의 목록을 살펴보면, 성형수술 건수, 개인용 화기 보급, 낙태 건수 등 사회적으로 민감한 이슈는 물론이요,

[그림 3-36] 가디언이 공개하고 있는 데이터 목록들[2]

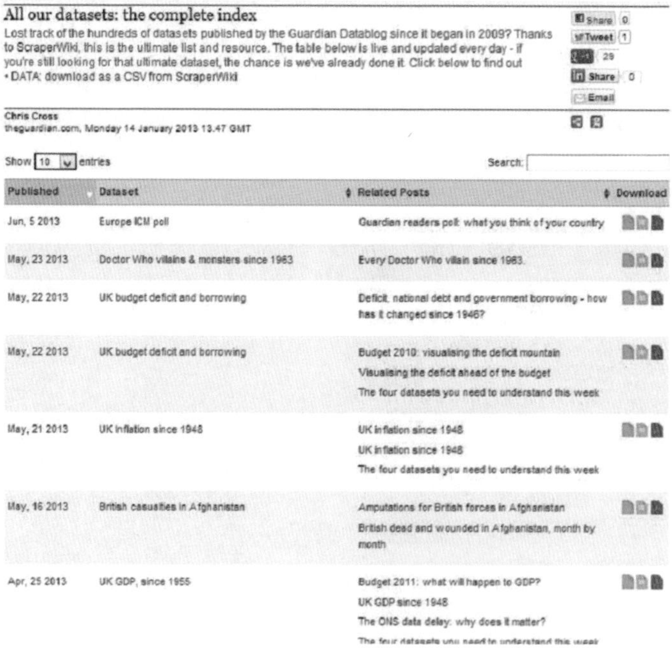

All our datasets: the complete index

Lost track of the hundreds of datasets published by the Guardian Datablog since it began in 2009? Thanks to ScraperWiki, this is the ultimate list and resource. The table below is live and updated every day - if you're still looking for that ultimate dataset, the chance is we've already done it. Click below to find out
• DATA: download as a CSV from ScraperWiki

Share 0
Tweet 1
29
Share 0
Email

Chris Cross
theguardian.com, Monday 14 January 2013 13.47 GMT

Show 10 entries Search:

Published	Dataset	Related Posts	Download
Jun, 5 2013	Europe ICM poll	Guardian readers poll: what you think of your country	
May, 23 2013	Doctor Who villains & monsters since 1963	Every Doctor Who villain since 1963.	
May, 22 2013	UK budget deficit and borrowing	Deficit, national debt and government borrowing - how has it changed since 1946?	
May, 22 2013	UK budget deficit and borrowing	Budget 2010: visualising the deficit mountain Visualising the deficit ahead of the budget The four datasets you need to understand this week	
May, 21 2013	UK inflation since 1948	UK inflation since 1948 UK inflation since 1948 The four datasets you need to understand this week	
May, 16 2013	British casualties in Afghanistan	Amputations for British forces in Afghanistan British dead and wounded in Afghanistan, month by month	
Apr, 25 2013	UK GDP, since 1955	Budget 2011: what will happen to GDP? UK GDP since 1948 The ONS data delay: why does it matter? The four datasets you need to understand this week	

세계 인구 추이, 노벨상 수상자 총목록, 세계 항공업계 관련 데이터 등 전 지구적 내용을 담은 데이터도 독자가 자유롭게 내려받을 수 있도록 하고 있다. 이러한 투명성의 추구는 예전처럼 특종(scope)에 목을 매어 데이터를 신줏단지 모시듯 기밀사항으로 숨겨온 저널리즘의 관행에 정면으로 배치되는 것이자, 인터넷 시대에 널리 퍼져가고 있는 공유의 정신에 부합하는 것으로 평가된다.

통신사도 데이터 활용에는 예외가 아니다. AP 통신사는 시카고 대학의 NORC(National Opinion Research Center)와 함께 NORC의 프로젝트인 일반사회조사(General Social Survey) 데이터를 분석하여 보도하였다(Yen & Agiesta, 2013). AP는 'BLACKS, HISPANICS MORE OPTIMISTIC THAN WHITES(흑인계와 히스패닉계가 백인계에 비해 더 낙관적이다)'이라는 제목의 기사에서 흑인과 히스패닉은 경제를 상당히 낙관적으로 보고 있지만 전통적 주류였던 백인은 50퍼센트 미만의 사람들만 낙관적 관점을 갖고 있다고 분석했다. 이러한 분석 기사는 오바마 대통령이 등장한 이후 소위 인종적 소수자들의 자신감과 비전은 향상된 반면, 주류 백인들은 상실감을 느끼고 있음을 보여준다. 이 기사는 미국이 전통적으로 가지고 있는 인종 대립과 격차라는 문제를 데이터를 바탕으로 설득력 있는 이야기를 문맥 속에서 알기 쉽게 전달해주었다는 데에 의의가 있다. AP 기사를 받아서 사용하는 수십 개의 다른 언론사도 이 기사를 거의 그대로 받아 보도하였다.

2 「가디언」의 데이터는 다음 주소에서 직접 볼 수 있다.
-http://www.theguardian.com/news/datablog/interactive/2013/jan/14/all-our-datasets-index

[그림 3-37] AP통신사와 NORC의 인종대립 및 격차에 관한 데이터 분석 보도 사례

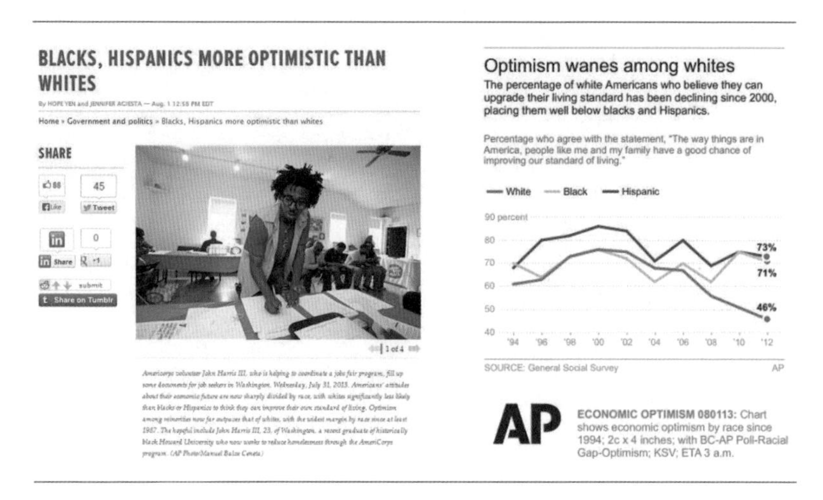

2) 방송과 데이터 저널리즘

방송에서도 데이터 저널리즘의 사례를 흔히 볼 수 있다. 여기서는 탐사보도 기자와 편집자(Investigative Reporters and Editors, IRE)라는 단체가 수집한 탐사보도 사례 중에서 데이터베이스 또는 장기간의 데이터를 분석하여 보도한 사례를 모아서 살펴보도록 한다. 상세한 내용은 IRE 웹사이트(http://www.ire.org)에서 [Research Center]를 클릭하면 검색할 수 있다. 2012년 CNN이 방송한 'World's Untold Stories: Secrets of the Belfast Project'는 보스턴대학이 구술사(oral history)적 관점에서 기획한 북아일랜드 관련 프로젝트를 다큐멘터리화한 것이다. 1970년대에 한 미망인이 무려 10명의 자녀와 함께 사라진 일이 있었는데, 그 일에 얽힌 가족, 정치인, 법조인, 학자 등을 장기간에 걸쳐 인터뷰한 자료를 토대로 당시 극심했던 북아일랜드를 둘러싼 갈

[그림 3-38] CNN의 북아일랜드 다큐멘터리에 관한 기사(좌) 및 인터뷰 자료(우)

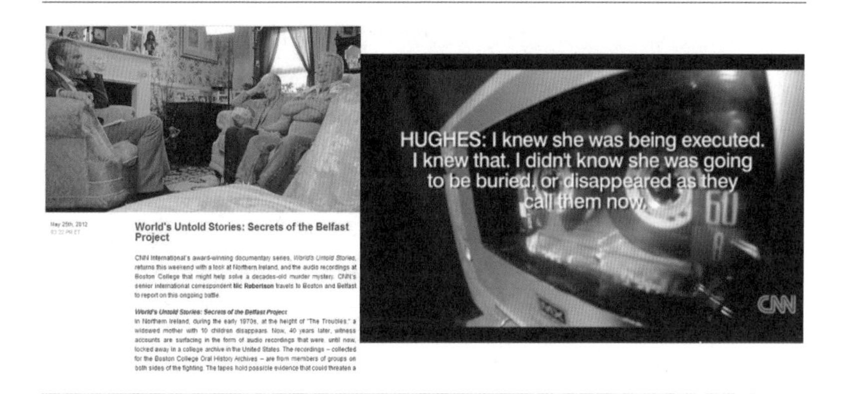

May 25th, 2012

World's Untold Stories: Secrets of the Belfast Project

CNN International's award-winning documentary series, *World's Untold Stories*, returns this weekend with a look at Northern Ireland, and the audio recordings at Boston College that might help solve a decades-old murder mystery. CNN's senior international correspondent **Nic Robertson** travels to Boston and Belfast to report on this ongoing battle.

World's Untold Stories: Secrets of the Belfast Project
In Northern Ireland, during the early 1970s, at the height of "The Troubles," a widowed mother with 10 children disappears. Now, 40 years later, witness accounts are surfacing in the form of audio recordings that were, until now, locked away in a college archive in the United States. The recordings – collected for the Boston College Oral History Archives – are from members of groups on both sides of the fighting. The tapes hold possible evidence that could threaten a

등과 살인 의혹을 차분하게 기록한 것이다. 보스턴대학이 꾸려놓은 이 데이터베이스를 바탕으로 다큐멘터리 형식에 맞춰 당시 있었던 일을 충실히 복원했다는 측면에서 이 방송은 산학협력의 차원에서도 커다란 의의가 있다고 하겠다.

NBC 뉴스가 2012년 4월 11일에 방영한 'Under fire'는 미국 레밍턴(Remington) 등 총기회사들이 사고 가능성을 알면서도 총기의 성능 개선을 통한 안전성 강화를 도외시해왔음을 폭로한 보도였다. 이 보도는 1950년대부터 총기 이용자들이 신고했던 총기의 안전성에 관한 고발을 추적해서, 총기회사들이 소비자들의 정당한 문제 제기를 묵살하고 총기 설계에서 제조까지 더 안전한 총기를 개발하기 위한 노력을 하지 않았음을 체계적으로 지적했다. 이 보도는 이용자들의 불만에 관한 60년 치 이상의 데이터를 매우 심층적으로 분석함으로써 일부 총기회사의 비윤리성을 꼬집었다. 이 보도는 '난 절대 방아쇠를 당기지 않았어요.'라고 말하는 한 총기사고 피해자의 발언 등을 통해 총기 문제에 관심이 많은 시청자와 총기 보유자들, 총기 보유 반대

[그림 3-39] NBC 뉴스의 총기 안정성에 관한 보도 영상

론자들의 논쟁에 불을 지폈다. 이 보도는 미국에서 첨예한 사안인 총기 규제를 설득력 있는 스토리로 전달해준 사례로 평가할 만하다.

다른 사례로 미국 시애틀에 본사를 둔 코모 텔레비전(KOMO-TV)을 들 수 있다. 이 방송사는 경찰 순찰차 대시보드에 장착된 상시녹화 카메라 화면을 왜 언론인이나 일반인이 열람할 수 없는지 의문을 갖고 혹시 녹화되어 있을지 모를 경찰관의 비위나 부적절한 행동을 감추기 위한 것이 아니냐는 의혹을 제기하게 되었다. 이후 이 방송사는 시애틀 경찰을 상대로 비디오 내용의 전면 공개를 요구하는 소송을 제기하였으며, 많은 지역인사가 소송을 지지하고 나섬으로써, 커다란 지역 이슈로 부상하게 되었다. 2012년 4월부터 12월까지 계속 이어진 관련 보도는 시애틀뿐만 아니라 미국 전역의 경찰차에 장착된 비디오

[그림 3-40] KOMO TV의 경찰차들의 상시녹화카메라 열람금지 문제점에 대한 보도

카메라로 촬영한 내용을 과연 공익과 국민의 알권리를 위해 공개 또는 열람해도 되는지에 관한 논쟁으로 비화했으며, 이 논쟁은 여전히 진행 중이다. 이 사례는 공공정보를 적극 개방·공유하려는 정부 3.0 출현과 더불어 반향이 더 커지고 있다.

KSHB-TV는 미국 미주리 주의 지역방송인 'Digital Footprint & Sunshine Law'라는 프로그램을 방영하였다. 미주리 주 클레이 카운티의 감사인 윌리엄 노리스(William Norris)라는 사람이 사무실 컴퓨터를 이용해서 온갖 성적(性的) 비행을 저질러오다가 적발된 것이다. 이 텔레비전 채널은 소셜 미디어 검색 엔진과 전통적인 온라인 데이터베이스를 활용하거나, 정보 공개 청구 등을 통해 그에 의한 개인정보 누설의 피해자들을 찾아내 집중적으로 보도하였다. 일부 피해자들은 범인의 비행으로 말미암아 누드 사진이 공개되기도 했고, 일부는 스토킹을 당하거나 개인정보가 유출되어 피해를 입기도 했다. 이 보도는 2011년 7월 25일부터 11월 23일까지 시리즈로 이어졌다. 이 보도로 윌리엄 노리스는 사임했고 마침내 기소되는 결과를 낳기도 했다.

[그림 3-41] KSHB TV의 윌리엄 노리스에 대한 기사(좌) 및 노리스의 사임 편지(우)

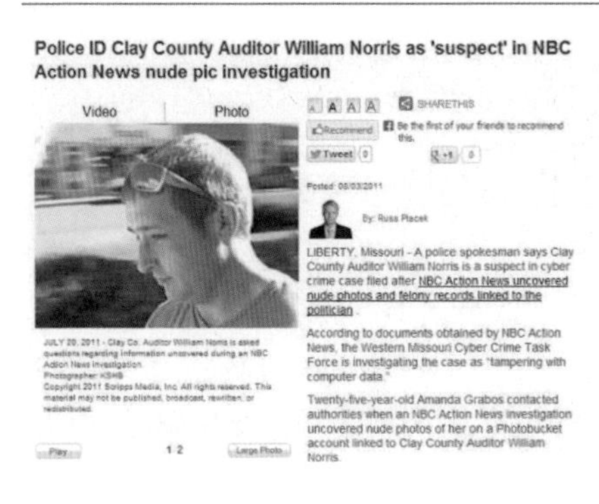

Police ID Clay County Auditor William Norris as 'suspect' in NBC Action News nude pic investigation

Video | Photo

JULY 20, 2011 - Clay Co. Auditor William Norris is asked questions regarding information uncovered during an NBC Action News investigation.
Photographer: KSHB
Copyright 2011 Scripps Media, Inc. All rights reserved. This material may not be published, broadcast, rewritten, or redistributed.

Play 1 2 Large Photo

SHARETHIS
Recommend Be the first of your friends to recommend this.
Tweet 0 +1 0

Posted: 08/03/2011

By: Russ Ptacek

LIBERTY, Missouri - A police spokesman says Clay County Auditor William Norris is a suspect in cyber crime case filed after NBC Action News uncovered nude photos and felony records linked to the politician.

According to documents obtained by NBC Action News, the Western Missouri Cyber Crime Task Force is investigating the case as "tampering with computer data."

Twenty-five-year-old Amanda Grabos contacted authorities when an NBC Action News investigation uncovered nude photos of her on a Photobucket account linked to Clay County Auditor William Norris.

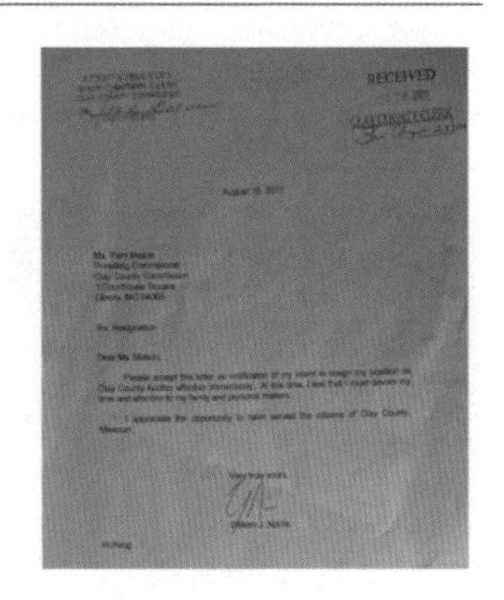

RECEIVED

미국 콜로라도 주 덴버에서는 푸에블로 주립병원에서 일어난 미심쩍은 죽음들을 파헤쳤다. KMGH-TV는 콜로라도 주립 정신병원에서 일어난 사망기록 데이터베이스를 뒤져보다가 적어도 네 건의 죽음이 병원 직원의 능력 부족, 업무방임이나 실수에 의해 일어난 것임을 파악하고 집중적으로 보도했다. 처음에는 주립병원 측이 데이터베이스를 공개하지 않았다가 방송사 측에서 행정소송을 제기하자 마지못해 데이터를 공개하였다. 데이터를 열람한 방송사는 정밀하게 심층 추적해 일부 데이터가 조작되고, 사망기록 등이 누락된 것을 발견하게 되었다. 특히 이 보도에서는 인터뷰와 정보 제공을 기피하는 정부 당국자들과 병원 관계자들 때문에 보도가 어려움에 처하자, 직접 피해자로 의심되는 사람들의 가족들에게 허락을 받고 병원과 관련 행정당국에 기록 열람권을 신청하기도 했다. 이 보도는 2010년 6월 26일, 6월 28일, 6월 29일, 12월 17일 등 4회에 걸쳐 방영되었으며, 콜로라도 주의 정신보건 정책이 개선되어야 한다는 여론을 형성하였다. 이러한 여론은 소셜 미디어를 통해 급속도로 펴져나갔고, 급기야 주정부는

[그림 3-42] KMGH TV의 주립 정신병원의 미심쩍은 죽음에 대한 보도 자료

Health Dept Finds Serious Mistakes At State Hospital

State Human Services Refuses To Talk About Patients' Deaths

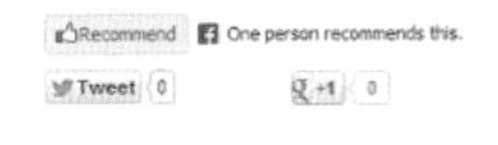

Posted: 06/30/2010
Last Updated: 1143 days ago

The CALL7 Investigators have discovered patients at the state hospital in Pueblo were found to be in "immediate jeopardy" following the suicide of a 21-year old man.
Sergio Taylor asphyxiated himself with a plastic bag while being held in the high-security forensic unit of the hospital.

The Colorado Department of Health detailed serious errors by hospital staff, and investigators were concerned other patients could die.

The health departments report confirmed the findings of CALL7 Investigator John Ferrugia who, for months, has been reporting on deaths at the state hospital, which is overseen by the Colorado Department of Human Services.

We just had questions about not only how the occurrence had happened and what the conditions were at the facility, we thought we needed to see it firsthand, said Howard Roitman of the Colorado Department of Health.

Roitman explained that when his department received word that Taylors suicide, with a plastic bag, occurred in a high-security unit, it was an immediate red flag suggesting other patients were in danger.

We found a condition that needs to be fixed before we're even comfortable leaving, said Roitman.

The health departments October 2009 investigation found there were no controls on plastic bags and that nursing staff was not properly checking on patients during required monitoring.

We told them they had to get complete control on the plastic bags, Roitman said.

In May, the health department conducted an unannounced visit to ensure the necessary changes were in place to protect patients, but a top official with the Colorado Department of Human Services has consistently denied that any changes were made because of Taylors death.

2011년 2월 정신보건 정책 개선을 위한 공청회(Public Hearing)를 열었다. 정밀한 데이터 분석에서 시작된 보도가 공공을 위한 법 개정 작업에까지 영향을 끼친 사례라고 할 수 있다.

위 사례들에서 볼 수 있듯이 방송매체는 영상을 활용한다는 장점 때문에 데이터 저널리즘을 활용했을 때, 큰 사회적 파장을 낳을 수 있는 측면이 있다. 그러나 장기간 검토한 분석 결과를 불과 몇 분짜리의 리포트로 보도해야 한다는 한계가 있다. 그래서 다큐멘터리 형식을 차용한 CNN 사례처럼, 대안적인 방송 형식을 사용하기도 한다.

드물지만 라디오 방송이 데이터 저널리즘을 활용하는 경우도 있었다. 미네소타 공영 라디오(Minnesota Public Radio, MPR)는 주립 정신병원이 공식병원 인증조차 갱신하기 어려울 정도로 부실하게 운영되고 있

[그림 3-43] MPR의 주립 병원 부실 실태와 관한 기사(좌)와 인포그래픽 사례(우)

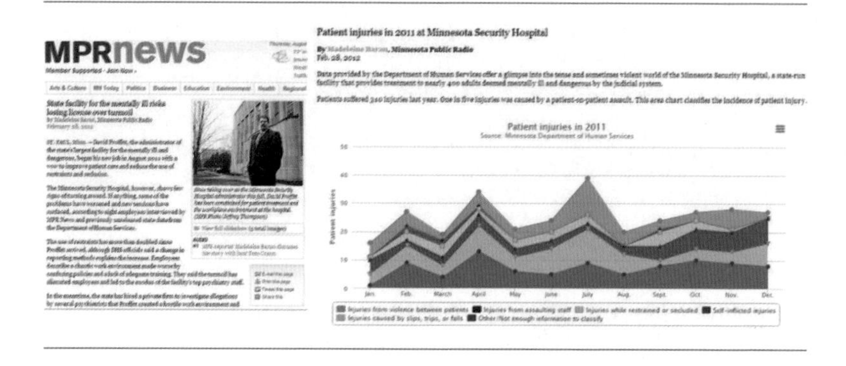

다고 보도했다. 병원 내에서 각종 폭력사태가 일상적으로 일어나며, 환자들이 부상하는 경우도 증가하고 있고, 그 외에도 여러 가지 숨겨진 문제가 채 드러나지도 않은 상황임을 보도했다. 미네소타 공영 라디오는 주립 정신병원의 실태를 담은 보고서를 확보해 직접 인터넷에 올렸고, 보고서 내용을 검증하기 위해 관련자 인터뷰를 감행했다.

3) 뉴미디어(온라인미디어)와 데이터 저널리즘

온라인미디어가 데이터 저널리즘을 활용한 사례는 1) 인터넷에서만 활동하는 매체와 2) 신문이나 방송과 같은 주된 매체와 분리되어 웹상에서 인포그래픽 등을 활용하여 온라인상에서 별도의 활동을 하는 경우로 나눌 수 있다. 한국의 인터넷 매체인 뉴스타파는 2013년 국제탐사보도언론인협회(International Consortium of Investigative Journalists, ICIJ)와 공조해 한국인과 북한인 명의의 조세피난처 금융계

[그림 3-44] 뉴스타파의 조세 피난처 프로젝트 관련 기사들

[호외] 뉴스타파 '조세피난처 한국인' 전방위 조사

뉴스타파 '조세피난처 한국인' 전방위 조사

뉴스타파 · ICIJ '조세피난처 프로젝트' 한국인 설립 유령회사 중개 마스터클라이언트 분석결과

뉴스타파 · ICIJ '조세피난처 프로젝트'
한국인 설립 유령회사 중개 마스터클라이언트 분석결과

좌를 확보한 뒤 자체적으로 분석하였다. 뉴스타파는 7차례에 걸쳐 조세피난처에 계좌를 가지고 있는 소유주(추정)의 명단을 발표하였으나, 미처 찾아내지 못한 150여 계좌의 한국계 주인을 찾아내기 위해 소유주의 이름을 자사 홈페이지에 게재하여 일반 네티즌들에게 도움을 요청하였다. 일종의 '크라우드 소싱(crowd sourcing)'에 의존한 데이터 저널리즘의 수행으로 볼 수 있다.

위키리크스도, 기존 언론의 보도 관행에 경종을 울리면서 데이터 기반 저널리즘이라는 새로운 흐름을 명확히 제시하고 있다(Baack, 2011). 줄리언 어산지(Julian Paul Assange)가 만들어낸 익명성 보장을 전제로 한 공적 폭로 웹사이트([그림 3-45] 참조)는 많은 언론에 직접적인 영향을 주었다. 단적인 예로, 국내의 「경향신문」도 경향리크스라는 웹사이트를 만들어 제보자가 신원을 드러내지 않고도 공적 제보를 할 수 있도록 했다. 바크(Baack, 2011)는 기자들이 위키리크스가 주는 교훈, 즉 여러 나라 미디어의 공조, 새로운 형식의 일러스트레이션과 웹 애플리케이션 활용, 독자의 참여 유도 등을 활용해서 새로운 저널리

[그림 3-45] 위키리크스 홈페이지

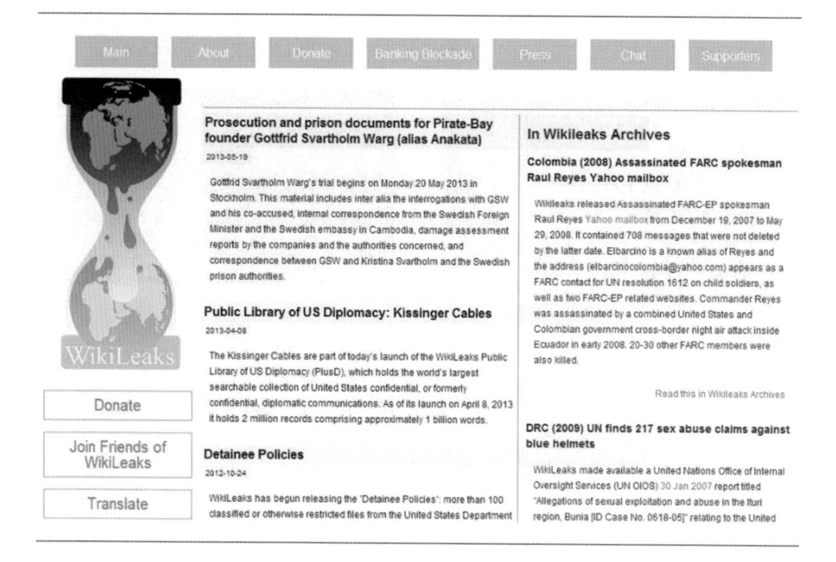

즘 형식에 적극적으로 대비해야 한다고 주장한다.

미국 탐사보도협회인 IRE에 따르면, 인터넷 매체인 허핑턴포스트가 운영하는 허핑턴포스트 탐사보도 기금(Huffington Post Investigative Fund, HPIF) 역시 데이터 저널리즘을 지원한다. HPIF는 2010년 3월, 소위 '빅3' 신용평가 업체인 스탠더드 앤 푸어스, 무디스, 피치가 자신들이 매긴 신용등급에 불복해 소송하는 것을 막기 위해 골몰하고 있다는 내용을 보도했다. 그들은 법정 소송 서류, 의회 증언 기록, 증권감독원 문서들을 데이터베이스로 엮어 분석해보니, 이들 신용평가 업체가 미국의 수정헌법을 이용하여 자신들의 등급 발표 권한이 '표현의 자유'로 보장된다고 주장하고 있음을 발견하게 된다. 가장 힘 있는 민간 기관이라 할 수 있는 이들 업체가 약자의 권익에 가까운 표현의 자유에 의탁하고 있다는 사실이 데이터를 기반으로 한 탐사보도를 통

[그림 3-46] 허핑턴포스트의 신용평가 업체들에 대한 데이터 기반 보도 자료 사례

Under Attack, Credit Raters Turn to the First Amendment

HuffPost Investigative Fund | By Ben Protess and Lagan Sebert
First Posted: 03/18/10 06:12 AM ET | Updated: 05/25/11 03:30 PM ET

React > Inspiring | Greedy | Typical | Scary | Outrageous | Amazing | Innovative | Infuriating

Follow > Bill Of Rights, Video, Morgan Stanley, Egan Jones, Free Speech, Huffington Post Investigative Fund, Market, Moodys, Standard, Business News

SHARE THIS STORY
0 0 0 0
Share Tweet Email +1
Get Business Alerts
Sign Up
Submit this story

Editor's note: This is the first of three articles by the Investigative Fund on the credit rating companies. To help with the investigation, sign up here.

For two decades, the nation's top credit rating agencies have managed to fend off a crackdown from Washington by relying on a surprising ally - the First Amendment.

Despite their key role in the most recent economic calamity, the three big bond raters--Standard & Poor's, Moody's and Fitch--seem poised to do it again. With help from two of the most storied constitutional lawyers in the country, the raters have successfully argued that when they make a mistake -- say, awarding the top triple-A grade to a multibillion-dollar bundle of bonds that later default -- they cannot be sued or held accountable.

That's because ratings are opinions, the agencies claim, protected by the constitutional right to free speech.

A Huffington Post Investigative Fund examination of court filings, congressional testimony and

해 드러나게 된 것이다.

독립적 탐사보도 매체인 프로퍼블리카(www.propublica.org)의 데이터 활용도 눈길을 끈다. 프로퍼블리카는 공항에서 치안을 담당하는 공항경찰들이 어떤 비행을 저질러왔는지 데이터를 수집해서 분석했다. 조사 결과는 놀라왔다. 9·11 테러 이후 막강한 권한을 누리면서 시민들의 존경을 한 몸에 받고 있는 공항경찰들 중에 마약 밀수에 협조하거나 인신매매단을 돕기도 하고 아동 성추행, 뇌물 수수, 음주 운전, 가정 폭력, 살인 교사 등 중범죄를 저지르고 수감된 사람들이 상당히 많았던 것이다. 프로퍼블리카는 자사 웹사이트에 게재한 'Air Marshals: Undercover and Under Arrest'라는 기사에서 범죄 기록이 보여주는 공항경찰의 기강 해이를 통렬하게 지적했다(Grabell,

[그림 3-47] 프로퍼블리카의 공항경찰 비행 관련 기사(좌)와 설문 조사 자료(우)

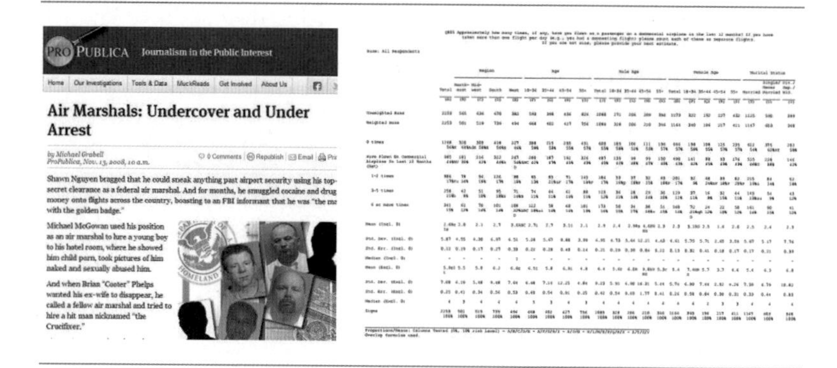
PROPUBLICA Journalism in the Public Interest

Home | Our Investigations | Tools & Data | MuckReads | Get Involved | About Us

Air Marshals: Undercover and Under Arrest

by Michael Grabell
ProPublica, Nov. 13, 2008, 10 a.m.

0 Comments | Republish | Email

Shawn Nguyen bragged that he could sneak anything past airport security using his top-secret clearance as a federal air marshal. And for months, he smuggled cocaine and drug money onto flights across the country, boasting to an FBI informant that he was "the ma with the golden badge."

Michael McGowan used his position as an air marshal to lure a young boy to his hotel room, where he showed him child porn, took pictures of him naked and sexually abused him.

And when Brian "Cooter" Phelps wanted his ex-wife to disappear, he called a fellow air marshal and tried to hire a hit man nicknamed "the Crucifixer."

2008). 이후 공항경찰 측은 관련 경찰들을 파면 또는 해임하고, 새로운 내규 개정을 통해 차후 비리를 예방하고자 하였다.

비슷한 사례로 미국에서는 초·중·고등학교 스쿨버스 운전기사들이 범죄 경력 조회도 받지 않고 채용되었다가, 아동 성추행 등의 범죄를 저질러 문제가 된 적도 있었다. 이런 경우에도 언론은 관련 데이터를 수집하여 지역 매체에 보도함으로써 사회문제 고발과 의제 설정이라는 고유 기능을 수행하게 된다. 이때, 관련 데이터를 수집하고 분석하는 과정 자체가 데이터 저널리즘의 좋은 사례가 된다.

이상 신문, 방송, 그리고 인터넷 매체와 같은 뉴미디어가 어떻게 데이터 저널리즘을 수행해왔는지 사례를 위주로 정리해보았다. 신문은 사안의 역사적 맥락에서 현황에 이르기까지 기사의 배경이 되는 정보를 충분히 전달하는 이른바 '장문 저널리즘(long journalism)'이 가능한 매체 중 하나이다. 만약 기사가 너무 길어진다면 시리즈로 연재할 수도 있다. 거기에 정보의 본질을 간략하면서도 명쾌하게 보여주는 인포그래픽까지 더하면, 데이터 저널리즘의 영향력은 배가된다고 볼 수 있다. 그러나 신문 매체의 문제는 2013년 8월 6일에 있었던 아마존 닷컴의 「워싱턴포스트」 인수에서 볼 수 있듯이 새로이 등장한 웹이나 소셜 미디어에 그 주도권을 완전히 내어주고 있다는 데 있다. 신문의 경쟁재이자 부분적인 대체재이기도 한 웹과 소셜 미디어는 지면의 제약이 없으므로 신문이 강점으로 갖고 있는 '장문 저널리즘'의 차원에서도 더 나을 뿐만 아니라 음성, 음향, 영상, 그래픽 등 다양한 멀티미디어 정보를 거의 제약 없이 제공할 수 있다는 장점이 있다.

멀티미디어를 활용한다는 측면에서는 텔레비전도 훌륭한 데이터 저널리즘의 아웃렛으로서 기능한다. 하지만 방송의 특징인 1회성과 시간제약 때문에 탐사보도, 데이터 저널리즘처럼 심층적인 기사를 전달하기에는 한계가 있다. 따라서 앞서 살펴보았던 CNN의 사례와 같이 다큐멘터리나 〈60 minutes〉 같은 시사매거진 형태를 취하는 것이 데이터 저널리즘의 수행에는 더 용이하다고 할 것이다.

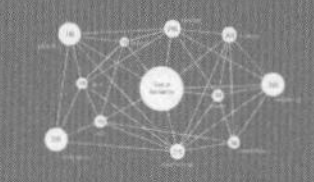

5. 데이터 저널리즘의 한계와 단점

데이터 저널리즘의 핵심은 바로 데이터다. 많은 출처에서 생산된 데이터가 미래에 저널리즘이 나아가야 할 방향으로 이끌지 모르겠지만, 다른 한편으로는 심각한 문제를 초래할 수 있는 매개체가 될 수도 있기에 데이터 저널리즘의 한계를 인지하는 것은 무엇보다 중요하다. 데이터 저널리즘은 말 그대로 데이터와 저널리즘을 결합한 용어로, 데이터 저널리즘의 한계 역시 데이터와 저널리즘 각각의 요소가 가지는 한계점을 토대로 살펴볼 수 있다. 여기선 크게, 1) 데이터베이스를 주된 정보원(source)으로 하는 경우에 갖는 한계와 2) 저널리즘이라는 정보양식이 고유하게 갖는 한계로 나누어 살펴보고자 한다.

1) 데이터베이스를 주된 정보원으로 하는 경우에 갖는 한계

먼저 데이터의 입수부터 전처리, 가공, 분석, 후처리에 이르는 과정에서 여러 가지 비용이 발생할 수 있다는 문제가 있다. 구글 검색어 데이터베이스를 예로 들면, 구글에서는 매일 6억 건 이상의 정보 검색이 발생하며, 인터넷상의 정보는 2년마다 2배로 늘어난다. 이는 사람이 직접 검토하기가 거의 불가능한 규모임을 의미한다.

둘째, 데이터의 취득 과정에서도 한계점이 있다. 먼저 구글이나 네이버처럼 인터넷 사용자들의 정보 이용에 관한 데이터베이스를 많이 확보하고 있는 기업이 검색어 데이터베이스를 기자에게 자발적으로 순순히 내어주기를 기대하는 것은 무리이다. 그리고 설사 그러한 검색어 데이터에 접근할 수 있다 하더라도 검색어·검색일자 선정, 유사어, 유사표기어, 약어 등의 검색 원칙 확정, 전문 데이터 분석가들의 데이터 질적 검증 등의 과정을 거쳐야 하는데, 이는 상당히 노동집약적인 과정이다. 그뿐만 아니라 2년마다 2배로 늘어나는 데이터의 속성상 몇 개월 전의 데이터라도 인터넷 세계에서는 원시시대의 그것과 같다. 즉, 조금만 시간이 흘러도 데이터가 반영하고 있는 세상은 아주 먼 옛날의 것이 되기 때문에 이러한 데이터의 노화를 고려해보면, 애써 분석한 데이터의 가치는 그다지 크지 않을 수도 있다.

물론 데이터를 취득할 수 있는 곳은 이익을 우선시하는 기업만 있는 것은 아니기에 너무 절망하지 않아도 된다. 미국의 'Open Government Initiative', 영국의 'Power of Information' 보고서, EU의 'Open Data Strategy', 한국의 '정부 3.0' 등이 모두 '투명한 정보 공개'를 취지로 정부가 보유하고 있는 데이터들을 공유하려는 노력을 기울이고 있다. 정부 부문의 투명성을 제고하여 국민이 스스로 원하는 정보를 얻어 자신들의 개별적 요구를 정부 정책에 반영할 수 있도록 돕는 것이 바로 이런 일련의 정책 기조가 의도하는 방향이다. 공공데이터 개방을 위한 정책은 장기적으로 '공공정보 개방을 위한 플랫폼' 구축을 목표로 점진적으로 추진하는 것이 중요하다(NIA, 2012). 프라이버시 보호 등 예민한 문제는 물론이거니와 예산, 인력, 법제도적 근거, 개방인식의 확산 등이 모두 상당한 자금과 시간을 요하는 부분이기 때문이다.

셋째, 데이터 조작의 우려가 발생할 수 있다. 데이터의 신뢰성을 확보하지 못하면 잘못된 해석과 정보를 사람들에게 전달해주어 여러 가지 사회문제와 특권층의 데이터 조작과 같은 문제를 야기할 수 있기 때문에 몇 번이고 강조할 필요가 있다. 그렇기 때문에 데이터 저널리즘을 구현하고자 하는 주체는 공개된 데이터에 대한 무조건적 신뢰와 데이터에 대한 질적인 책임을 회피하기보다는 반드시 데이터의 신뢰성을 검증하고 이를 보충할 수 있는 대안을 생각할 필요가 있다.

한 사례로, 2009년 4월, 「로스엔젤레스 타임스(Los Angeles Times)」 기자인 웰시와 스미스(Welsh & Smith, 2009)는 데이터베이스 전문 회사인 에브리블록(EveryBlock)이 공개한 정부 데이터에 많은 결함이 있는 것을 발견하였다. 그들이 공개한 자료는 범죄가 발생한 지역에 관한 자료로, 일부 잘못 표기된 주소나 도시 이름이 삭제되어 있는 경우를 발견하였다. 이를 통해 데이터의 결함이 정책적 결정에 다른 영향을 미칠 수 있기 때문에, 자료의 신뢰성이 얼마나 중요한지를 일깨워주었다. 이를 계기로 「시카고 트리뷴(Chicago Tribune)」은 데이터를 이용하여 보도할 때 자료 제공 출처의 신뢰성에 관한 문제점을 극복하고자 비슷한 정보가 실린 다른 출처의 정보를 통합하여 사용하기도 하였다. 그들이 진행하고자 하는 주제인 자살과 관련된 시카고 경찰의 자료가 조작되었을 것이라는 의혹을 받는 가운데, 편집장은 자료의 신뢰성을 높이기 위해 병원의 검시관이 직접 기록한 자료들을 비교해가면서 프로젝트를 진행할 수 있었다(이들의 프로젝트는 homicides.redeyechicago.com 에서 확인할 수 있다).

넷째, 데이터가 가질 수 있는 통계적 표집 오차 및 비표집 오차도 일종의 비용이 된다. 만약 빅데이터에 접근해서 표본이 아닌 모집단 자체를 분석할 수 있거나, 적어도 모집단에 근접한 표본을 구했다고 가정해보자. 이런 경우에는 기술통계(descriptive statistics)에만 의존해도 결과 해석에 전혀 무리가 없을 것이다. 가설검증과 같은 소위 추론통계(inferential statistics)에 의탁할 필요가 없을 것이기 때문이다. 그러나 실제 데이터는 불완전하거나, 얻기가 어렵거나, 데이터의 완전성(integrity)에 의문을 자아내는 경우가 많다. 이럴 때는 데이터를 비싼 가격으로 구입해야 할 수도 있고, 데이터의 공신력 자체를 재점검해야 할 경우도 있으며, 때에 따라서는 전면적인 재수집 또는 재코딩을 요하는 경우도 있다. 또한 데이터 검증에는 데이터에 등장하는 실제 인물이나 담당자를 인터뷰하는 과정이 포함되기도 한다. 실제로 앞에서 언급했던 신문, 방송, 뉴미디어 매체에서의 데이터 저널리즘 사례들에는 데이터에 드러난 '진실'들이 정말 '진실'인지 관련자를 직접 만나 확인했던 저널리스트들의 지난(至難)한 과정이 녹아 있다.

마지막으로, 인물에 관한 데이터에 필연적으로 따라오는 프라이버시에 관한 우려가 심각한 단점으로 간주될 수 있다. 인물을 다루는 데이터에는 성명, 거주지, 연락처, 사회보장번호(또는 주민등록번호)와 같은 기초적인 개인정보뿐만 아니라 개인의 건강이나 범죄기록, 취향, 가족관계 등 민감한 기록을 포함하는 경우가 많다. 데이터 저널리즘을 수행하는 과정에서 그러한 데이터를 다루게 되는 수십 명의 기자, 편집자, 스태프들은 이러한 개인정보 보호에 각별히 유념해야 한다. 만약 한두 명이 고의로 또는 실수로 개인정보를 유출하게 되면, '표현의 자유'나 '국민의 알권리'로 보호받기 어려운 딜레마가 생길 수 있다.

2) 저널리즘이라는 정보양식이 고유하게 갖는 한계

저널리즘은 사실에 대한 기자의 관찰과 편집자의 게이트키핑을 바탕으로 '사실' 또는 '사실 + 논평'의 형태를 띤다. 그러나 많은 언론학자가 지적했듯이 기자나 언론사가 갖는 가치관은 때때로 데이터 자체의 해석을 왜곡해 현실을 호도하는 일종의 색안경으로 기능할 수도 있다. 언론(사)의 가지관이 균형감각을 잃은 색안경으로 기능하게 되는 순간, 저널리즘을 통한 사회의 건전성 유지라는 저널리즘의 본령은 위기를 맞게 된다. 게이 터크만(Gaye Tuchman)이 『Making News』라는 저서(1978)에서 지적한 언론사 조직가치의 내면화로 인한 왜곡된 저널리즘의 발현은 첨단 기법을 이용한 데이터 저널리즘이라고 해서 쉽게 벗어날 수 있는 부분이 아니다. 데이터의 선정, 수집, 사전처리, 분석 등의 제반 과정에서 조직 또는 저널리스트 개인의 가치관은 데이터의 중요도(veracity)에 대한 판단을 흐리는 장애물로 기능할 수 있는 것이 사실이다.

Ⅲ. 데이터 저널리즘의 미래

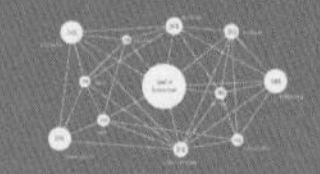

1. 스토리텔링으로서의 데이터 저널리즘

스탠퍼드 대학은 데이터 저널리즘 프로그램을 개설하고, 데이터 저널리즘에 관한 연구와 교육을 하고 있다. 스탠퍼드 저널리즘 스쿨의 웹사이트에는 데이터 저널리즘에 관한 1시간가량의 동영상을 주제별로 7장에 걸쳐 올려놓았다. 데이터 저널리즘이란 주제에 맞게 오프라인 책으로 발간하기보다 온라인상에 인터랙티브 포맷으로만 올려놓음으로써 데이터 저널리즘의 진수를 보여준다.

"1시간짜리 동영상 강의의 핵심은, 빅데이터 시대의 저널리스트들은 폭주하는 데이터를 활용해 좋은 스토리를 전달해주는 것이다(Journalists are finding ways to adapt to the challenge of telling stories with data)"라고 강조하고 있다. 데이터 저널리즘은 하나의 스토리텔링(storytelling) 방법이며, 그것은 궁극적인 최종 상태라기보다 하나의 과정이라고 강조하고 있다. 즉 어떤 이상적인 형태의 데이터 저널리즘 모델이 있는 것이 아니고, 더 나은 스토리텔링을 하기 위한 계속적이고 지속적인 과정이라는 것이다. 다시 말해서 저널리즘은 스토리텔링을 통해 데이터 너머의 이야기를 뽑아내야 한다. 저널리즘은 사회에 대한 현시점의 시의적절한 새로운 이야기를 발굴하는 것을 최고의 가치로 삼는다. 데이터 저널리즘은 그 과정 자체로 의제에 주입되고, 뉴스를 만들어낸다. '시의적절함'은 사람들의 관심을 끌어낼 수 있으며 화젯거리가 될 수 있음을 의미한다.

이런 측면에서 본다면 데이터 저널리즘이라는 용어보다 과정을 암시하는 데이터 기반 저널리즘이라는 용어가 더 적합해 보인다. 데이터 기반 저널리즘을 하나의 과정(workflow)으로 정의하고 그 과정은 1) 빅데이터를 수집하고 분석(Digging deep into big data), 2) 데이터를 정리하고 핵심 정보를 추출(Mining for nuggets of information), 3) 그래픽 시각화(Visualizing information in graphics or multimedia specials), 4) 시각화된 데이터에서 스토리 추출(Connecting classic storytelling with otherwise dry statistics), 5) 스토리를 통해 새로운 가치 창출(Creating media that has value for readers/users)로 요약해볼 수 있다.

[그림 3-48] 스토리텔링으로서의 데이터 저널리즘 수행 과정

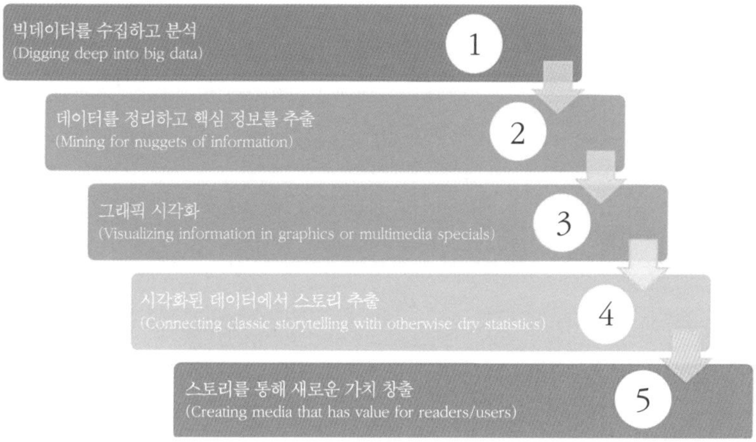

[그림 3-49] 멀티미디어 활용 시 올바른 스토리텔링을 이루기 위한 질문들

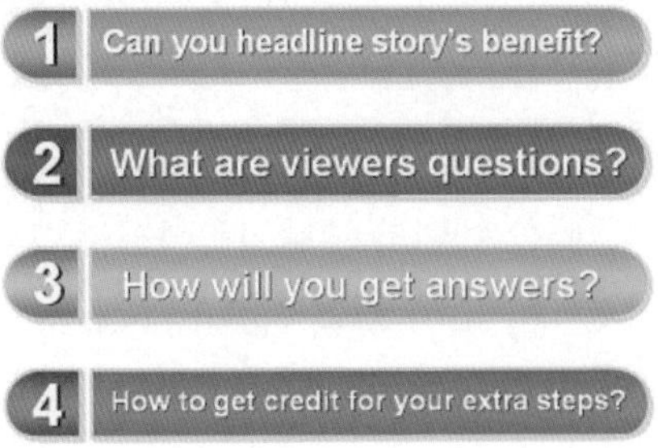

1 Can you headline story's benefit?

2 What are viewers questions?

3 How will you get answers?

4 How to get credit for your extra steps?

이러한 스토리텔링으로서의 저널리즘을 수행하기 위해서는 무엇이 필요할까? 밥 캅릿츠(Bob Kaplitz)라는 블로거는 멀티미디어를 활용한 저널리즘을 수행할 때, 올바른 스토리텔링을 이뤄내기 위해 꼭 생각해보아야 할 질문 네 가지를 다음과 같이 꼽았다(Kaplitz, 2010).

번역해보자면, 1) 당신이 작성하려는 기사가 어떤 의미(혜택)를 갖고 있는지 간략히 (헤드라인 형식으로) 표현 가능한가. 2) 시청자들이 궁금해하는 점은 무엇인가. 3) 당신은 기자로서 시청자들이 궁금해 하는 점에 대해 어떻게 답을 얻어낼 것인가. 4) 어떻게 하면 당신이 작성한 스토리에 대해 충분한 인지도를 확보할 것인가 등이다. 이런 요인들은 저널리즘을 스토리텔링의 단계로 이행할 때 한 번쯤 꼭 고민해보아야 할 것이다.

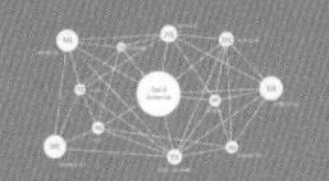

2. 데이터 저널리즘의 미래

프랑스의 언론인이자 프리랜서 작가인 프레데리크 피유(Frederic Filloux)는 "데이터 저널리즘이 매우 빠른 속도로 변화하고 있다(Data Journalism is improving-fast)."라고 피력했다. 피유의 말처럼, 데이터 저널리즘은 기술과 환경에 따라 급속도로 진화하기 때문에 미래의 형태를 예측하기는 어렵다. 그러나 데이터 저널리즘의 최근 경향을 통해 미래의 형태와 성공을 예측할 수 있다. 첫째, 데이터 저널리즘은 매우 강력한 스토리텔링 수단으로서 기능해왔고, 그 경향은 더욱 강화될 것이다. 이런 강력한 스토리텔링 수단으로서의 데이터 저널리즘은 최근 기자의 역할에 대해 도전장을 내밀었다. 또한 저널리즘의 영역에도 도전하고 있다. 데이터 저널리즘은 저널리즘이 더는 편집, 전통적인 기사 형식에 얽매여 있지 말고 그것을 뛰어넘어 메시지가 가장 효과적으로 전달되는 방법에 집중하라고 조언하고 있다. 즉 데이터 저널리즘은 저널리즘에 대한 본질적 재정의를 요구하고 있다.

이에 대해 피유는 "미래의 저널리즘을 하나의 서비스로 봐야 하고, 미래에는 저널리즘이 기자에 의한 계몽적인 차원의 콘텐츠 '생산'이 아니라 대중과 커뮤니티에 정보와 지식을 전달하는 '서비스'로 진화할 것이다."라고 주장하고 있다. 즉 전통적 저널리즘의 기자는 대중이나 독자보다 우월하다는 엘리트적인 관점에서 기자나 데스크가 자신들의 판단에 따른 기사라는 콘텐츠를 만들어 대중이 읽게 했다면 데이터 저널리즘은 기자와 독자가 동등한 입장에서 서로의 정보를 공유하고 독자도 기사 작성에 참여하며 양측이 협력하며 기사라는 스토리를 함께 만들어가는 쌍방향 텔링의 과정이라고 할 수 있다. 영국의 「가디언」이 운영하고 있는 데이터 스토어와 우리나라의 연합뉴스의 데이터 사이트가 그것이다. 「가디언」의 데이터 스토어는 오픈 API 정책을 통해 「가디언」의 데이터와 통계 자료를 무료로 공개하여 이를 활용한 애플리케이션을 누구나 만들 수 있도록 하였다. 연합뉴스의 데이터 사이트도 회원가입만 하면 누구나 자신이 올린 자료나 다른 사람이 올린 자료를 바탕으로 인포그래픽을 작성할 수 있고, 블로그나 SNS에 올려 공유할 수 있다. 기자가 독자에게 데이터를 일방적으로 전달하는 것이 아니라 독자도 기자를 도와 데이터를 분석할 수 있는 쌍방향 절차를 추구하는 것이다. 이런 과정을 「가디언」의 사이먼 로저스는 '데이터의 민주화'라고 표현한다. 사회 이슈가 점점 복잡해짐에 따라 기자가 모든 데이터에 대해 전문가가 될 수는 없다. 다양한 독자 중에 특정 데이터를 잘 다룰 수 있는 전문가가 데이터 분석과 기사 작성 과정에 참여할 수 있다. 이것이 데이터 저널리즘의 가장 중요한 부분이라고 할 수 있다. 앞으로 이런 데이터의 민주화가 미래의 데이터 저널리즘에서 가장 중요한 특징이 될 것이다.

둘째, 데이터 저널리즘은 전통 저널리즘이 다루었던 경제 및 사회 주제와 관련된 '전통 통계 보도'를 넘어서고 있다. 데이터 저널리즘은 특정 영역이나 구분을 넘어서는 융합을 더욱 가속화할 것으로 보인

[그림 3-50]「가디언」의 데이터 스토어(좌) 연합뉴스의 데이터(우)

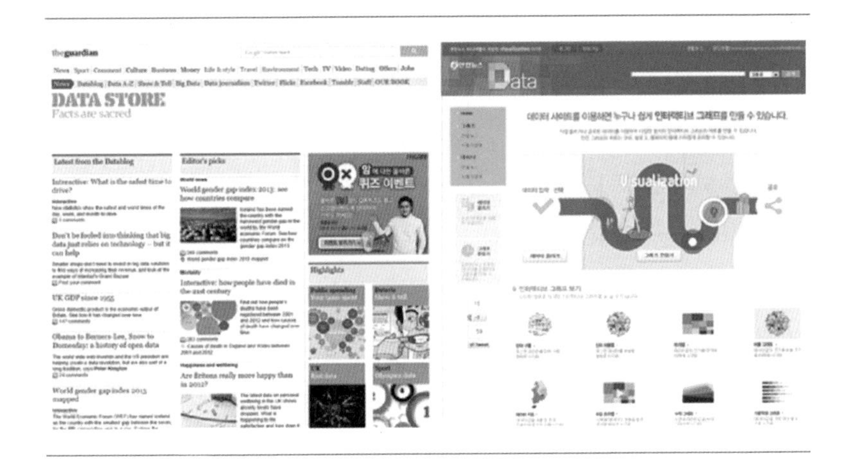

다. 전통적 저널리즘은 경제 관련 기사나 사회적 이슈에서 표나 간단한 그림으로 통계를 보여준다거나 수를 인용하는 방식을 채택해왔다. 그러다 기술의 진보, 사회적 이슈의 복잡화로 기사 자체가 하나의 특정 영역에 속하지 않고 여러 영역에 걸쳐 있는 경우가 많고, 또한 데이터의 양과 질도 급격히 향상되었다. 예를 들어 지구온난화라는 이슈를 다룰 경우, 전통적 저널리즘은 지구온난화를 환경의 문제로만 접근하여 주로 환경 섹션이나 환경에 관한 특별 섹션에서 취급했다. 하지만 데이터 저널리즘은 지구온난화를 단순히 환경 문제로 보지 않고 정치, 경제, 사회, 문화, 기술에 미치는 영향을 다각적으로 접근하고 기존 칸막이식 섹션 구분에 구애받지 않는다. 실제로 지구온난화는 환경만의 문제가 아니라, 국제적으로 각국 정부가 협약을 맺는 정치적인 문제이면서, 경제 전반에 지대한 영향을 미치는 문제이기도 하다. 또한 사회와 문화 전반에 영향을 미치는 광범위한 사회문화적 이슈이기도 하다. 따라서 각 영역에 관련된 데이터도 많기 때문에 이러한 방대하고 다양한 데이터를 어떻게 취사 선택하여 독자에게 효과적으로 보여주는가 하는 것은 바로 융합 통섭적 접근에서 가능한 문제이다.

셋째, 데이터 저널리즘의 다양한 도구들이 매우 단순해지고 있다. 몇 년 전까지만 해도 데이터 저널리즘의 기술적 재현 방법들(예를 들어, 데이터베이스, 인포그래픽화, 도식화, 동영상화)은 특수 기술을 가진 전문가적 테키(techie)그룹에 의해 수행되었다. 그러나 기술의 범용화에 따라 누구나 쉽게 그러한 기술들을 사용할 수 있게 되었다. 간단한 매뉴얼로 쉽게 쓸 수 있는 여러 오서링툴(authoring tool)이나 오서링 프로그램(authoring program)들이 많이 나와 있어 일반 기자나 대중도 다양한 그래픽이나 통계를 쉽게 표현할 수 있게 되었다. 이러한 것은 데이터 저널리즘이 더는 기술종속(technology dependent)적이 아니라 여러 기술들과 독립(technology independent)되고 오히려 다양한 기술들이 플랫폼상에서 쉽게 운용이 가능해지는 형태로 발전되고 있고 미래도 이 플랫폼화가 가속화될 것이다.

3. 데이터 저널리즘이 나아가야 할 방향

데이터 저널리즘이 가야 할 방향은 어떤 것일까? 최근 일고 있는 빅데이터 분석의 바람은 여러 가지를 시사해준다. 먼저 빅데이터는 기존 저널리즘이 갖고 있지 못했던 새로운 무기이다. 빅데이터의 특징은 흔히 3V(high volume, high velocity, high variety)로 요약되는데, 최근에는 'high veracity(의사결정에 중요하고 적절하게 기능할 수 있는 정도가 높음)'가 추가되기도 한다(Gartner, 2012). 이러한 빅데이터의 등장은 기존 지식이 갖고 있던 대표성의 부족에 기인한 바가 크다. 먼저 경영학이나 심리학, 커뮤니케이션학에서 사용되는 데이터를 살펴보자. 무선 표집(random sampling)이나 구조화된 할당 표집(structured quota sampling)을 사용한다 할지라도 전체 모집단의 대표성을 따지기에는 신중함이 따르는데, 대학교 강의실에서 수강생 200~300명씩 모아 서베이나 실험을 하는 '캠퍼스 사회과학' 분야의 논문들은 사실상 대표성이 거의 없다고 보아도 무방하다. 저널리즘에서도 비슷한 현상이 벌어진다. 신문이나 방송에서 기껏해야 전문가 두세 명을 인터뷰한 내용으로 기사를 구성하는 예가 여전히 많은 것을 보면, 기자의 게이트키핑에 개인이나 데스크의 재량이 지나치게 많이 작용해온 것이 사실이다.

이런 상황에서 등장한 빅데이터는 가뭄에 내리는 단비와도 같다. 전수(全數)에 가까울 정도로 많은 수의 데이터(다시 말해 '빅데이터')를 구해, 그 데이터에서 추출한 다양한 속성을 기사 작성에 활용한다면, 독자에게 비교적 왜곡되지 않은 양질의 정보를 전달할 수 있기 때문이다. 더구나 빅데이터를 한 번 구축해놓으면 다양한 변수 간의 연관성을 따져 기존에 알려지지 않았던 새로운 현상을 찾아내 보도할 수 있는 무궁무진한 가능성을 향유할 수 있다. 하지만 정부기관이 공개하는 데이터를 제외하고, 빅데이터의 대표 격이라고 할 수 있는 신용카드 회사의 구매 데이터, 수백만 개의 트윗, 금융거래 데이터와 같은 핵심 데이터들은 아주 가격이 비쌀 뿐만 아니라 프라이버시 침해 이슈 등으로 인해 접근 자체가 쉽지 않다. 특히 소규모 언론이나 블로그 미디어들은 자본 자체가 영세하므로 이런 양질의 데이터에 접근하는 것은 사실상 불가능에 가깝다.

이런 문제점을 고려해보았을 때, 두 가지가 필요하다는 결론에 이르게 된다. 첫째, 소규모이건 대규모이건 언론사들이 공동으로 사용할 수 있는 데이터 풀(pool)이 필요하다. 지난 6월 국제탐사보도언론인협회(ICIJ)는 기부금 150만 달러를 받았다. 협회는 전 세계에 흩어져 있는 저널리스트들의 협업을 위해 세계적 수준의 리서치 데스크와 데이터 라이브러리를 만드는 데 기부금을 쓰기로 했다. 리서치 데스크와 데이터 라이브러리를 구축해두면 객관적이고 폭넓은 데이터를 확보할 수 있고 양질의 데이터에 접근하기도 쉽다. 물론, 데이터는 활용할 수 있는 형태이어야 한다. 둘째, 김장현(2013)이 제안한 '적정 데이터(appropriate data)'에 기반을 둔 저널리즘이 필요하다는 결론에 이르게 된다. 여기서 '적정 데이터'란 사회적 기업과 공학 분야에서 자주 거론되는 '적정 기술(appropriate technology)'에서 차용한 표현으로 취재 대상의 속성에 따라 양적 방법론, 질적 방법론, 양자의 결합 중에서 예산 내에서 소화 가능하면서도 적절한 방법론을 취해야 한다는 것이다. 아프리카 등 소외된 빈국을 돕는 경우를 예를 들어보면, 필터를 살 돈도 없고 전기의 질도 좋지 않은 곳에 대형 정수기를 사다 줄 경우 오히려 도움이 아닌 부담을 주게 된다는 사례에서 파생된 용어이다. 적정 기술은 비싼 정수기 대신 물을 즉석에서 소독할 수 있는 1~2달러짜리 키트나 우물에서 물을 길어 안전하고 빠르게 옮길 수 있는 구형(球形) 운반 기구를 제공하는 것이 더욱 효율적이라는 경험에서 유래된 표현이다. 샘플링 사이즈도 유사한 주제에 관한 기존 연구나 기사문을 잘 검토하여, 반드시 전수에 가까운 빅데이터가 필요하다면 그것을 취하고, 그렇지 않고 과거 양질의 연구(또는 기사)에 사용된 연구 방법이 요구하는 데이터 수가 작다면 그만큼만 취하면 된다. 빅데이터 시대라 하여 마구잡이식으로 의미 없는 데이터까지 포함하다 보면, 전체 데이터의 질을 떨어뜨리고, 완전히 왜곡된 해석에 이를 수 도 있다. 따라서 적정 데이터를 기반으로 한 저널리즘은 꼭 빅데이터를 고집할 이유는 없으며, 충분한 과거 기사 (또는 학술연구) 분석을 통해 가장 적절한 사이즈의 데이터를 양적 또는 질적 방법론을 이용하여 수집하면 되는 것이다.

- 한국에서 데이터 저널리즘의 성장이 지체된 이유

데이터 저널리즘은 기존의 언론사 안에서 이루어진 제반 또는 일부 언론 과정(journalistic processes)을 바꿔야 하는 일종의 혁신(innovation)이라고 볼 수 있다. 혁신은 로저스(Everett M. Rogers)가 얘기하듯이 새로운 아이디어, 물건, 과정을 모두 포괄한다. 데이터 저널리즘은 사전 조사(preliminary investigation), 취재(reporting), 취재된 내용을 걸러내고 다듬는 게이트키핑(gatekeeping), 출판 및 방영(release)순으로 이루어지는 저널리즘 과정의 일부 또는 전체에서 작동할 수 있는 유연한 혁신의 일종이다.

로저스(Rogers, 2003)에 의하면, 데이터 저널리즘과 같은 개혁이 채택되는 비율(채택률)은 개혁의 인지된 특성, 개혁 결정의 유형, 커뮤니케이션 채널, 사회체계의 성격, 그리고 개혁 주도자의 추진 노력의 정도에 영향을 받는다.

첫째, 개혁의 인지된 특성상 문제점은 상대적 이점, 적합성, 복잡성, 시험가능성, 관찰가능성에 대한 인식 부족 등이다. 우리나라의 높은 인터넷·스마트폰 보급률로 유추해볼 때 데이터베이스와 같은 첨단 기술투자의 상대적 이점은 어느 정도 널리 인식되고 있다고 볼 수 있다. 또한 신문사나 방송사가 첨단 전산처리 시스템 등을 적극적으로 도입하고 있는 것을 볼 때, 인프라적 측면에서는 상당히 적합도가 높은 혁신이라고 할 수 있다. 다만, 위계질서가 엄격하고 보수적인 편집국 문화가 만연한 한국 언론의 특성상 데이터 사이언스에 대한 이해로 무장한 새로운 엘리트가 편집과정에 진입하는 것을 쉽게 허락할지는 알 수 없다.

둘째, 개혁 결정의 유형 측면에서 보면, 사주(社主)의 입김이 센 권위적 조직문화가 강한 우리나라의 언론사는 사주가 데이터저널리즘의 필요성을 얼마나 이른 시일 내에 깊이 깨닫느냐가 취재·출판 활동 전반에 걸친 데이터 저널리즘의 도입 여부에 결정적 역할을 한다고 볼 수 있다. 다만, MBC나 연합뉴스와 같은 기업들은 소유구조의 특성상 의사결정을 할 때 집단 내부의 동의가 중요하다고 볼 수 있다.

셋째, 커뮤니케이션 채널 측면에서 보면 한국 언론사의 특성상 회사의 중요한 결정이 주로 대인 채널에 의존하여 이뤄진다고 볼 때, 뉴미디어나 조사담당 부서의 장이 사내 다른 리더들을 얼마나 대면적으로 잘 설득해내느냐가 데이터 저널리즘 채택의 관건임을 미루어 짐작할 수 있다.

넷째, 사회체계의 성격 측면에서 보면 한국의 언론사 내에서 개개인의 업무 수행방식 자체는 자유로운 편이나 데스크, 편집자, 사주의 게이트키핑 권한이 권위적으로 집중되어 있는 등에 나타나듯이 상당히 경직된 조직이라고 평가할 수 있다. 따라서 한국 언론사에서의 데이터 저널리즘 채택은 상당히 인적 요인에 좌우되리라 생각된다.

다섯째, 개혁 주도자의 추진 노력의 정도는 여러 가지 측면을 지닌다. 최근 언론의 흐름은 종편 도입, 신문 발행부수 감소, 노사 대립 등으로 인해 언론사 경영층이 데이터 저널리즘의 중요성을 인식하고 있는지에 상관없이 충분히 추진하지 못했다고 평가된다. 특히 신문사의 종편 진입 등으로 인한 비용 지출 등을 고려해본다면, 과연 데이터 저널리즘과 같은 분야에 경영자가 얼마나 많은 돈을 투자할 수 있을지 의문이 드는 면도 있다. 다른 한편으로는 언론사 간 경쟁이 극심한 시장 환경에서 한 회사가 데이터 저널리즘을 채택하면, 다른 언론사도 경쟁적으로 채택할 확률도 적지 않다.

종합적으로 볼 때, 한국에서의 데이터 저널리즘은 사주, 경영진, 편집자를 비롯한 인적 요인과 극심한 부수 경쟁과 같은 시장 상황에 따라 영향을 받고 있으며, 지금까지 데이터 저널리즘의 채택이 부진한 이유도 그러한 변수들이 작용했기 때문이라고 추론할 수 있다.

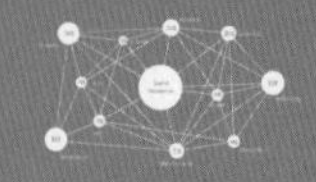

4. 한국적 상황에서의 데이터 저널리즘의 바람직한 모델

한국의 상황을 먼저 요약해보면 다음과 같다. 한국의 미디어 산업은 지나친 경쟁으로 말미암아 수익성이 극도로 악화되어 있다. 이런 상황에서 대규모 투자를 통한 데이터 저널리즘의 도입은 현실적으로는 불가능에 가깝다. 그러나 한 가지 다행스러운 경향성이 존재한다. 지난 이명박 정부가 추진한 'smart government' 또는 'government 2.0'에 이어 박근혜 정부의 '정부 3.0' 또는 'government 3.0'은 정부가 보유하고 있는 공공데이터를 과감하게 공개함으로써 국민 개개인의 요구를 찾아낼 수 있는 모델을 개발하고, 이를 바탕으로 국민이 요구하기 전에 먼저 개인화된 정부 서비스를 제공하는 것이 핵심이다. 따라서 공공데이터를 프라이버시 침해가 없는 한에서 적극 공표하라는 사회적 요구와 정부의 실천의지가 모두 높은 긍정적 상황이다. 특히 '투명사회를 위한 정보공개센터'와 같은 민간단체가 적극적으로 행정정보의 공개를 요구하고 있어서 시민단체와 언론의 공조와 협력을 통한 기사 생산이 점점 가시화되고 있다. 그런 협력적 기사 생산과 소비의 건전한 선순환구조가 현실화되고 있는 것이다. 예

[그림 3-51] 투명사회를 위한 정보공개센터 홈페이지

를 들어 「한겨레」는 2011년 '투명사회를 위한 정보공개센터'와 공동으로 국회 운영의 문제점에 관한 시리즈 기사를 작성하기도 했다. 이 기사에서 국회의원들이 발간하는 '정책 자료집'의 문제점, 국회 운영 비용 지출상의 문제점 등을 상세히 보도함으로써 정치인들이 특권을 버리는 입법안을 상정하는 등 후속 조치가 뒤따랐다. 국회가 보유하고 있던 정보를 과감하게 요청해서 함께 분석한 뒤, 기사화해 사회적 파장을 불러일으키는 방식의 협업적 저널리즘이 등장한 것이다([그림 3-51] 참조).

이러한 모델이야말로, 앞으로 정부 3.0의 흐름과 발맞출 수 있는 대안적 형태의 기사 작성 방향이라고 하겠다. 앞으로 정부 지출에 관한 데이터나 원자력 발전소 운영 실태에 관한 자료가 정부 웹사이트 등에 공개된다면, 상당히 많은 보도가 생산될 수 있을 것이다. 정부

3.0은 소위 웹 3.0이라고 불리는 새로운 기술 트렌드와 밀접히 연관되어 있다. 미래학자 존 스마트(John Smart)는 "웹 3.0이 만드는 세계가 곧 제1세대 Metaverse, 즉 물리적인 세계와 가상공간이 융합되는 세계에서 TV 수준의 비디오가 자유롭게 유통되고 3D 시뮬레이션, 증강현실, 문맥 이해가 가능한 서비스, 브로드밴드 인터넷, 무선 연결망, 수많은 감지기가 적극 활용되는 세계를 의미한다."고 주장한다(Smart, 2010). 정부 3.0을 통해 다양한 정보가 수집되고, 그것을 공익적 또는 (윤리성이 보장된) 상업적 목적으로 활용한다면 인류의 문명은 새로운 지평에 도달하게 될 것이며, 그 좋은 예가 바로 데이터 저널리즘이다. 박근혜 대통령도 2012년 대선 공약집에서 "정부가 하는 모든 일을 국민에게 알려야 합니다. 정부가 투명하게 공개될 때, 정부에 대한 신뢰가 쌓일 수 있고, 그래야만 국민통합도 가능합니다."라고 설파했다. 미국의 오바마 행정부 역시 'Open Government Initiative'를 2기 임기 첫날부터 핵심 의제로 선정하고, 정부 지출을 상시적으로 인터넷에 공개함으로써 시민에게 투명한 행정부가 되겠다고 선언했다. 이런 움직임이 가뜩이나 여러 가지 위기를 겪고 있는 미디어 기업이 잘 활용할 수 있는 길이 있다면 그것은 바로 데이터 저널리즘일 것이다.

이러한 필요성을 다시 정리해본다면, 가장 긍정적인 형태의 데이터 저널리즘은 공공데이터(public data)를 적극적으로 생산하는 정부와 그러한 데이터를 역시 적극적인 자세로 대중에게 의미 있는 정보로 재구성해내는 역량을 가진 미디어의 양자 간 상호의존 또는 협조관계를 통해서 가능하다. 여기서 공공데이터란 반드시 정부가 생산하는 데이터만 의미하는 것은 아니지만, 전통적으로 미디어가 가장 크게 의존해온 뉴스 정보의 원천이 정부 및 공공기관이었음을 고려하면 그 중요성을 결코 간과할 수 없다. 이러한 상호의존 관계는 인터넷이 등장

[그림 3-52] 긍정적인 형태의 데이터 저널리즘

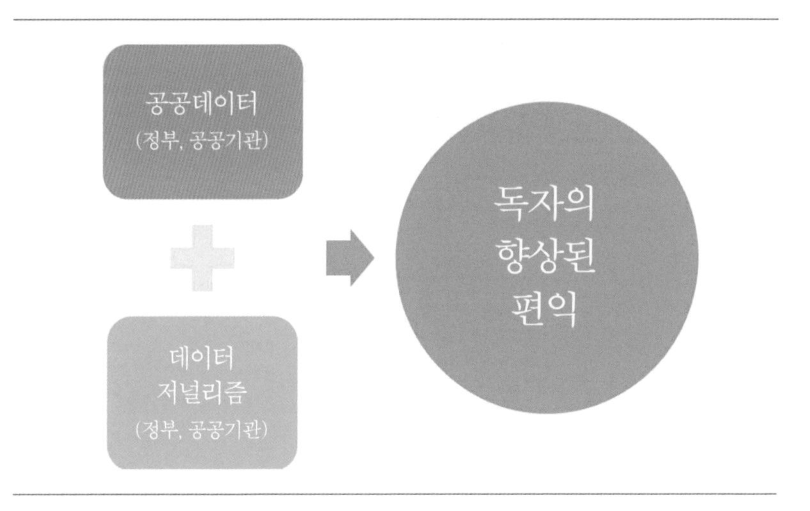

한 이후라고 해서 결코 감소되었다고 보기 힘들며, 여전히 대중매체가 제공하는 뉴스의 60~80%는 보도 자료나 출입처에 의존하고 있음이 통례이기 때문에 그 중요성은 변함이 없다고 하겠다.

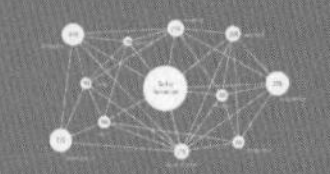

5. 데이터 저널리즘을 통한 뉴스 콘텐츠 경쟁력 향상 방안

첫째, 탐사보도(investigative reporting)는 데이터 저널리즘의 가장 기본적인 방법이자 저널리즘의 본질에 근접한 방법이라고 할 수 있다. 앞서 소개한 신문, 텔레비전 방송, 라디오 방송, 인터넷 매체들의 탐사보도 사례는 크게 두 가지로 나누어볼 수 있다.

첫 번째는 정부부처나 공공기관, 병원 등이 이미 구축해 놓은 데이터베이스에 접속할 수 있는 권한을 얻거나 그 내용을 빼내어 심도 있게 분석한 경우로, 이미 체계성을 가지고 있는 데이터이기 때문에 비교적 기사를 작성하기가 쉽다. 그러나 데이터의 규모가 방대한 경우가 많아서 상당한 인력과 시간이 소요된다.

앞서 다루었지만, 미국 콜로라도주 KMGH-TV는 한 주립 병원의 사망기록 데이터베이스를 열람하다가 네 건 이상의 사망이 병원 직원의 능력 부족, 업무 방임이나 실수에 의한 것임을 찾아냈다. 일 개 병원의 사망자 기록은 한 국가 전체나 여러 나라의 데이터를 뒤지는 것에 비하면 훨씬 작은 규모일지 모른다. 그러나 쉽게 관심을 가지기 어려운 데이터베이스를 끈기 있게 뒤져서 어쩌면 억울한 죽음을 당했을

지 모르는 사람들을 찾아냈다는 데 이 방송국이 보여준 저널리즘의 가치와 우수성이 있다고 하겠다.

두 번째 사례는 기자가 직접 취재대상이 되는 행위를 정리하여 데이터베이스화한 뒤에 기사를 작성하는 경우다. 앞서 다룬 미국 미주리 주 KSHB-TV는 소셜 미디어, 온라인 데이터베이스, 정보공개 청구 등 다양한 방법을 이용하여 클래이 카운티의 감사인 윌리엄 노리스가 은밀히 저질러온 성범죄와 일탈행위를 추적하여 기록했다. 다양한 정보원(information sources)을 조합하고 분석하여 한 공공 관료의 비위에 대한 상세한 추적 기록을 만들어낸 집념이 그의 죄상을 폭로하고 마침내 그를 재판정에 서게 한 것이다. 이러한 저널리즘은 기자가 데이터를 직접 구조화하고 분석해내는 일종의 분석가이자 데이터베이스 빌더(builder)가 된다는 측면에서 전통적인 저널리스트의 역할에서 진일보한 것이라고 평가할 수 있다.

데이터 저널리즘을 실현하기 위해 기자들의 데이터 판독능력(Literacy) 향상은 필요한 부분이겠지만, 기자에게 데이터 저널리즘에 필요한 모든 부분을 떠넘기기에는 현실적 문제가 따를 수 있다. 따라서 데이터 저널리즘을 구현하기 위해선 적절한 인력이 보충되어야 할 필요가 있다. 한국에서 데이터 저널리즘의 선두에 서 있는 뉴스타파의 데이터 저널리즘 인력 구성을 살펴보면, 리서치 디렉터를 중심으로 1) 문헌 정보 분야를 전공하고 필요한 데이터들의 소스들을 적절하게 찾아낼 수 있는 전문가, 2) 사회과학 계열 분야를 전공하고 각종 조사방법론들을 이해하고 이를 과학적·심층적으로 보도에 적용할 수 있는 전문가, 3) 컴퓨터 관련 분야를 전공하고 데이터 및 방법론들을 적용해 분석 결과들을 웹에서 표현하고 데이터 관리 및 방법론 분석 툴을 개발할 수 있는 전문가로 구성되어 있다. 하지만 이것만으로 뉴스 소비자들이 쉽게 이해할 수 있는 형태의 뉴스 콘텐츠를 제작하는 데 한계가 있다. 그렇기 때문에 4) 인터랙티브 디자인 분야를 전공하고 다양한 툴을 활용해 사람들이 쉽게 받아들일 수 있도록 데이터를 시각화할 수 있는 추가적인 전문가가 필요하다. 물론 어느 분야의 전문가든 데이터를 통한 저널리즘을 실현해야 하기 때문에 기본적으로 뉴스와 데이터에 대한 이해는 필수적이라고 할 수 있다.

둘째, 데이터를 이용한 유료 부가서비스 및 정보 재판매이다. 사실 이러한 부가가치 창출법에 관해서는 일반적으로 알려진 바가 없다. 그리고 공적 데이터베이스에서 추출한 정보를 가공해서 미디어 기업이 재판매할 수 있는가 하는 이슈에는 분명 논란의 여지가 있다. 일단 여기서는 논란의 여지는 접어두고 현재까지 데이터 판매업이 어떻게 자리를 잡아왔는지를 잠시 파악해보도록 한다. 최근 가공된 개인정보를 전문적으로 판매하는 데이터 브로커라는 업체들이 성업 중이다(유지연, 2013). Acxiom, Epsilon과 같은 데이터 브로커 업체들은 공개된 데이터를 수집하거나 상업적 데이터를 구매하여 자체 개발한 데이터 분석기법을 통해 각 데이터에 기록된 사람들을 확인하여 연령, 성별, 학력, 가구형태, 거주지역, 소비성향 등을 연구한다. 이렇게 가공된 정보들은 금융, 유통 등 다양한 산업부문에 비싸게 팔려나가고 있다. 그러나 본인의 동의 없이 상업적인 목적으로 개인정보를 가공, 판매하는 것은 심각한 프라이버시 침해의 우려를 불러일으키고 있어, 미국 연방통상위원회(Federal Trade Commission, FTC) 등은 각 업체에 영업방식과 프라이버시 침해 여부를 확인하고 있는 형편이다. 미국 FTC는 궁극적으로 데이터베이스에 등장하는 사람들이 자신의 정보를 확인하고, 공개 또는 판매 여부를 직접 결정할 수 있는 'Reclaim your name' 권한을 부여하려고 노력 중이다(유지연, 2013). 그런데 언론사가 갖고 있는 공신력과 정보원 기밀 보호 및 프라이버시 보호의 노하우는 기존의 '데이터 브로커' 업체들이 갖는 극도의 상업성과 좋은 대비를 이룬다. 만약 '역사의 초침'이라 불리는 신문사가 공신력을 바탕으로 빅데이터에 기반을 둔 유료 부가서비스 및 정보 재판매업에 진출한다면, 이용자들이 더욱 편안하게 이용할 수 있을 것이다.

최근 급격한 붐을 이루고 있는 소셜 미디어도, 개인들이 가상공간에서 행한 발언(utterances)들을 모아서 판매하는 사업을 벌이고 있다. 트위터는 개인이 한 달에 1,000달러를 내면 지난 2년간의 트윗을 모은 데이터를 위치정보를 포함해 판매하고 있다. 또한 트위터는 그닙(Gnip)이라는 데이터 분석 업체를 인수해 전체 트윗의 일부, 특정 계정을 포함한 트윗과 리트윗 등도 판매하고 있으며, 미디어시프트(Mediashift)라는 회사와 제휴해 트윗을 40여 개 카테고리로 분류한 데이터를 판매한다.

사실 미디어 기업들은 데이터 저널리즘에 사용된 데이터를 판매하기보다는 미국 탐사보도협회(IRE) 웹사이트 같은 곳을 통하여 공익적 목적으로 무상 공개하는 데 더 익숙한 것 같다. 하지만 이제는 프라이버시 침해를 범하지 않는 범위 내에서, 다시 말해 특정 개인을 지목할 수 있는 데이터를 공개하거나 판매하지 않는 범위 내에서, 미디어 기업들은 자사가 생산하는 탐사보도 기사에 활용한 데이터를 어떻게 부가가치화할 수 있는지 고민해야 할 단계에 이른 것으로 보인다. 물론 데이터를 상업화하려 한다면, 원정보를 제공한 기관의 허락도 있어야 할 것이고, 만약 정부나 공공기관이 제공한 정보라면 행정서비스 용도로 제한되어 있는 데이터 활용의 제약도 고려해야 할 것이다.

셋째, 데이터를 이용한 부대사업 진출이다. 미디어 기업이 생산한 뉴스기사를 내보내는 채널은 이른바 원소스 멀티유즈(one source multi use)를 통해 점점 더 다양해지고 있다. 가장 두드러진 예는 스마트폰의 앱을 들 수 있다. 최근에는 스마트폰의 폭발적인 보급에 힘입어 애플 iOS나 안드로이드 OS에 맞게 만들어진 개인화된 뉴스앱이 널리 보급되고 있다. 이러한 뉴스앱들은 대부분 '한국일보앱', '노컷뉴스앱', '연합뉴스앱'처럼 특정 매체의 기사를 제공하는 기능을 하지만, '다음뉴스앱', '네이버뉴스앱'처럼 포털의 기사 섹션을 제공하기도 한다. 이러한 앱들은 복수의 매체에서 뉴스를 받아 제공하기 때문에 수용자의 구미와 니드(need)에 부합하는 서비스를 제공할 가능성이 높아진다. 그러나 포털 뉴스앱보다 훨씬 더 사용자 편의에 부합하는 앱들도 많이 나와 있다. '디 얼리 에디션 2(The Early Edition 2)'라는 앱은 사용자가 편집자가 되어 자신의 구미에 맞는 뉴스들을 RSS를 통해 수시로 받아볼 수 있도록 되어 있다. '플립보드(Flipboard)'는 페이스북과 트위터 타임라인에 떠오른 최신의 업데이트들을 잡지를 연상하게 하는, 아주 사용자 친화적인(user-friendly) 인터페이스를 통해서 수시로 볼 수 있게 되어 있다. 즉 소셜 미디어상의 콘텐츠도 개인화된 뉴스원으로 활용되고 있는 것이다. 구글이 만든 구글 커런트(Currents)뿐만 아니라 야후 라이브스탠드(Yahoo Livestand), 차이트(Zite), 뉴스 리퍼블릭(News Republic), 펄스(Pulse) 등도 개인의 취향에 맞는 뉴스와 소셜 미디어 콘텐츠들을 상시적으로 접할 수 있는 앱들이다.

이러한 뉴스앱은 아직 커다란 상업적인 이익을 창출하지는 못하고 있다. 다만 구글 애드센스(Google Adsense)를 활용한 광고 판매, 앱에 자사의 뉴스가 활용될 때마다 받는 소정의 저작권료 등이 향후 미디어 기업의 이익 창출을 위한 하나의 전례(前例)가 되고 있는 정도다. 그런데 데이터 저널리즘에 기반을 둔 보도가 널리 확산될 경우, 데이터를 이용한 부대사업에 새로운 지평이 열리게 된다. 데이터 저널리즘에 기반을 둔 뉴스는, 뉴스 자체가 하나의 독립적인 다큐멘터리나 시사 프로그램에 준하는 가치를 갖게 될 것이므로, 이러한 뉴스를 상품화하여 유료 온라인 뉴스 서비스를 통해 판매하거나 구독자를 확보하는 과정에서 중요한 인센티브로 기능할 가능성이 커 보인다. 예를 들어 '연합뉴스앱'을 유료화한다면, 연합뉴스가 자체적으로 갖고 있는 '미디어랩'을 통해 작성했던 다양한 인포그래픽들과 데이터 저널리즘에 기반을 둔 탐사보도를 구입자들이 무료로 이용할 수 있도록 함으로써 유료 구매자들의 충성도를 높일 수 있는 훌륭한 인센티브가 될 것이다.

빅데이터 개념을 활용하여 독자적인 데이터연구소를 개설한 예로 헤럴드미디어를 들 수 있다(강진아, 2013). 헤럴드 미디어(헤럴드경제)에 따르면 "경제신문이기에 경제통계 기사와 현실 간의 괴리를 잘 알고 있다."며 "현실 해석력과 예측 가능성을 높일 체감도 높은 데이터가 절실히 필요했다."고 연구소 개설 이유를 밝혔다. 특히 인포그래픽 등을 활용하여 신문의 위상을 '비주얼 콘텐츠 페이퍼'로 정립해나감과 동시에, '빅데이터 경제지표(KOEPI)'를 정기적으로 발표할 예정이라고 한다(강진아, 2013). 이 지표는 다우지수, 코스피지수, 환율 등에 기초한 12가지 지표의 7년여 간의 흐름과 199개 국가통계지수, 47개 항목의 연구소 자체 물가지수 등을 종합 분석해 산출한다고 알려져 있다. 또한 주간, 월간 경제특보를 '오늘'이라는 제호 아래 발표할 예정이라고 한다. 경제신문의 이런 움직임이야말로 빅데이터의 잠재력을 조기에 파악하고 적극적으로 부가가치화하는 노력의 일환이라고 할 수 있다(강진아, 2013).

넷째, 데이터 저널리즘을 이용한 광고 플랫폼 개발이다. 데이터 저널리즘에서 데이터의 역할은 뉴스 콘텐츠를 구성하는 중요한 요소가

[그림 3-53] 헤럴드경제 데이터연구소의 빅데이터 활용 정보 제공 계획

빅데이터 경제지표 (KOEPI)	'오늘' (경제특보)	지자체별 경제기상도
• 다우지수, 코스피지수, 환율 등 12가지 지표와 199개 국가통계지수 및 47개 항목의 연구소 자체 물가지수 등을 분석하여 종합적 지표로 나타냄	• 2006년을 기준으로 40여 개 산업의 현황을 단순하면서도 깊이 있는 지수로 표현	• 특정 업종, 특정 지역의 경제 현황을 다양한 빅데이터를 이용하여 제공

된다는 데 있다. 그런데 다른 매체가 쉽게 따라잡을 수 없는 데이터 저널리즘 보도, 예를 들어 장기 데이터를 양적 분석과 질적 분석을 결합하여 취재한 기사는 그 자체만으로 광고주들을 유인할 수 있게 된다. 이런 이유로 「가디언」과 같은 유명 매체나 CNN, 「뉴욕타임스」 등이 데이터 저널리즘만 따로 모은 섹션이나 빅데이터 분석에 기반을 둔 섹션을 경쟁적으로 만들고 있다고 볼 수 있다. 연재 기사나 탐사보도에 별도의 스폰서가 따라붙는 전통이 강한 서구의 미디어 산업에서는 데이터 저널리즘에 기반을 둔 탐사보도나 특집 기사들 자체가 광고 플랫폼 내지는 광고주 유인 장치로서 기능하는 것이 아주 자연스럽다. 비록 미국이나 영국에 비해 광고시장이 협소한 우리나라에서 이런 방식의 광고 플랫폼 개발이 단기간에 정착하기는 쉽지 않겠지만, 앞으로 글로벌 경쟁에 동참하고 이겨내야 할 우리나라의 미디어들은 결코 이러한 방식의 상업화를 포기할 수는 없다.

여기서 우리나라 뉴스 보급의 허브 역할을 하는 포털사이트의 역할에 관해 언급하지 않을 수 없다. 지금도 포털사이트에 특정 언론의

기사가 노출되면 그 횟수에 따라 일정액이 지불되고 있는 것으로 알려져 있으나, 기사 옆에 광고를 노출하는 경우에는 그 광고비도 합리적으로 배분되어야 할 것으로 보인다. 물론 포털의 링크를 통해 특정 언론사 홈페이지를 방문하는 경우에는 포털이 일정액을 받아야 한다는 논리도 나올 수 있으나, 기본적으로 콘텐츠 공급자에게 적은 보상이 주어졌다는 평가가 이뤄져왔음을 고려해야 한다. 특히 데이터 저널리즘에 기반을 둔 장문의 시리즈 기사라면 기사의 독자 유인성과 정보적 가치에 일정한 가중치를 부여해야 할 것이다.

다섯째, 데이터를 이용한 컨설팅 등 부가 지식산업 개발도 고려해야 한다. 가트너(Gartner)와 같은 비즈니스 정보 회사나 액센츄어(Accenture)와 같은 컨설팅 업체들은 엄청난 돈을 들여 자체 제작한 데이터베이스를 구축하고 있으며, 이런 데이터베이스는 자사의 핵심역량이 되고 있다. 그러한 고급의 데이터베이스 자체가 회사의 공신력을 높여주고, 또 각사의 공신력으로 데이터의 신뢰도가 높아지는 선순환구조를 가지고 있다. 언론이나 컨설팅업체 모두 훌륭한 정보의 존안(存案), 분석, 가공, 저장 없이는 경쟁업체보다 더 나은 기사나 컨설팅을 제공할 수 없다는 공통점이 있다. 이러한 컨설팅업은 「조선일보」와 같은 종합일간지도 가능하겠지만, 조선비즈(Chosunbiz)와 같은 언론사 내 특별부서가 더 효과적으로 수행할 가능성이 높다. 왜냐하면 언론사 내(조선일보 내)에서 비즈니스 관련 정보가 한군데로 모이는 초점 역할을 하는 곳이 바로 조선비즈이기 때문이다. 다른 예를 들어보자면 IT 관련 뉴스를 전문적으로 취급하는 아이뉴스 같은 회사는 IT 관련 비즈니스 컨설팅업에 진출할 수도 있을 것이다. 왜냐하면 IT 관련 심층보도와 데이터 저널리즘에 특화해왔기 때문이다. 데이터 저널리즘을 기반으로 수행한 취재활동과 데이터 세트가 오랫동안 누적

되면, 특정 산업이나 분야에 관한 통찰적 지식이 형성될 수밖에 없고, 그러한 지식이 바로 컨설팅업 등 지식 기반 서비스업의 토대가 될 수 있다는 측면에서 이러한 가능성은 매우 중요하다.

마지막으로, 아이타멀토 등(Aitamurto et al., 2011)이 정리한 미래의 수익 모델을 참고로 정리해보면 다음과 같다.

- 프리미엄 모델: 이용자가 '더 정교한 인포그래픽'을 원하면 요금을 청구한다.
- 개인, 기업 등이 언제나 이용할 수 있는 상시 데이터 쇼핑몰을 개설한다.
- 데이터 저널리즘 활동을 통해 배양된 기술을 활용하여 기업이나 기관에 유료 데이터 분석 서비스를 제공한다.

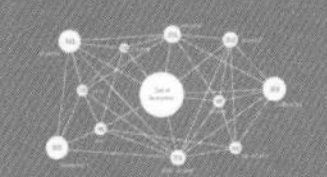

6. 데이터 저널리즘의 궁극적 진화 방향

데이터 저널리즘의 진화는 빅데이터라는 새로운 산업의 태동과 발전에 영향을 받지 않을 수 없다. 해럴드 이니스(Harold Innis, 1952)가 "우리가 어떤 미디어를 주로 쓰느냐가 어떤 문명을 만들고 어떻게 다른 문명을 해석하느냐를 좌우한다."고 설파하였듯이 결국 어떠한 크기와 질(質)을 가진 데이터를 구축하거나 접근할 수 있느냐에 따라 데이터 저널리즘이라는 새로운 보도 양식이 열어주는 가능성의 크기가 달라질 것이기 때문이다. 만약 지금까지의 변화 양상이 지속된다면 데이터 저널리즘은 언론의 미래에 상당히 큰 변수가 될 것임에 틀림없다.

데이터 저널리즘의 진화를 예측하기 위해서는 역설적으로 그 태동에서 성장까지를 되짚어보는 것도 의미가 있다. 1880년대에 허먼 홀러리스(Herman Hollerith)에 의해 최초의 컴퓨터가 발명되고 나서 컴퓨터가 비로소 다목적 업무처리기로 성장하는 데는 약 70년이 걸렸다. 결정적으로 저널리즘에 컴퓨터를 이용하게 된 사건은 1952년에 있었던 드와이트 아이젠하워(Dwight Eisenhower)와 아들라이 스티븐슨(Adlai

Stevenson)이 경쟁한 미국 대통령 선거였다고 한다. 당시 CBS는 컴퓨터 프로그램을 통해 아이젠하워가 이길 것이라고 선거 결과를 예측하였다. 이후 노스캐롤라이나 대학교의 교수로 재직 중인 필립 마이어(Philip Meyer) 교수가 제안한 정밀 저널리즘(Precision Journalism, Cohen et al., 2011)이나 컴퓨터 활용 취재는 결국 객관적 데이터의 사용과 이해가 쉬운 정보를 추구하는 저널리스트들의 끊임없는 노력을 대변하고 있다. 2000년대 이후 스마트폰과 소셜 미디어의 발달로 누구나 쉽게 새로운 소식을 전할 수 있는 환경에 접어들면서, 데이터 저널리즘은 저널리스트들만이 가질 수 있는 '깊이 있는 분석력'이라는 비교우위를 더욱 강화할 수 있는 훌륭한 도구라는 데는 이론의 여지가 없다.

결국 데이터 저널리즘의 비전은 전문 직업인으로서 저널리스트가 추구해온 심층보도의 욕구와 기술발전이 어떤 양상의 결합을 보여주느냐에 영향을 받을 것이다. 이제 구글 글래스(Google Glass)나 웨어러블 컴퓨터(wearable computer) 등 신기술의 발달로 컴퓨터가 인간 지각의 일부로 자리 잡게 되면, 기자실에 앉아 컴퓨터 자판을 두드리면서 기사를 작성하는 모습은 먼 옛날의 추억으로 남을지도 모른다. 오히려 저널리스트들은 실시간으로 들어오는 수많은 정보를 어떻게 선별해서 깊이 있는 기사로 만들 것인가를 고민하는 정보 브로커나 데이터 분석가의 모습을 띠게 될 것이다. 그렇게 되면, 전통적인 저널리스트와 데이터 과학자의 업무 영역은 구분하기 힘들어질 것이고, 이런 커다란 변화는 저널리스트들로 하여금 오히려 위기의식을 느끼고 차별성을 가지려는 노력을 더욱 강화하게 될 것임을 예측할 수 있다. 그러한 차별성 강화의 도구 중 가장 강력한 무기는 바로 데이터베이스를 활용한 저널리즘이 되겠지만, 결국 저널리스트들이 유지해온 높은 수준의 전문가적 직업윤리(예: 균형보도의 원칙, 게이트키핑, 사실과 의견의 분리)와 사회적 공공성(예: 언론의 사회적 책임)에 대한 고려가 그들을 데이터 분석가나 데이터 과학자들과 차별화하는 핵심역량이 될 것으로 보인다.

결국 데이터 저널리즘의 비전은 언론이 지난 수백 년간 쌓아온 고유의 문화가 데이터베이스의 활성화라는 기술적 변화상과 어떤 형태로 조화를 이뤄내느냐에 달려 있다. 비록 그 모습을 단정적으로 예측하는 것은 어렵겠지만, 결국 저널리스트들의 전문가적 윤리의식이 그 핵심에 있을 것이라고 짐작하는 것은 어렵지 않다. 즉 아무리 기술과 시스템, 데이터베이스가 발전하더라도 그 기술적 가공물을 다루고 최종적 판단을 하는 주체는 바로 인간이라는 고전적 진리가 데이터 저널리즘에도 적용된다.

데이터 저널리즘의 궁극적 진화 방향을 언론인(저널리스트), 언론사(미디어 기업), 정부(또는 공공기관)으로 나눠본다면, 다음과 같이 정리할 수 있다.

[그림 3-54] 데이터 저널리즘의 궁극적 진화 방향

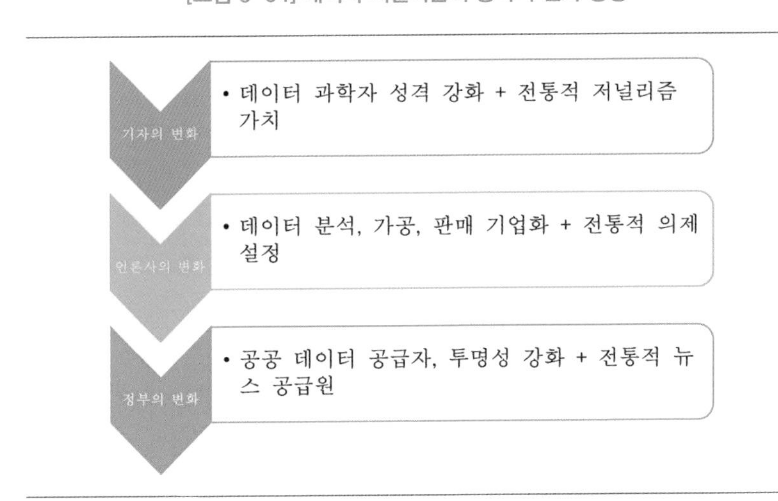

먼저, 기자는 데이터 과학자로서의 성격이 강화되어 웬만한 데이터 수집, 분석, 가공 전문가 못지않은 데이터 사이언스의 전문지식을 갖게 될 것이다. 저널리즘은 전통적인 정보과학, 사회과학과 기존 저널리즘의 융·복합적 성격을 갖게 될 것이며, 기자와 일반적인 정보전문가를 구분하는 차이점은 전통적 저널리즘 가치인 영상성(TV 등 영상 매체의 경우), 시의성, 저명성, 갈등성, 신기성 등을 제대로 가릴 수 있는 게이트키핑 능력과 언론 행위의 사회적 책임에 대한 명확한 이해가 되리라고 판단한다. 물론 저널리스트의 핵심 역량인 정보원과의 관계, 기사 작성 능력 등도 중요한 차별점이 될 것이다.

언론사는 일종의 종합 데이터 솔루션 업체로의 변신이 기대된다. 이제 언론사는 기존에 누적된 텍스트 기사 정보, 영상물로 저장된 기존 취재 기록 및 방영 정보 등을 방대하게 소장하면서 정부가 보유한 공적 데이터베이스를 마이닝(mining)하여 추려낸 고급 공공정보까지 연결해 그야말로 구조화된 데이터의 집약지(storage center)로 변신할 것이다. 기존에 '인터넷 뉴스부' 또는 '뉴미디어부', '디지털뉴스부'로 불리던 부서들, 다시 말해 첨단 데이터 분석을 통해 뉴스를 생산하던 부서들은 '데이터 뉴스부' 또는 '데이터 심층 보도부'로 변신해야 할 것이다. 이 새로운 부서의 성격은 과거 '인터넷 뉴스부'가 했던 업무 외에 데이터 조사를 전담하던 부문의 역할까지 수용하게 되리라 판단한다. 언론사는 데이터를 이용한 컨설팅, 정보 제공업 등으로 사업을 확장하여 전통적인 언론 기능 수행에서 산출되는 '의제 설정자'적 기능에서 한 걸음 더 나아가 '데이터를 이용하여 다양한 가치를 창출하는 지식창조 기업'으로 성격이 바뀔 것이다. 이에 따라 전통적 언론기업에 요구되던 윤리성이나 정치적 중립성은 정보 제공 기업의 전통적 모델과 충돌하는 경우도 생길 것이며, 이에 관한 다양한 사회적 논의를 거쳐 언론사의 역할이 재정립될 것으로 기대한다.

마지막으로, 정부의 변화는 자신들이 원하는 정책 의제를 대언론 홍보 활동을 통해서 관철하려던 기존의 정보 제공자(source)로서의 역할을 유지하면서도, 스스로 투명성을 높이기 위해 프라이버시나 개인정보 보호가 타격을 입지 않는 범위 내에서 다양한 방식과 경로를 통해 공공정보를 개방하는 역할을 맡게 될 것이다. 이런 데이터 개방은 시민단체, 연구기관 등 다양한 행위자의 분석을 통해 차츰 정책 제언이나 입법 촉구로 이어지게 될 것이고, 이러한 순기능이 점차 강화된다면 일반 국민이 정책에 관해 더욱 심도 높은 이해를 할 수 있게 되는 소위 'informed public'이 기존보다 더 많아지는 계기가 될 수도 있다. 다만 정부가 데이터 개방을 소극적으로 수행하면서 기존 정부 정책의 옹호만을 위해 정보를 활용하려 한다면 위에서 말한 긍정적 비전은 결코 실행되지 못하고 일종의 공수표로 전락할 가능성도 있다.

Ⅳ. 데이터 저널리즘의 실질적 활용 방안 및 정책적 함의

1. 데이터 저널리즘 활성화를 위한 산·학·연·정의 역할

데이터 저널리즘의 발달상에는 여러 주체가 연관되어 있다. 첫 번째로 정부의 역할을 살펴보자. 정부는 뉴미디어의 발달이 전통적인 미디어 산업의 구조를 해체하거나 재구성하고 있음을 직시하고, 정부 편제와 업무의 적절한 조정을 통해 이러한 매체 환경의 변화에 부응하려는 노력을 펼치고 있다. 박근혜 정부 출범 이후 미래창조과학부, 문화체육관광부와 방송통신위원회가 콘텐츠, 배급망, 기술 플랫폼에 대한 규제를 나누어 가지면서 서로 견제와 균형을 추구하고 있는 것이 좋은 예다. 특히 빅데이터 산업부문에 역량을 쏟고 있는 미래창조과학부, 소셜 미디어 시대의 새로운 언론문화 창달에 관심을 갖는 문화체육관광부, 통신과 방송의 융합 시대에 적절한 콘텐츠 규제를 모색하는 방송통신위원회 등은 데이터 저널리즘의 발달에 상당한 영향을 끼치고 있다. 여기에 정부의 연구기금을 지원받는 공공 · 민간 연구소의 역할도 데이터 저널리즘의 발달에 무시할 수 없는 변수라고 할 수 있다.

그런데 실질적으로 정부가 데이터 저널리즘을 촉진하기 위해 할 수 있는 가장 큰 공헌은 무엇일까? 바로 정부 3.0 등의 이니셔티브를 바탕으로 정보를 과감하게 공개하는 것이다. 사실 정부가 정보공개를 지지하는 경우는 다음 세 가지이다. 1) 부패를 막기 위한 노력 차원에서 과감하게 공개하는 경우, 2) 정보를 공개하는 입법에 의해 소극적으로 공개하는 경우, 3) 전통을 따르는 차원이나 비난에 굴복하는 의미로 공개하는 경우이다. 어떤 경우이든 정부가 프라이버시를 침해하지 않는 범위 내에서 다양한 정보를 공개하는 것만으로도 데이터 저널리즘의 시대는 훨씬 더 앞당겨질 것이다.

그러나 오바마 정부 2기에서 열린 정부를 표방하였으면서도 국가안보국(National Security Agency, NSA)의 무차별 감청 스캔들이 터지는 바람에 국민에게 그 진정성을 의심받았듯이, 국가안보나 행정상의 편의를 빌미로 개방과 투명성의 보장이라는 정신을 훼손하는 경우가 많았다. 따라서 정보의 개방은 정부만의 의지로 관철되는 것이 아니라, 시민사회나 의회 같은 기구의 끊임없는 감시와 견제를 받아야 하는 부분이다. 나아가 정부의 정보공개는 시민의 요구에 의해서만 이루어지는 주문형(on request) 정보에서 벗어나, 시민이 요구하지 않은 정보라도 시민의 복지를 개선하는 데 도움이 된다면(프라이버시를 침해하지 않는 범위 내에서) 적극적으로 공개하는 자세가 필요하다. 이러한 자세는 기존의 수동적인 관료문화하에서는 거의 불가능한 일이다. 정보공개를 적극적으로 추진하는 민관복합형 위원회 조직이 상시적으로 정보공개의 의지를 재확인하고, 정부의 투명성을 높이는 작업을 지속적으로 추진해야 한다.

이렇듯 정부의 데이터 공개가 구호에 그치지 않고 실질적 수행의 단계에 진입하게 되면, 언론과 시민사회의 공공데이터 접근이 쉬워진다. 언론사들은 다양한 기획기사를 통해 데이터 저널리즘을 실현할 수 있으며, 일반 대중이 기사 작성에 참여하는 크라우드 소싱도 훨씬 수월해진다. 풍성한 기획기사들은 대중의 지식수준을 높이며, 이상적 민주주의의 시민에 한결 가까운 인폼드 퍼블릭(informed public)이 점점 늘어나게 될 것이다. 결국 데이터 저널리즘이 활성화되면 사람들의 공공 문제에 관한 지식수준을 높여 민주국가의 성숙에도 기여하게 되리라 예상할 수 있다.

두 번째로 대학을 중심으로 한 학계 역시 데이터 저널리즘 확산에 영향을 미치고 있다. 특히 미디어 교육이 점점 실무와 실습 위주로 전환하면서, 학계는 연구뿐만 아니라 교육에도 큰 관심을 두고 있다. 데이터 저널리즘을 교육하기 위해서는 데이터베이스를 구축하고 분석할 수 있는 역량을 가진 새로운 교수진이 필요하다. 특히 빅데이터와 같은 대용량 데이터를 다루는 전문 인력을 교수진의 일원으로 채용하는 것도 고려해보아야 하지만, 관련 분야의 전문가가 극히 부족한 실정에서 시의적절한 채용으로 교육혁신을 도모하는 것도 쉽지는 않다. 이러한 새로운 기술적 변화에 대한 대응 못지않게 연구 방향의 전환도 필요하다. 최근 관련 분야를 연구하는 학자들을 중심으로 '한국데이터사이언스학회'가 출범하는 등 새로운 움직임이 나타나고 있는 것도, 데이터 저널리즘을 연구하기 위해서는 다양한 분야를 전공한 학자들의 학제 간 접근이 필수적이기 때문이다.

학계와의 관계에서 다른 측면은 데이터 저널리즘의 부산물로 나오는 다양한 데이터 셋트가 사회과학이나 경제/경영학에서 다양하게 활용될 수 있다는 점이다. 국제정치를 연구하는 학자들은 아프가니스탄 전쟁 기록이 공개되자, 어떻게 하면 그 데이터를 이용해서 전쟁에서 사상자가 발생하는 통계적 패턴을 찾아낼 수 있을까를 고민하기 시작했다. 언론학뿐만 아니라 사회복지, 정치, 경제, 사회, 문화 등 다양한 분야에서 데이터 저널리즘은 학술적 공헌을 할 수 있게 된다.

세 번째로 데이터 저널리즘에 관여하는 주체는 바로 산업계이다. 예전에는 거의 미디어 기업과 교류할 필요가 없었던 데이터베이스 솔루션 업체, 저장장치(storage) 업체, 검색 데이터베이스 구축 업체 등은 데이터 저널리즘에 영향을 미치는 새로운 행위자들이다. 이들은 데이터베이스를 이용한 심층 보도를 추구하는 미디어 기업의 필요와 맞물려 향후 산업계의 변화를 촉진하게 될 것이다. 사실 최근의 '빅데이터' 열풍도 새로운 시장 세그먼트를 만들어서 경제적 이익을 취하려는 이들 기업의 의도가 개입되었다고 볼 수 있다. 하지만 그러한 상업적 이해에도 불구하고 앞서 살펴보았던 수많은 데이터 저널리즘의 사례가 보여주듯이, 미래 저널리즘의 새로운 양태에 관련 기업들의 참여는 불가피해 보인다.

여기서 우리는 종합적인 관점이 필요함을 느끼게 된다. 이상 세 가지 주체의 협조와 공조적 경쟁은 데이터 저널리즘이 발달하는 데 핵심적인 역동성이 될 것이다. UIG(University- Industry-Government)나 UGI(University-Government-Industry)라고 불리는 이 세 주체군은 트리플헬릭스(triple helix)라고도 하며, 이들 간의 관계와 역동성을 연구하는 학문적 관점이 바로 트리플헬릭스 모델이다. 삼중나선이라고도 하는 이 이론은 대학과 정부, 기업이라는 세 주체가 서로 시간 축을 따라 꼬이면서 마치 DNA의 이중나선의 형태와 같이 진화해가는 모습으로, 서로의 역할을 교환하며 지식의 생산에 참여하는 모형이다. 이러한 진화과정에서 나선과 나선 사이에 산학 공동연구와 같은 접점이 발생하고, 이러한 접점에서 새로운 역할, 조직이 생겨나고 혁신적인 지식의 생산이 이루어진다. 이 모델은 3자 간의 소통이 원활하면 할수록 혁신(innovation)의 형성과 전파가 활발하게 이루어지고, 따라서

[그림 3-55] 트리플헬릭스에 속하는 3자의 상호 연결 관계[3]

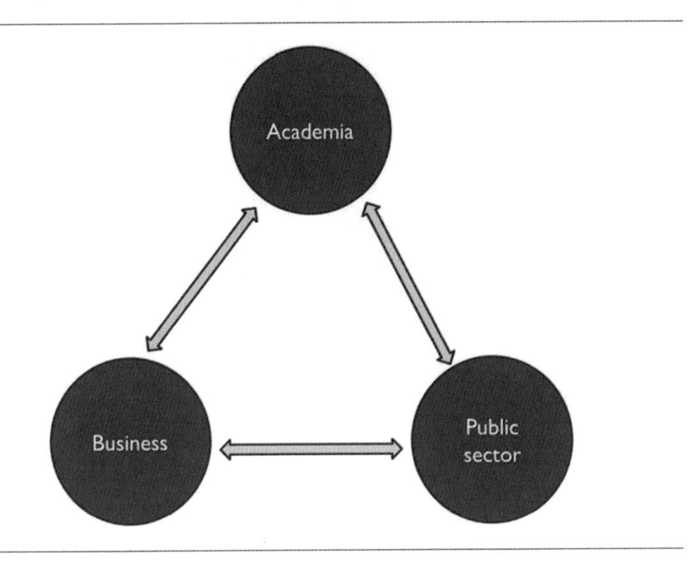

글로벌 경쟁에서도 우위에 설 수 있게 된다.

특히 한 지역에 세 가지 주체가 모두 모여 있을 경우 그것을 클러스터(cluster) 또는 산업클러스터(industry cluster)라고 하고, 지역적 근접성에 기반을 둔 경제적 효율의 향상으로 특정 산업 발전에 매우 유리한 조건이 되는 것으로 알려져 있다. 이렇듯 데이터 저널리즘의 유관 산업이 한데 모여 지역적 산업 클러스터를 이루게 되면, 넓은 의미의 IT 클러스터에 그치지 않고 그야말로 학산연이 특정한 주제하에 모이게 되는 특화된 클러스터로서의 면모를 갖추게 된다. 이렇게 된다면, 언

3 트리플헬릭스 3자 간의 상호 연결 관계 그림의 출처는 다음과 같다.
- http://innov8nigeria.wordpress.com/tag/efficiency-driven-economy/

[그림 3-56] 판교 IT(반도체 중심) 클러스터의 예[4]

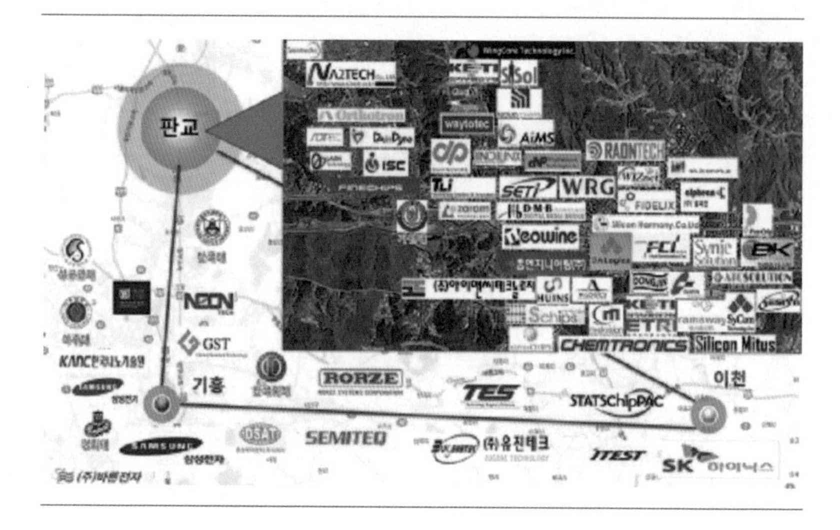

론 및 미디어 산업의 활성화가 기대되는 것은 물론이다.

UIG의 역동적 협력을 기반으로 하는 트리플헬릭스 체계가 특정 지역의 산업 클러스터 형태로 완성되면 다음과 같은 다양한 비즈니스 모델과 부가가치를 창출할 수 있으리라 예상할 수 있다.

첫째, 미디어 기업은 공공기관, 정치인, 정부 부처, 개별 산업체 등 다양한 정보원을 바탕으로 어떤 정보를 어디서 얻을 수 있는지(정보의 '노웨어(knowhere)')에 관한 지식을 바탕으로 정보 추출업을 통해 부가가치를 높일 수 있다. 앞서 설명한 헤럴드경제의 데이터연구소가 바로 이런 모델을 추구하고 있는 사례라고 할 수 있다. 또한 미디어 기

4 판교 클러스터에 관해선 산업통상자원부의 보도자료를 참고하였다.
- http://www.mke.go.kr/motie/ne/rt/press/bbs/bbsView.do?bbs_seq_n=75563&bbs_cd_n=16

업은 정보를 다양한 방식으로 가공하고 시각화할 수 있는 능력을 보유함으로써 정보 가공업과 컨설팅과 같은 정보 제공업까지 겸업할 수 있게 될 것이다.

둘째, 정부와 공공기관은 다양한 방식으로 정보를 공개함으로써 스스로 투명성을 높임과 동시에 일반 시민이나 미디어 기업에 정보를 제공하는 역할을 수행한다. 이렇게 배포된 정보는 다시 일반 시민이나 미디어 기업에 의해 분석될 것이며 정부는 민간에서 분석한 결과를 바탕으로 정책을 수립하거나 민간으로부터 직접 '크라우드 소싱'에 기반을 둔 정책 제언을 수렴할 수 있다는 장점이 있다. 이러한 정보 제공과 정책 제언 취득의 선순환은 정부를 둘러싼 아주 강력한 역동성을 형성할 것이며, 민주주의의 심화와 함께 체제의 효율성을 높이는 데도 기여하게 될 것이다. 이런 부분은 정부 부문의 혁신으로 이어져서 결국 국가 전체의 경쟁력 향상으로 이어질 개연성이 높다.

셋째, 대학을 중심으로 한 아카데미아에서는 데이터 저널리즘 자체를 연구하는 인문사회 학과들과 정보의 검색과 저장을 연구하는 이공계열 학과들이 협업해 다양한 형태의 혁신을 추동할 수 있을 것이다. 기존의 언론학 관련 학과가 데이터 저널리즘을 가르치게 되면, 자연스럽게 데이터 사이언스의 영역을 다루지 않을 수 없게 될 것이고, 이공계열 학과들도 데이터를 잘 검색하거나 저장 또는 추출할 것인가를 연구하고 가르치려다 보면 자연스레 전통적 저널리즘 모델부터 다루지 않을 수 없게 될 것이다. 이러한 딜레마적 상황은 정부와 산업계의 정보 제공 요구에 부응해야 한다는 당위에 맞닥뜨리게 되면서 결국 대학도 데이터 저널리즘을 중심으로 한 새로운 지식 생태계의 중요한 행위자가 될 것으로 보인다.

[그림 3-57] 트리플헬릭스를 기반으로 한 데이터 저널리즘 산업 클러스터의 비즈니스 모델

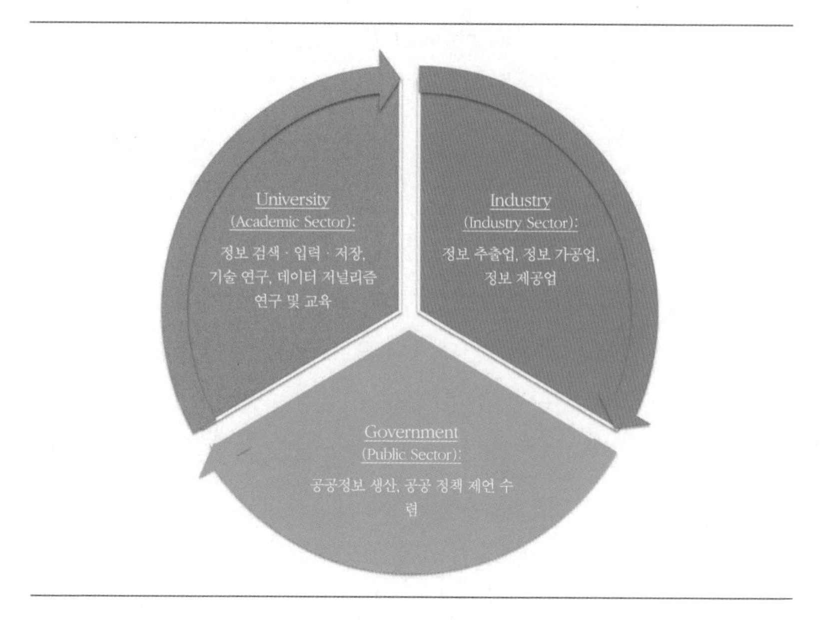

2. 데이터 저널리즘의 정책적 · 산업적 제언

기본적으로 데이터 저널리즘은 기존 언론사의 본질을 극적으로 바꾸어놓는다. 뉴스와 정보를 생산하는 곳(a news-and-information site)에서 뉴스와 정보를 상호작용적으로 처리해내는 플랫폼(a more interactive news-and-information platform)으로 전환되는 것이다(Aitamurto et al., 2011). 그런 의미에서 데이터 저널리즘의 정책적 · 산업적 제언을 하고자 한다. 첫째 기존 언론사들은 전통적 비즈니스 모델에서 탈피하여 데이터를 통해 이익을 창출할 수 있는 새로운 플랫폼을 형성해야 한다. 즉, 언론사들은 신뢰할 만한 데이터를 구축하고 이를 분석하여 이야기를 전달할 수 있는 데이터 허브로 발전할 필요가 있다(Lorenz, M.&Kayser-Bril N.&McGhee G., 2011). 데이터 허브는 반드시 모든 사용자가 접근할 수 있는 기회를 제공해야 할 뿐만 아니라, 개발자들이 IaaS(Information-as-a-Service) 인터페이스를 제공할 수 있도록 API(Application Programming Interfaces)를 통해 데이터를 재사용할 수 있는 플랫폼이 되어야 한다([그림 3-58] 참조).

하지만 언론사 중심의 데이터 허브 모델 구축은 당장 생존이 위협

[그림 3-58] 데이터 허브 모델[5]

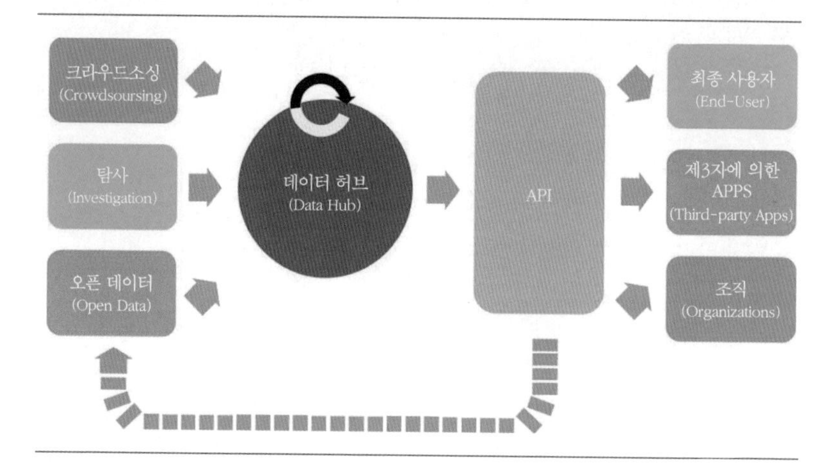

받고 있는 한국의 언론사들에는 현실적인 대안이라고 볼 수 없을지도 모른다. 한국의 상황에 비추어볼 때, 이익을 창출해야 생존할 수 있다는 압박감에서 자유로운 단체가 중심이 되어 데이터 허브 모델을 구축할 필요가 있다. 하나의 대책으로 한국언론진흥재단과 같은 정부기관이 나서 정치적으로 독립적인 데이터 저널리즘 센터(데이터 허브)를 구축하여 정부 데이터를 포함한 각종 데이터를 수집, 정리하고 많은 사람이 이 데이터를 자유롭게 활용할 수 있도록 노력해야 할 것이다. 이런 독립적인 기관은 데이터 허브 모델에서 보여주는 역할을 충실히 이행해야 할 뿐만 아니라, 데이터 저널리즘 교육과 인력 양성,

5 데이터 허브 모델에서 언론사는 다른 출처들로부터 데이터들을 수집하여 데이터에 관심 있는 최종 사용자 혹은 개발자, 조직이 접근할 수 있도록 하는 역할을 한다. 이 모델에서는 정보를 재가공함으로써 이익을 창출할 수 있다. 데이터 허브 그림의 출처는 다음과 같다.
- http://prezi.com/e7tfgnu2zpua/republica-xi-110413/

다양한 컨퍼런스와 세미나를 통한 데이터 저널리즘 관련 지식 공유의 장을 개최하는 데 적극적으로 노력해야 할 것이다. 실제로 유럽저널리즘센터는 데이터 저널리즘 발전을 위해 교육과 지식 공유를 위한 자리를 마련하는 데 많은 노력을 기울이고 있다고 한다.

둘째, 언론이 사회를 투명화하고 민주화하는 역할을 도와줄 수 있는 기금 마련이 필요하다. 이는 영리를 추구하는 미디어 기업뿐만 아니라 독립적 비영리 단체들에도 해당하는 이야기이다. 데이터 저널리즘과 같은 탐사보도를 위해선 질 좋은 기사를 생산해낼 수 있는 만큼 전통적 저널리즘의 방식으로 생산하는 기사들에 비해 많은 비용이 들어가게 된다. 그렇기 때문에 데이터 저널리즘을 통해 양질의 기사를 생산할 수 있도록 정부는 언론사들의 노력에 적절한 보조금을 지급해야 할 것이다. 실제로 뉴스타파의 조세피난처 프로젝트에서 대자산가들의 변칙적 탈세 행위가 드러났다. 이후 국세청은 조사를 거쳐 금년 상반기에만 7,000억 원가량의 큰 액수를 추징하였다.[6] 뉴스타파의 노력이 없었다면 없어졌을 자금이었음에도 불구하고 독립적 비영리 언론사들의 노력에 대한 정부의 아무런 보상 대책이 마련되지 않았다.

기금을 마련하는 방법은 비단 정부의 직접적인 지원만 가능한 것은 아니다. 비영리 기관들을 대상으로 이루어지는 기부에 면세 혜택을 주는 정부의 정책적 지원만으로도 데이터 저널리즘을 실현할 수 있는 기금을 마련하는 데 도움이 된다. 미국의 경우, 상업성을 내세우는 거대 미디어 기업의 탐사보도 예산 삭감과 연성 뉴스에 대해 집중

6 국세청의 2013년 9월 20일자 보도자료
-http://www.nts.go.kr/news/news_03_01.asp?minfoKey=MINF8420080211204826&type=V&mbsinfoKey=MBS20130930133525080

에 대해 일부 비영리 공익센터들과 포털 탐사보도팀들은 이러한 행위들을 비난하고 새로운 탐사보도를 자임하고 있다. 미국 정부는 이들 기관이 잘 활동할 수 있도록 비영리 공익재단에 대한 기부에 면세 혜택을 국가적으로 보장해주어 많은 기업이 비영리 단체에 기부함으로써 비영리 기관들이 활발히 활동할 수 있는 환경을 조성해주고 있다.

셋째, 앞서 언급한 트리플헬릭스 모델의 관점에서 정책적 제언을 하자면, 현재 언론사와 정부 부처들이 밀집해 있는 광화문 인근이나 IT 기업이 밀집해 있는 판교 지역 등에 일종의 데이터 저널리즘 산업 클러스터를 조성하는 것은 데이터 관련 산업이나 미디어 산업의 결합과 발전을 추구한다는 측면에서 의미 있을 것이다. 미디어 기업이 많이 진출한 상암동 지역이나 IT 기업이 많은 가산 디지털단지 등도 좋은 입지가 될 것이다. 사실 빅데이터를 활용한 산업 대부분은 미디어와 관련이 있다. 또한 미디어 기업들도 데이터 산업과의 연계를 통해 글로벌 경쟁력을 갖춰야 하는 절박함이 있다. 따라서 관련 UGI를 모두 한군데에 모아서 지리적 근접성에 기반을 둔 정(+)적 효과를 극대화하는 것이야말로 데이터 저널리즘의 창달에 요긴할 것이다.

넷째, 데이터 저널리즘의 발전을 위해서는 다양한 레벨에서 교육 프로그램을 활성화해야 한다. 먼저 대학에서 저널리즘 교육의 현황을 살펴보자. 현재 전국 140여 개 대학교에서 이뤄지는 '신문방송학과', '언론홍보영상학부', '언론정보학과', '미디어 커뮤니케이션' 등의 학부 교육은 데이터 저널리즘이 반드시 포함해야 할 데이터베이스나 빅데이터에 관한 정보를 충분히 담고 있지 못하다. 이러한 문제는 교수진, 교과목의 구성뿐만 아니라 관련 기자재의 부실 등으로 인해 학생들을 데이터 저널리스트로 키우는 데 필수적인 요건을 결여하고 있다는 데 그 심각성이 있다. 현재 학과 간 장벽이 높은 상황에서 기존 신문방송학 이외의 새로운 분야로의 확장을 꺼리는 저항이 이 문제를 악화할 것이다. 기존의 전통적 신문방송학 교수들이 학과의 주도권을 잡고 있고, 새로운 영역과의 융합을 학문적 순수성을 저하하는 것이라 오해하는 게 문제이다.

현재 대학에서 언론 관련 학과를 전공하지 못한 학생들은 한국방송광고공사, MBC, 한겨레와 같은 기관에서 운영하는 사설 교육 프로그램을 통해 교육적 수요를 해소하고 있다. 그런데 문제는 이런 곳에서조차 데이터 저널리즘에 필수적인 지식이나 이해를 갖추는 것이 거의 불가능하다는 데 있다. 따라서 초단기적으로는 대학과 외부 교육기관 모두 데이터 사이언스 전공자 등을 초빙하여 관련 분야의 지식적 기초를 세우고, 차츰 미디어 전공자들 중에 관련 지식을 갖춘 사람들을 배출하여 데이터 저널리즘을 직접 연구하고 교육할 수 있도록 해야 한다. 한국언론학회, 한국언론정보학회, 한국PR학회 등에서 자체적으로 이런 능력을 가진 교수진을 양성하는 것도 필요하다. 중장기적으로는 대학과 외부 교육기관 모두 데이터 저널리즘을 정규 커리큘럼의 일부로 편성하여 지적 욕구를 가진 학생들이 언제든 데이터 저널리즘의 소양을 갖추고 관련 분야로 진출할 수 있도록 배려해야 한다. 지식(데이터베이스)에 또 다른 지식(저널리즘적 식견)을 얹어 고부가가치의 산출물(예: 탐사보도, 장기 연재 보도)을 만들어내는 것이야말로 박근혜 정부가 추구하는 '창조경제'에도 부합하는 것이라 볼 수 있다. 또한 교육과 현장 간 괴리는 없는지도 정기적으로 점검해봐야 한다. 실제로 현장에 투입된 졸업생들이나 현장으로 돌아간 종사자들이 토로하는 공통적인 어려움이 있다. 나만의 단독 기획을 하고 싶은데 데스크가 이해해주지 않는다는 점, 매일 처리해야 할 기사가 많다 보니 별도 시간을 내 품을 들인 기사를 쓰기 어렵다는 점, 데이터를 확보하고 기획할 때 관련 전문가의 도움을 받기가 어렵다는 점 등이 바로 그 것이다. 이러한 어려움과 괴리를 수시로 파악하여 실질적인 데이터 저널리즘 교육을 위해 무엇이 필요하고, 어떤 교육 프로그램을 도입해야 하는지 고민하고 개선해야 할 것이다.

다섯째, 바로 최근 떠오르고 있는 공유경제와 사회적 기업의 관점을 적극적으로 도입하는 것이다. 앞서 살펴보았던 뉴스타파나 「뉴욕타임스」의 크라우드 소싱은 언론 수용자의 참여적 활동을 촉진하여 뉴스 콘텐츠 자체를 매우 풍부하게 했다는 점에서 혁신적인 시도라고 할 수 있다. 그리고 CNN이 제공하는 아이리포트(iReport)는 시청자가 직접 취재한 영상보도물을 CNN이 선별하여 방영하는 체계로서, 뉴스 제작의 전 과정에 시청자가 참여하게 했다는 점에서 또 다른 혁신을 보여준다.

그런데 이러한 혁신에는 여전히 부족한 것이 있다. 바로 철학과 가치이다. 현재 일고 있는 공유경제의 움직임은 정보를 가진 사람이라면 누구나 데이터 저널리즘에 참여할 수 있는 철학과 가치를 제공한다는 측면에서 긍정적이다. 그 철학은 인간애(人間愛)적이면서도 사익과 공익이 조화를 이루게 하려는 것으로, 철저히 시장주의적이지도 않고 그렇다고 이미 실패한 사회주의의 전철을 따르려는 것은 더욱 아니다. 오히려 평범한 일상에 공유의 가치를 투사함으로써 예전에 실행해내지 못했던 자원의 효율적 재활용과 '공공적 활동과 이윤추구 활동의 조화'를 이뤄내려는 일종의 신(新)문화운동이다. 이러한 공유경제의 관점 아래에서 많은 사회적 기업이 탄생하고 있으며, 데이터 저널리즘 역시 앞으로 많은 사회적 기업을 배출할 잠재력이 충분하다. 왜냐하면 언론활동이 갖는 본원적 공공성과 이미 많이 보편화된 시민 참여가 결합한다면, 공유경제의 철학을 매우 쉽게 실천해낼 수 있을 것이기 때문이다. 현재 매우 활발하게 활동하고 있는 프로퍼블리카 역시 이윤 추구에 급급한 사기업이 아니라 기부와 자원봉사에 주로 의존하는 프로젝트 조직의 형태를 띠고 있는 것도 이런 가능성에 힘을 실어준다고 하겠다.

이상의 다섯 가지 제언에 가장 중요한 역할을 할 수 있는 것이 바로 정부와 정치권의 의지이다. 사실 최근의 주요 입법이 '창조경제'와 관련되어 있음을 볼 때, 정부나 정치권의 역량이 '기존에 없었던 새로운 지식경제 활동 영역'에 초점을 두고 있음을 알 수 있다. 그렇기 때문에 '데이터 저널리즘'을 위한 교육 프로그램이나 산업 클러스터의 형성은 더욱더 적극적으로 검토되어야 하리라고 본다. 필요하다면 전문가들에게 타당성 조사를 의뢰하여 되도록 이른 시일 내에 가부를 결정하고, 만약 긍정적 결정이 내려진다면 신속하게 집행하는 것이야말로 새로이 부상하는 데이터 저널리즘 산업을 속히 뿌리내릴 수 있게 하는 지름길이 될 것이다.

데이터 저널리즘은 일정한 형식이나 규범적 모델이 있는 것이 아니다. 각 사회와 시장, 상황에 맞는 최적의 데이터 저널리즘 전략이 있을 뿐이다. 가장 중요한 것은 데이터 저널리즘에 대한 의지와 적극적 관심이다. 일회성 단기적 투자나 반짝 관심이 아닌 대중 독자와 상호작용하는 소통의 플랫폼을 만들어가는 계속적인 과정이다. 데이터 저널리즘이 특정 양식이나 형식의 문제가 아닌 마인드의 문제인 이유이다.

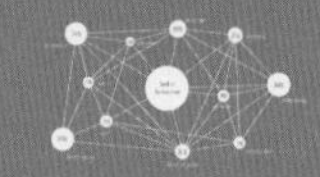

3. 데이터 저널리즘을 위한 학술적 제언

데이터 저널리즘의 학문적 위상은 다소 애매한 부분이 있다. 이것은 정보를 다루는 정보과학의 영역이기도 하고, 동시에 전통적인 저널리즘의 영역이기도 하기 때문이다. 먼저 전통적 저널리즘은 사회현상에 관한 강한 비판적 관점을 바탕으로 권력에 의해 저질러지는 비행과 잘못들을 캐고, 세상에 노출하는 것을 그 핵심적 사명으로 삼는다. 여기에는 저널리즘적 전문성이 관여하게 되는데, 그것은 주로 사내에서 이뤄지는 게이트키핑 과정에 의해서 언론사별로 구축해온 사내 풍토와 조직문화의 영향을 받기도 한다. 반면 정보과학의 영역은 데이터·정보의 효율적인 수집, 집적, 구조화, 분석, 검색, 배출 등에 관심을 갖는다. 정보과학의 혁신은 주로 저장장치나 핵심 연산장치의 등장과 같은 하드웨어적 혁신과 페이지랭크(pagerank) 알고리즘의 등장과 같은 소프트웨어적 혁신의 형태로 이뤄진다.

그런데 앞서 다루었듯이 데이터 저널리즘의 저널리즘적 속성이 파괴되고 정보과학적 속성만 남는다면, 그것은 더는 저널리즘이라고 할 수 없다. 왜냐하면 공익적 관점에서 어떤 것이 사회전반의 공공이익과 후생(welfare)에 더 나은 것인가 하는 저널리즘의 관점은 결코 정보과학이나 경제학의 관점에서 어떤 것이 더 이익이냐(profitability), 효율적이냐(efficiency)의 관점으로 대체해서는 안 되기 때문이다. 따라서 저널리즘의 영역에서 아직 데이터 사이언스에 관한 이해가 현저히 낮은 것은 위기인 동시에 기회일 수 있다. 만약 정보과학의 가치중립적 성격이 저널리즘을 지배한다면, 저널리즘은 고유의 향기를 잃어버릴 것이기 때문이다.

물론 저널리즘적 속성만을 고려하여 기업이 가져야 할 이윤 추구의 속성을 아예 도외시할 수는 없다. 그리고 저널리즘의 본질적 속성을 지키면서 조화를 이뤄낼 수 있는 모델을 찾는 것이 오히려 산업계가 아닌 학계의 역할일 수 있다. 그런 면에서 학계 전문가들이 참여적 저널리즘(participatory journalism)의 모델 이후 '빅데이터' 또는 '데이터 사이언스'의 변화까지 반영한 새로운 실천적 저널리즘 모델을 미처 제안하지 못한 점이 아쉽다고 하겠다. 바로 이 부분이 우리가 학계에 기대할 수 있는 여백이자 공간이다.

한 가지 더 지적할 것은 데이터 저널리즘을 활성화하는 과정에서 분명히 다양한 이론적 관점이 충돌하게 될 것이다. 앞서 언급했던 '국가안보'라는 관점에서는 정부의 데이터 공개가 예기치 않게 국가의 취약성을 노출할 우려가 있으므로 되도록 억제하려고 할 것이다. 마찬가지로 개인의 '프라이버시'를 절대적으로 존중하는 사람들은 일단 자신에 관한 데이터가 공개되고, 알지도 못하는 누군가가 그 데이터를 이용해서 상업적 이득을 취하려는 것을 가장 경계하고 있다. 다른 한편으로 '국민의 알 권리'를 중시하는 사람들은 데이터 저널리즘을 통해서 정부가 국민에게 다양한 취약점을 솔직히 공개하는 것이 좋다는 입장이다. 그래야만 국민이 힘을 모아 문제의 해결책을 찾을 수 있을 것이기 때문이다. 이렇게 다양한 입장이 있는 가운데 데이터 저널리즘의 적정선을 찾을 수 있는 사회과학적 이론을 찾기는 쉽지 않다. 심지어 저널리즘을 전공하는 사람들조차도 이런 문제에 대한 해답을 모색하는 것은 어렵기 때문이다. 데이터 저널리즘을 구성하는 IT 기술, 데이터베이스 기술, 정보 검색 및 분석 기술 등도 저널리즘의 일부분으로 포함되며, 그러한 부분들을 충분히 되새김질한 뒤에야 데이터 저널리즘의 본질을 논하는 이론적 준비과정에 도달하였다고 볼 수 있다. 이러한 과정은 대단히 이론적이면서도 실용적이고, 저널리즘 이론에 관계된 것이면서도 공학을 포함한 다양한 관점들을 포괄할 때 더 원활하게 이루어질 것이다.

가트너(2011). Data quality for big data: Principles remain, but tactics change.

강진아(2013). 헤럴드경제 '빅데이터 저널리즘' 도전: '헤경 데이터연구소' 공식 출범. 한국기자협회, 2013년 8월 28일.

길진균 · 권혜진(2008). "무식한" "얼치기" "악덕업자"… 막말 불사. 동아일보. 2008년 11월 10일.

김병철(2006). 『온라인 취재 보도』. 한국외국어대학교 출판부. p137.

김선식(2013). 전두환의 숨겨진 재산을 찾아라. 한겨레, 2013년 5월 19일. http://hani.co.kr/arti/society/society_general/588134.html

김장현(2013). 전략적 커뮤니케이션의 거대한 변화-빅데이터 소동과 그 이후: 적정데이터 시대로. 한국PR학회 2013년 전략적 커뮤니케이션 세미나 '격변기 극복을 위한 전략적 커뮤니케이션' 발표문. 2013년 7월 12일.

김종열(2006). '부 · 울 · 경 후원금 네트워크' 본보 취재팀 이달의 기자상. 부산일보. 2006년 5월 24일.

부산일보 탐사보도팀(2006). 공천 · 학연 · 지연 … 얽히고설킨 '그들만의 세상'. 부산일보. 2006년 4월 17일.

손희성 · 이규연(2004). 강남 '빌딩숲' 열기 못 빠져나가. 중앙일보. 2004년 8월 8일.

신효섭(2004). 〈上〉 달라진 정치권 인맥, 조선일보. 2004년 8월 27일.

양영유 · 정용환 · 민동기(2005). [탐사기획] 〈메인〉 온라인 인맥의 실체는. 2005년 5월 9일.

양조훈(2011). 번민하다 연재시점 1년 연기 - [4 · 3 진실찾기 그 길을 다시 밟다-양조훈 육필기록] 〈3〉 4 · 3취재반 출범③. 제민일보.

윤광원(2013). OECD "한국 공공정보 비공개… 청렴성 미흡". 아시아투데이, 2013년 2월 11일.

이정환(2011). 연합뉴스의 데이터 저널리즘 실험.

장영재(2012). 빅데이터를 보라, 데이터 저널리즘이 온다. 『신문과 방송』 2012년 4월호. 51~55.

전병역(2013). 스마트폰 보급률 한국 67%로 1위. 경향신문. 2013년 6월 25일.

조선일보 기획취재팀a(1999). '상위10걸' 국민회의 소속. 조선일보.

조선일보 기획취재팀b(1999). 국회의원 후원금 분석. 조선일보.

천관율(2011). 네트워크 과학이 밝힌 박근혜 블랙박스. 시사IN. 2011년 5월 16일.

최진순(2010). 국내에선 데이터 저널리즘 왜 안 되나?. 2010년 11월 23일. http://www.onlinejournalism.co.kr/1196230960

한국언론진흥재단(2011). 한국의 뉴스 미디어 2011. 서울: 한국언론진흥재단.

한국언론진흥재단(2012). 2012 언론수용자 인식조사. 서울: 한국언론진흥재단.

황용석(2013). 『온라인 저널리즘』. 서울: 커뮤니케이션북스

황용석 · 양승찬(2003). 온라인 저널리즘의 상호작용성 연구. 『언론과 사회』 2003년 봄호, 111~139.

Aitamurto, T., Sirkkunen, E., & Lehtonen, P. (2011). Trends in data journalism. Finland: Nextmedia.

Arthur, C. (2010). Analysing data is the future for journalists, says Tim Berners-Lee. The Guardian. November 22, 2010. Retrieved from: http://www.guardian.co.uk/media/2010/nov/22/data-analysis-tim-berners-lee

boyd D. (2010). Transparency Is Not Enough. Gov2.0 Expo. Washington DC, May 26.

Baack, S. (2011). A New Style of News Reporting: Wikileaks and Data-driven Journalism. Cyborg Subjects: Discourses on Digital Culture, 1.

BBC Lab UK (2013a). The Great British class calculator: What class are you?. BBC. April 3, 2013. Retrieved from: http://www.bbc.co.uk/ ews/magazine-22000973

BBC Lab UK (2013b). The Great British Class Survey–Results. BBC. April 3, 2013. http://www.bbc.co.uk/science/0/21970879

Bradshaw, P. (2012). What is data journalism? Data Journalism Handbook. Retrieved from: http://datajournalismhandbook.org/1.0/en/introduction_0.html

Braunschweig, K., Eberius, J, Thiele, M., & Lehner, W. (2012). OPEN-Enabling non-expert users to extract, integrate, and analyze open data. Datenbank Spektrum, 12, 121~130.

Briggs, M. (2012). Journalism next: A practical guide to digital reporting and publishing, 2nd Edition. Washington DC: CQ Press.

Cage, F. (2012). How we visualised gay rights in America. The Guardian. May 10, 2012. Retrieved from: http://www.guardian.co.uk/news/datablog/2012/may/10/data-visualisation-us-gay-rights

Chambert, L., & Gray, J. (2012). The Data Journalism Handbook.

Cocco, F. (2011). Hacks and hackers gather to write the first Data Journalism Handbook. Data Driven Journalism. http://datadrivenjournalism.net/news_and_analysis/hacks_and_ hackers_gather_to_write_the_first_data_journalism_handbook#sthash.Fut91EsF.dpuf

Cohen, S., Hamilton, J. T., & Turner, F. (2011). Computational journalism. Communications of the ACM, 54(10), 66~71.

Cox, M. (2000). The development of computer-assisted reporting. Informe presentado en Association for Education in Jornalism end Mass Comunication. Chapel Hill, EEUU: Universidad de Carolina del Norte.

Chyi, H. I., & Syle, G. (1998). Competing with whom? Where? and How? A structural analysis of the electronic newspaper market. Journal of Media Economics, 2(1), 1~18.

Daniel, A., & Flew, T. (2010). The guardian reportage of the UK MP expenses scandal: A case study of computational journalism. In Record of the Communications Policy and Research Forum 2010 (pp. 186~194). Network Insight Pty. Ltd.

Deuze, M. (1999). Journalism and the Net: Thinking about Global Standards. Gazette, 61(5), 373~390.

Dreyfus, S., Lederman, R., & Bosua, R., Milton, S. (2011). Can we handle the truth? Whistleblowing to the media in the digital era. Global Media Journal, 5, 1~6.

Dorroh, J. (2013). Newspaper overcomes hurdles, wins international data journalism award. International Journalists' Network. June 20, 2013. Retrieved from: http://ijnet.org/blog/newspaper-overcomes-hurdles-wins-international-data-journalism-award

Filloux, F (2013). Data Journalism is improving – fast. The Guardian. July 1, 2013. Retrieved from: http://www.guardian.co.uk/technology/blog/2013/jul/01/data-journalism-awards-improving

Grabell, M. (2008). Air Marshals: Undercover and Under Arrest. ProPublica. November 13 2008. Retrieved from: http://www.propublica.org/article/air-marshals-undercover-and-under-arrest-1113

Guardian US interactive team (2012). Gay rights in the US, state by state. The Guardian. May 8, 2012. Retrieved from: http://www.guardian.co.uk/world/interactive/2012/may/08/gay-rights-united-states

Gynnild, A. (2013). Journalism innovation leads to innovation journalism: The impact of computational exploration on changing mindsets. Journalism. doi: 10.1177/1464884913486393.

Hamilton, J. T., & Tuner, F. (2009). Accountability Through Algorithm, Developing the Field of Computational Journalism. In A Center for Advanced Study in the Behavioral Sciences Summer Workshop. Duke University in association with Stanford University (pp. 27~31).

Hansen, E. (2013). Aporias of digital journalism. Journalism, 14(5), 678~694.

Henk van Ess (2012). Handboek datajournalistiek.

Herrmann, S. (2013). The Great British class calculator. BBC. April 5, 2013. Retrieved from: http://www.bbc.co.uk/blogs/theeditors/2013/04/the_great_british_class_calcul.html

Holliman, R. (2011). Advocacy in the tail: Exploring the implications of 'climategate' for science journalism and public debate in the digital age. Journalism, 12(7), 832~846.

Howard, A. (2012a). UK Cabinet Office relaunches Data.gov.uk, releases open data white paper. Oreilly Strata. June 29, 2012. Retrieved from: http://strata.oreilly.com/2012/06/uk-cabinet-office-relaunches-d.

html

Howard, A. (2011b). How data and open government are transforming NYC. Oreilly radar. October 7, 2011. Retrieved from: http://radar.oreilly.com/2011/10/data-new-york-city.html

Howard, A. (2011c). Opening government, the Chicago way. Oreilly radar. August 17, 2011. Retrieved from: http://radar.oreilly.com/2011/08/chicago-data-apps-open-government.html

Howard, A. (2012d). Six ways data journalism is making sense of the world, around the world. Oreilly radar. Retrieved from: http://radar.oreilly.com/2012/12/six-ways-data-journalism-is-making-sense-of-the-world-around-the-world.html

Innis, H. (1952) Changing Concepts of Time. Toronto. University of Toronto Press: Toronto, Canada.

Jastreblansky, M. (2013). Sospechosos viajes de Boudou: el Senado pago viaticos por destinos que no visito. La Nacion. April 3, 2013. Retrieved from:http://www.lanacion.com.ar/1568445-sospechosos-viajes-de-boudou-el-senado-pago-viaticos-por-destinos-que-no-visito

Johnson-Sheehan, R. (2007). Technicall communication today (2nd edition). NY: Longman publishing.

Jonathan Stray (2011). A computational journalism reading list. Jonathan Stray. April 18, 2011. Retrieved from: http://jonathanstray.com/a-computational-journalism-reading-list

Kaplitz, B. (2010). Multimedia minutes: Four most important questions in story planning. Bob Kaplitz Blog. April 21, 2010. Retrieved from: http://www.kaplitzblog.com/2010/04/21/multimedia-minutes-four-most-important-questions-in-story-planning/

Lindstedt, C., & Naurin, D. (2010). Transparency is not enough: making transparency effective in reducing corruption. International Political Science Review, 31(3), 301~322.

Lehtonen, P. (2011). Open data in Finland – public sector perspectives on open data. Finland:Nextmedia.

Lorenz, M. (2010). Data-driven journalism: Status and Outlook. Retrieved from: http://es.slideshare.net/mirkolorenz/data-driven-adam

Lorenz, M., Kayser-Bril N., & McGhee G. (2011). MEDIA COMPANIES MUST BECOME TRUSTED DATA HUBS. OWNI.EU. February 28, 2011. Retrieved from: http://owni.eu/2011/02/28/media-companies- must-become-trusted-data-hubs-catering- to-the-trust-market/

Marshall, S. (2012). How Argentina's La Nacion is opening data without FOI. journalism.co.uk. October 25, 2012. Retrieved from: http://www.journalism.co.uk/news/data-journalism-la-nacion-argentina/s2/a550933/

Mirko, Lorenz (2010). Data-driven journalism: What is there to learn?. http://www.slideshare.net/mirkolorenz/datadriven-journalism-what-is-there-to-learn

Moreira, S., & Grandin, F. (2012). Journalism and databases: Current experiences that signal the future of the frofession. Retrieved from: http://wjec.be/downloads/

Nee, K. C. (2013). Creative destruction: An exploratory study of how digitally native nonprofits are innovating online journalism practices. International Journal on Media Management, 15(1), 3~22.

Openlibrary, Mortality of the British army 1858. http://openlibrary.org/books/OL23320658M/Mortality_of_the_British_army

Parasie, S., & Dagiral, E. (2012). Data-driven journalism and the public good: "Computer-assisted-reporters" and "programmer-journalists" in Chicago. New Media & Society.

Pavlik, J. V. (2013). Trends in new media research: A critical review of recent scholarship. Sociology Compass, 7(1), 1~17.

Pavlik, J. V., & Bridges, F. (2013). The emergence of augmented reality (AR) as a storytelling medium in journalism. Journalism and Communication Monographs, 13(1), 4~58.

Powell, K. (2013). Science communication: From page to screen. Nature, 484, 271~273.

Quoi (2013). Le marche de l'art pour les nuls. Quoi. April 5, 2013. Retrieved from: http://quoi.askmedia.fr/

Reavy, M. (1996). How the media learned computer-assisted reporting. In Southeast Colloquium, Newspaper Division, Association for Education in Journalism and Mass Communication. Roanoke, VA.

Rogers, E. (2003). Diffusion of Innovations. (5th ed.) New York: Free Press.

Rogers, S. (2010). MPs' expenses: how we visualised the data. The Guardian. Februrary 5, 2010. Retrieved from: http://www.guardian.co.uk/news/datablog/2010/feb/05/mps-expenses-houseofcommons#

Rogers, S. (2012). Government spending by department, 2011-12. December 4, 2012. Retrieved from: http://www.guardian.co.uk/news/datablog/2012/dec/04/government-spending-department-2011-12#ixzz2UhTPpFHz

Rusch, T., Hofmarcher, P., Hatzinger, R., & Hornik, K. (2011). Modeling mortality rates in the Wikileaks Afghanistan War Logs. Research Report Series, 112.

Simonite, V. (2012). An assignment based on data driven journalism: a case study. Journal of Learning Development in Higher Education. Retrieved from: http://www.aldinhe.ac.uk/ojs/index.php?journal=jldhe&page=article&op=view&path%5B%5D=184

Schroder, H.-D., Hasebrink, U., Dreyer, S., Loosen, W., & Schroter, F. (2011). Mapping digital data: Germany. Open Society Foundations.

Sirkunen, E. (2011). Overview: Public data and data journalism in some countries. In T. Aitamurto, E. Sirkkunen, & P. Lehtonen (Eds.) (2011). Trends in data journalism. Finland: Nextmedia.

Smart, J. M. (2010). How the Television will be revolutionized: The exciting future of the iPad, Internet TV, and Web 3.0. Retrieved from: http://www.accelerating.org/articles/televisionwillberevolutionized.html

Summerson, I. (2012). Data Journalism a la Francaise: Interview with Le Monde's Alexandre Lechenet. Data Driven Journalism. November 2, 2012. Retrieved from: http://datadrivenjournalism.net/news_and_

analysis/Data_Journalism_a_la_Francaise_Interview_with_Alexandre_Lechenet#sthash.PEShajC0.dpuf

The Associated Press & the Context-Based Research Group (2008). A New Model for News Studying the Deep Structure of Young-Adult News Consumption.

The Economist (2009). Sex laws: Unjust and ineffective. Print edition Aug 8th, 2009. Retrieved from http://www.economist.com/printedition/2009-08-08

The Guardian (2011). The first Guardian data journalism: May 5, 1821. November 26, 2011. Retrieved from: http://www.guardian.co.uk/news/datablog /2011/sep/26/data-journalism-guardian

Thelwall, M. (2009). Introduction to webometrics: Quantitative web research for the social sciences. Synthesis lectures on information concepts, retrieval, and services, 1(1), 1~116.

Tuchman, G. (1978). Making news: A study in the construction of realty. New York: Free Press.

Voß, J. (2011). Revealing digital documents. In Research and Advanced Technology for Digital Libraries (pp. 527~530). Springer Berlin Heidelberg.

Weber, W., & Rall, H. (2012). Data Visualization in Online Journalism and Its Implications for the Production Process. In Information Visualisation (IV), 2012 16th International Conference on (pp. 349-356). IEEE.

Weber, W., & Rall, H. (2013). We are journalists. Production Practices, Attitudes and a Case Study of the New York Times Newsroom. In Interaktive Infografiken (pp. 161~172). Springer Berlin Heidelberg.

Welsh, B., & Smith, D. (2009). Highest crime rate in L.A.? No, just an LAPD map glitch. Los Angeles Times. April 5, 2009. Retrieved from: http://articles.latimes.com/2009/apr/05/local/me-geocoding-errors5

White, C. (2002). Online work to be 'data-driven', journalism.co.uk. October 16, 2002. Retrieved from: http://www.journalism.co.uk/news/online-work-to-be-data-driven-/s2/a5493/

Yen, H., & Agiesta, J. (2013). Blacks, Hispanic, more optimistic than Whites. Associated Press. August 1, 2013. Retrieved from: http://bigstory.ap.org/article/optimism-whites-us-lags-blacks-big-margin

에 · 필 · 로 · 그

Big data as a Sociotechnical system

우리나라에서는 2012년경부터 빅데이터가 언론, 사회, 산업 현장에서 뜨거운 이슈로 부상하였다. 언론에서는 연일 빅데이터가 위기 상황인 경제의 구원투수라는 둥 떠들어대고, 빅데이터의 경제 가치는 얼마이고, 고용창출 효과는 얼마이고, 그래서 통합적으로 산업적 가치가 얼마라는 식의 기사와 인포그래픽이 신문을 장식하고 있다. 그런데 이상하게도 빅데이터를 그 전의 기술 현상들과는 차원이 다른 그 무엇인가로 묘사하고 있고, 대중은 완전한 브레이브 뉴월드로 기대하고 있다는 것이다. 이것은 약 10년 전 CRM이 나오고 데이터 마이닝이 나오면서 나타났던 똑같은 사회 현상과 동일한 데자뷔를 일으키고 있다.

많은 사람들은 빅데이터가 그간에 없었다가 갑자기 하늘에서 쏟아진 것처럼 생각하지만 실제로는 빅데이터는 이전의 데이터 마이닝과 크게 다르지 않다. 데이터 마이닝 또한 이전의 고객관리(CRM)와 다르지 않고, CRM도 이전의 실시간 데이터 분석 방법인 OLAP나 POS 시스템과 크게 다르지 않다. 결국 빅데이터는 최근에 갑자기 생긴 것이 아니라 지금까지 있어왔던 현상에 이름을 다르게 붙인 것에 지나지 않다. 데이터의 양이 많아지고, 그 수집/분석 방법이 더 새롭게 개발되었을 뿐이다. 약 10년 전 IT 열풍과 함께 등장한 CRM에 큰 기대와 많은 예산을 쏟아부은 때가 있었다.

톰 크루즈가 출연했던 영화 〈마이너리티 리포트〉에서처럼 우리는 범죄가 발생하기도 전에 범죄를 예측하고 범죄자를 체포해 범죄 없는 사회를 만드는, 이상적인 사회를 빅데이터를 통해 꿈꾸고 있다. 그러나 이러한 미래 시나리오는 10년 전 유비쿼터스 컴퓨팅 때부터 언급되었던 것이고, 디지털 미디어시티, u-시티, 스마트 시티를 통해 똑같이 얘기가 되어왔던 것이다. 1984년 IBM의 연구원이었던 마크 와이저에 의해 처음으로 제안된 이래 계속적으로 연구가 되어오고 있는 진행형이다. 다시 말하면 빅데이터는 갑자기 생겨난 혁신적(revolution) 현상이 아닌, 지금까지 계속적으로 연구되오던 틀에서 진화한(evolution) 성격이라는 것이다. 빅데이터가 조지 오웰의 빅브라더적 사회를 파라다이스적으로 갑작스럽게 현실화시키는 마술이 아니라는 점을 유의해야 한다. 중요한 점은 빅데이터의 중요성이나 잠재성을 축소하자는 것이 아니라, 이 빅데이터가 진정 중요한 패러다임이라면 올바르게 대응하고, 효과적인 거버넌스(governance)를 통해 우리 사회와 인간에게 진정으로 이로운 것으로 잘 발전시키는 것이다. 환상적, 낭만적 낙관주의는 혼란과 사회적 갈등 그리고 비싼 사회적 비용을 초래할 것이기 때문이다.

빅데이터는 우리 사회와 동떨어져 기술 혼자만으로 발전되는 것이 아니다. 데이터 자체는 인간의 경험과 상호작용에서 나오고, 빅데이터는 우리의 사회 속에서, 사용자와의 어울림 속에서 그 패턴이 형성되는 것이기 때문이다. 따라서 우리는 빅데이터를 사회-기술적 접근 방법(Socio-Technical approach)을 통해 인간과 데이터의 상호작용 맥락(context)에서 파악하고 인간 중심적 빅데이터로 발전시키는 것이 중요하다. 빅데이터 자체가 목적이 아닌, 빅데이터라는 수단을 통해 인간 복지와 인간 경험을 향상시켜나가는 과정이라는 점을 유의해야 한다. 더 이상 정치적 슬로건이나 경제적 수단으로서가 아니라 인간의 수요와 사용자 중심의 빅데이터를 형성해나가야 한다. 왜냐하면 우리는 지난 10년 동안 Y2K, 닷컴버블, DMB, 와이브로 등을 통해 기술에 대한 물신적 숭배와 과장, 그로 인한 허무의 파노라마를 목도해왔기 때문이다. 빅데이터는 하나의 IT 프로젝트가 아닌 범사회적 문화로서 추진되어야 한다. 경제 성장의 도구나 기술 인프라를 구축하는 일회적 시도라기보다 사회 현안 해결을 위한 방법론, 접근법으로서 상시적으로 추구되어야 한다. 그러한 관점이 사회 구성원에게 인식되고 공유될 때 진정한 사회기술 시스템으로서의 빅데이터가 가치를 가지게 된다.

인간과 빅데이터의 상호작용

초판 1쇄 인쇄 2014년 12월 12일
초판 1쇄 발행 2014년 12월 19일

지은이 신동희
펴낸이 김준영
펴낸곳 성균관대학교 출판부
출판부장 박광민
편 집 신철호 · 현상철 · 구남희
외주디자인 아베끄
마케팅 박인붕 · 박정수
관 리 박종상 · 김지현

등록 1975년 5월 21일 제1975-9호
주소 110-745 서울특별시 종로구 성균관로 25-2
대표전화 02)760-1252~4
팩시밀리 02)762-7452
홈페이지 press.skku.edu

ISBN 979-11-5550-094-1 93300